「持続可能性の哲学」への道

ポストコロニアル理性批判と生の地平

牧野英二［著］

法政大学出版局

目次

凡例

一、注、引用および参照文献は、各章ごとにまとめ、章末に注番号を付して掲載した。

二、カント、ディルタイ、ハイデガーの文献からの引用にさいしては、それぞれアカデミー版『カント全集』、ヴァンデンヘック・ルプリヒト版『ディルタイ全集』、クロスターマン版『ハイデガー全集』から引用し、原則として本文中に、巻数をローマ数字、頁数をアラビア数字で表記した。

・*Kant's gesammelte Schriften. Herausgegeben von der Königlich Preußischen Akademie der Wissenschaften.* Berlin, 1900ff. Bd. 1-29.

・*Wilhelm Dilthey Gesammelte Schriften.* Vandenhoeck & Ruprecht in Göttingen, 1914-2005. Bd. I-XXVI.

・*Martin Heidegger Gesamtausgabe.* Vittorio Klostermann. 1977ff.

三、カントの『純粋理性批判』（*Kritik der reinen Vernunft*）からの引用にさいしては、慣例により、本文中に第一版をA、第二版をBとして表記して、その後に頁数をアラビア数字で記した。

四、ハイデガーの『存在と時間』（*Sein und Zeit*）からの引用にさいしては、慣例により、本文中に（SZ, 5）のように、原典の略称と頁数を記した。

五、本文および注での文章中、［　］カッコは、引用者による補遺・補足である。

六、引用文中の……は、引用者による中略箇所を表す。

七、引用文中の傍点は、原著者による強調箇所を表す。

八、外国語文献には、日本語訳のある文献については、読者の便宜を図るために、注の中で可能な範囲で、書名・出版社名・訳者名を列挙して、同時に出典の正確を期した。

九、巻末には、人名索引を作成して原綴りとともに掲載した。

まえがき

最初に、本書刊行の狙いを説明しておきたい。簡潔に言えば、本書の意図は、哲学および哲学史研究を媒介にして「持続可能性の哲学への道」を照らし出すことにある。

この「持続可能性の哲学への道」というタイトルには、二つの意味が含まれていることを強調しておきたい。第一に、それは一般に理解されてきた環境保護と経済発展または開発との調和をめざす社会の持続可能性を保証しうる「哲学への道」を意味する。第二に、それは哲学・倫理学などの「諸学問の持続可能性への道」を意味する。著者の認識によれば、この二つの意味は切り離すことができない。二〇一一年三月十一日に起こった東日本大震災、大津波、福島第一原発事故など未曽有の出来事によって、あらゆる学問、科学技術の存在意義や有効性が研究者だけでなく生活者の立場からも問い直されているからである。言い換えれば、従来型の「持続可能性」(sustainability) や「持続可能な社会」(sustainable society) のモデルや考え方は、もはや妥当性をもちえず、「3・11以後」の社会にふさわしい新たな「持続可能性」や「持続可能な社会」のあり方が提示されなければならない。本書の目的は、そのための道筋を哲学・倫理学・感性学の立場から示そうとする試みである。学問研究もまた、社会のなかでの営みであり、その研究教育の拠点もまた、社会のなかにある大学やその他の研究教育機関で営まれているからである。

また今日では、「グローバル化現象」が大方の予想を超えて、想定外の規模で、可視的なレベルだけでなく不可視的なレベルでも、不可逆的かつ加速的に進行している。その結果、カントの言葉で言えば、科学技術の進歩発展がもたらす「輝かしき悲惨」や、アドルノやホルクハイマーの提起した「啓蒙の弁証法」のような概念では、汲みつくすことのできない事態が生じてきた。そこには、つねに予測を超え、その解決の方法が不確定で、不可視の複雑に絡み合った、一義的な最適解を見いだしがたい問題群が存在する。「生の収奪行為」(biopiracy)にみられるように、開発途上国での特有な現象だけではなく、南北を問わず地球上の全領域にわたる生活世界での収奪行為や、生活の場での大規模な破壊、そして生の地平の全面的な喪失状態が生じている。言い換えれば、国内外で頻発する大災害や原発事故により、住民の「定住地」(colonia)を奪う「新たな植民地主義」(colonialism)が台頭してきたのである。著者は、それを人文学の研究領域に切り詰められた「ポストコロニアリズム」ではなく、人文・社会・自然の知の全領域におよぶ二十一世紀型のポストコロニアルな状況と捉えている。同時に、そうした状況をもたらした人間の知性ないし合理性のあり方や、それらを拡大・再生産するシステムなどに対する根源的な批判が必要である。

そこで第一に、本書では、その批判的機能を「ポストコロニアル理性批判」に見いだし、それを多面的に展開するよう試みた。また、この試みを主として「コスモポリタニズム」ないし「世界市民主義」(Kosmopolitismus)の立場に依拠して展開した。読者のなかには、本書のこの試みに、ウルリッヒ・ベックの主張する「コスモポリタン化」(Kosmopolitisierung)の見解との類似性を看取されるかもしれない。

しかし、残念ながら、その予感は的はずれである。たしかに、本書で著者は、ベックと同様に、グローバル化の本質が新自由主義的原理に依拠した不公正な帰結を産み出してきた現実を厳しく批判している。しかし著者は、多元主義的な立場から、このグローバル化の本質がポストコロニアルな状況を産み出してきた歴史的・社会的な現実を批判している。ベックは、彼の批判原理として「コスモポリタン化」という概念を指摘し、著者と同様に多元主義的立場から、社会の公平性の実現を指摘する。しかし、ベックは、著者とは異なり、最新の論考でも、「われわれは、コスモポリタニズムとコスモポリタン化との明確な区別、コスモポリタニズムの規範対コスモポリタン化の事実という区別を行う必要がある。コスモポリタニズムの方は、道徳的規範、倫理的規範であり、コスモポリタニズムの規範である」（『リスク化する日本社会』岩波書店、二〇一一年、一五八頁）、と主張している。さらに、カント的な「コスモポリタニズム」を念頭に置いて、「初期の哲学的コスモポリタニズムは、こうした文脈で主にヨーロッパで発展した。それは、あたかも、人々の生活の社会学的条件とは実際には関係ないかのように、狭いナショナリストの見方を倫理的に超越するよう、人々に呼びかけた」（同書、同頁）、とコスモポリタニズムを批判している。要するに、ベックは、著者とは異なり、リスク化する現代社会の批判原理としてのコスモポリタニズムの有効性を否定するのである。

だが、本書の諸章で詳しく論じるように、「初期の哲学的コスモポリタニズムは、あたかも、人々の生活の社会学的条件とは実際には関係ないかのように、狭いナショナリストの見方を倫理的に超越するよう、人々に呼びかけた」、と主張するベックの見解は誤りである。ベックの見解には、幾つかの誤解がみられるのである。他方、著者の見解に、ジョン・ロールズの系譜に属するトマス・ポッゲの「正義のコスモポリタン的な理論」との親近性を見いだす読者もいるかもしれない。著者は、この可能性をただちに否定するつもりはない。ただし、本書で立ち入るように、著者の立場は、必ずしもポッゲの「正義のコスモポリタン的な理論」と重なるわけではない。むしろ本書全体の考察は、最終章で言及されるように、アマルティア・センによる最新の理論「正義のアイデア」との親近性に導くことになるだろう。日本社会に生活する人間は、すべて地球的規模に拡大された「生の地平」の制約を免れず、同時に世界的規模での「社会的正義」や道徳的・法的・慣習的諸規範に深く関与しているからである。

本書刊行の第二の理由は、冒頭で述べた第二の意味での「持続可能性」の観点から、「学問」としての「哲学」および関連諸学の存在理由を根本的に再検討しようとする点にある。周知のように、かつて哲学は万学の女王であった。フランシス・ベーコンや百科全書派の時代からヘーゲル以後の時代でも、「哲学」は「学問の中の学問」であり続けた。西洋哲学史の伝統を根本的に問い直したハイデガーは、自身の哲学を「哲学」ではない、と評した。しかし、その内実は依然として「哲学」であった。今日でも、哲学の研究は、まず哲学史研究から出発するのであり、ウィトゲンシュタインやハイデガー、フーコーやレヴィナス、デリダ、ローティなどの哲学者や現代哲学の主要テーマ、例えば「心の自然化」などの研究が「哲学研究」である、とみられている。しかし、大学の教育研究の現場では、実際のところ、こうした哲学および哲学史の研究やその教育の場そのものが消失しつつある。最近まで日本の哲学および哲学史研究を担ってきた哲学者の一人は、哲学および哲学科の将来を絶望的な眼差しで、「あと半世紀くらいは曖廉をまもって、台風の目のような静けさを維持してほしい」（坂部恵『いま哲学とはなにか』未來社、二〇〇六年、一八頁）と語っている。要するに「哲学という学問の持続可能性」を五十年間というタイム・スパンで憂慮し、その維持可能性を探求していたのである。

他方、伝統的な哲学の学風や原理に異を唱え、哲学および哲学史の特権的地位を剝奪し、「哲学原理の転換」によって従来の哲学とは異質な「哲学」の可能性を見いだす哲学者もいる。彼は、「哲学は個別分野に超越するものではない。学問、技術、政策のさまざまな分野に入り込んで、社会的な合意形成の援助をする応用倫理学こそが、哲学の根源性を担っている」（加藤尚武『哲学原理の転換』未來社、二〇一二年、九二頁）、と主張する。この見解の要点は、上述の第一の意味と第二の意味を重ねて論じ、第二の意味での「哲学の持続可能性」を伝統的な哲学原理の転換による「応用倫理学」のうちに見いだすべきだと説くものと理解可能である。

こうした解釈が可能であるとすれば、日本の哲学界を担ってきた二人の対照的な見解の各々に、著者は、基本的に同意する。他方、個別的な論点には、吟味や検討を要する疑問点が少なくない。もっとも本書は、両者に対する反論や批判を意図したものではない。本書は、これらの先達の主張を真摯に受けとめながら、両哲学者とは異なる観点とパースペクティヴから新たな哲学・倫理学などの意義や役割を探究しようと試みたドキュメントである。言い換えれば、それは二重の意味での「持続可能性の哲学への道」を照らし出そうとする試行錯誤の道程であった。

そして本書刊行の第三の理由は、上述のように東日本大震災・福島第一原子力発電所の事故と深くかかわっている。著者は、この震災・原発事故が「千年に一度の自然災害」で「想定外の事故である」という見解に与することはできない。著者の理解では、これらの災害はともに「人災と自然災害との複合災害」であり、とりわけ福島原発事故にかんしては、放射能の汚染やメルトダウンの実態を始め、事故発生後今日もなお正確な事実が明らかにされていないきわめて深刻な問題や課題が多数潜んでいる。ここでは、これらの問題に深く立ち入ることはできない。だが、この度の大震災や原発事故の発生後、著者は、日本社会が近代以降最も困難な状況に直面していると危機感を抱いた。この事態によって、明治以降の日本の学問研究や科学技術のあり方が根本的に問い直されている、と感じたのである。実際、著者は哲学的思索や学問研究、さらにはあらゆる言語表現の限界を痛感した。これらの未曽有の「複合災害」に直面して、哲学・倫理学に携わる人間がなすべきことは何であるか。また、それは何であるべきか。そして何ができるのか。ささやかな震災支援活動を続けながら、繰り返し自問自答してきた。著者は、現実と向きあい、言葉の意味やそのもちうる力、読者との「絆」の可能性を信頼することによって、哲学的思索に携わる者が行うべき責務として、本書を刊行することを決意した。各人が「危機」(Krisis)に直面して、そうした状況のなかで生き抜くべき「生の地平」を拓く「批判」(Kritik)の営みの重要性を一貫して主張してきたからである。著者は、この過酷な現状のなかで、絶望的な生活を強いられ必死に生きようとする人間にとって望ましい「情感豊かな理性」が生き生きと働く「生の地平」の構築を試みている。

本書執筆の仕上げ段階に近づいた二〇一二年五月二十九日、日本政府は、二〇一二年版「環境・循環型社会・生物多様性白書」を閣議決定した。それによれば、「放射性物質による環境汚染は最大の環境問題」だとして、原発事故の発生による深刻な環境汚染の危険性についても、大震災後の前年以上に踏み込んだ記述となっている(『朝日新聞』二〇一二年五月二十九日付夕刊)。これは、原発事故に対する政府の不十分な対応に向けられた国内外からの批判や危惧に対する応答の現れであろう。また、原発事故を検証する国会事故調査委員会は、同年七月五日、最終報告書を決定し、衆参両院議長に提出した。それによれば、東京電力や規制当局が地震、津波対策を先送りしたことを「事故の根源的原因」と指摘し、「自然災害ではなく人災」と断定した（『朝日新聞』二〇一二年七月六日付朝刊）。日本とそこに住む人間だけでなく、地球上の自然・社会・人間のすべての環境に大きな影響を与えている震災・原発事故とその教訓は、これらの「真の持続可能性」とはなにか、それはいかにして可能かという根本的な問いを学者・研究者に突きつけている。

本書は、こうした状況のなかで直面する諸課題に応えるために、「持続可能性の哲学」の課題とその解決の方向づけを試みる。メイン・タイトルを「持続可能性の哲学への道」としたゆえんである。カント以降、ディルタイを経て、ハイデガー、ガーダマー、アーレント、フーコーやパトチカ、ポッゲ、ヌスバウム、スピヴァク、センなどの現代の哲学者との対話・対論を媒介にして、本書は「持続可能性の哲学への道」を探ろうとした試みである。

上述のように「持続可能性の哲学への道」は、同時に「希望への道」と結びついている。この関係をいっそう明らかにするために、思索する人間は、過去を記憶し、過去を反復し、過去から学びながら、試行錯誤のなかから新たな未来を開き、より善く生きる道筋を辿る努力が求められる。これはたんに理論的な課題でなく、同時に実践的な課題である。それは震災や原発事故の被災者や社会的な弱者だけの問題ではない。それはまた、日本の社会を担う若者や著者のような高齢者を含むすべての人間に共通の普遍的な課題でもある。本書の提示する「持続可能性の哲学への道」が、そのための一つの問題提起となれば、本書刊行の意図は果たされたことになるであろう。

序論

1　本書の主要課題

はじめに、本書で考察すべき主要論点を次の六点に絞って、簡単に説明しておきたい。

第一に、これまでの著者の研究成果を踏まえて、本書では、二十一世紀のグローバル化の時代に顕在化した主要な哲学的・倫理学的・社会的課題について若干の問題提起を行い、その問題解決のための手がかりや道筋を示す。そこで今日、ますます必要とされている哲学的観点から社会・諸制度・学問と生と心との関係に立ち入る。それとともに科学技術の急速な進歩と深く関連する、「心の自然化」を推進する自然主義や脳神経科学倫理との関連に留意しつつ、歴史や合理性の問題、さらに税制度や正義論との関連にも言及する。例えば、A・センの最新著『正義のアイデア』の基本原理や根本的思考傾向は、カントの『判断力批判』における「反省的判断力」と「共通感覚」の思想、さらにそれを自身の「政治哲学」の根本的な働きとみなしたハンナ・アーレントの「政治的判断力」や「活動」のアイデアと深くかかわっている。これらの考察によって、本書は、これらの課題すべてが「持続可能性の哲学」(Sustainability Philosophy)とも深く関連することを明らかにする。

第二に、上記の課題の考察にあたり、今日では古典研究に属するウィトゲンシュタイン、ハイデガー、アーレントらの哲学的思索をはじめ、ディルタイの哲学史上の位置づけの再検討や、さらにカントの批判哲学の読み直しの作業を試みる。ディルタイは、アカデミー版カント全集の産みの親であり、かつて西田幾多郎や和辻哲郎、三木清などによって高く評価され、第二次世界大戦の敗戦直後には『ディルタイ著作集・全十五巻、別巻一』（創元社）の刊行が西田幾多郎らの推薦文付きで開始された。それにもかかわらず、この企画は第四巻一冊を刊行しただけで挫折した。やがてこうした歴史的事実も忘却され、ディルタイの思索は哲学史の傍流に追いやられた。ただし、著者の意図は、たんなる過去の哲学や哲学史の再検討にあるわけではない。本書の狙いは、上述のように哲学・哲学史研究が同時に生活世界でより善く生きるために必要な方途を与えうる手がかりを探究する点にある。この試みは、テクストの生まれた背景や源泉に遡ってその意味を再解釈・再検討し、それを読者の生きる現実のコンテクストに引き戻して、今日的意義を獲得しようとする点にある。あるべき日本の将来を見据えたとき、「歴史の意味」や「歴史と生」との関係を問い直すよう強いられているからである。

第三に、本書は、こうした意図のもとで、現代社会に生きる生活者の視点から、哲学的思索と哲学研究、哲学史研究の総合的営みの重要性を明らかにする。本書でパースペクティヴや地平の問題を扱おうとすれば、言語やその生成の場である生とその体験や、他者の抵抗や抑圧の問題に立ち入らざるをえない、と著者は痛切に感じている。ある時期から流行現象ともなったミシェル・フーコーによる「生政治学」（bio-politique）という概念は、それ自身は、著者の上記の問題意識とさほど異なるものではない。本書では、この点についても可能な範囲で言及する予定である。今日では、支配や監視の問題は、身体の社会化や環境化・外部化とも関連してかならずしも直接的あるいは可視的に働くわけではないことが認識されるべきである。

第四に、本書では、東アジア、特に漢字文化圏に属する韓国や中国・台湾との関連についても考察の視野に入れて、広義の文化哲学的および異文化間哲学的な考察を試みている。今日、グローバル化の時代に生きる人間として、もはや欧米に限定して、諸課題を議論することは現実無視のそしりを免れないであろう。ベンガル出身のアマルティア・センやガヤトリ・スピヴァクに著者が着目する理由の一端は、ここにある。また今回の日本の震災にさいして、最初に緊急支援の国際救助隊を派遣したのは韓国であった。そして、最初に福島原発の放射能の影響を受け、幼稚園・小学校などの臨時休校を実施せざるをえなくなったのも、やはり韓国であった。著者が本書第十一章で韓国と日本との税制を中心とする法システムの問題に立ち入ったのは、こうした理由があったからである。「まえがき」で言及した二つの意味での「持続可能性の哲学への道」を探究するためには、こうした複眼的でグローカルな視座が不可欠なのである。

第五に、本書では、二〇一一年三月十一日に発生した東日本大震災・福島第一原発事故以後、哲学や倫理学の果たすべき役割についても、若干の問題提起を試みている。日本という場所に生きて思索する人間にとって、このたびの大震災からの復旧・復興と原発事故、そして多くの犠牲者、被災者や避難者の現状と将来に対して、さらに大規模に破壊され、放射能によって汚染された「想定外」「予想外」の広範な人的・物的な被害、未来世代に及ぶ甚大な「負の遺産」に対して、哲学的思索を営む者は、何を語り、何を行うべきであろうか。本書は、これらの問いかけに対する哲学徒の試行錯誤の記録でもある。著者たちによる「てつがくカフェ・ふくしま特別編1・2」「てつがくカフェ・外濠」の実施は、そのささやかな実践活動の一環にすぎない。（詳しくは、『朝日新聞』東京版二〇一二年三月九日付朝刊の著者のインタビューなどが収録された紹介記事を参照されたい。）これらの課題もまた、学問としての「持続可能性の哲学への道」を拓くために不可避の手続きである。

第六に、本書は、拙著『崇高の哲学——情感豊かな理性の構築に向けて』（法政大学出版局、二〇〇七年九月刊）の続編の意味をもつ。大震災・原発事故以降、多くの人々は、自然の猛威を前にして人間の無力さを痛感し、改めて自然支配の思想の傲慢さと自然の制御不可能性を深く反省することになった。それと同時に、こうした限界状況のなかで、なおも生きよう、ともに生きようとする被災地の人々の情感に溢れた生き方に多くの人々は、強く共感し共鳴したであろう。さらには、人間の力を無力と化す自然の計り知れない力に対して、崇高の念を抱く人々がいたことも事実である。だが、ここで著者は、こうした現実に直面して、自然に対して安易に「崇高」を語るべきではない、と主張したい。「崇高」の感情のもつ両義性については、ここでは立ち入らないので、拙著を参照していただきたい。ここでは、この問題が、人間と自然との関係、特に人間の自然、心のあり方に対する根本的な反省を迫る課題であり、二重の意味での「持続可能性の哲学」の課題であることを確認するだけにとどめる。

2　本書の構成

第一章「グローバル化時代の哲学の課題——「文化哲学的批判」の意義」では、グローバル化時代に生きる「われわれ」が直面する哲学の課題のなかで、特に「精神科学」と深くかかわる問題点を考察する。

本章の意図は、錯綜した現代社会のなかで生きる他の国民・他の民族・他の文化圏や、他の価値観を有する人間の間で「共有可能な」哲学的思考の可能性を探究することにある。著者は、広義の文化論的・文明論的次元での錯綜した問題状況が、加速化するグローバリゼーションの流れのなかで、普遍主義的言説と相対主義的言説との緊張関係をますます高めてきた、と考えるからである。こうした問題状況は、従来の哲学的考察方法では問題の解決どころか、問題の所在そのものを的確に捉えることすらできなくしている。これらの課題に取り組むことは、「持続可能性の哲学」への道を照らし出すであろう。

そこで著者は、本章では従来の学問的方法とは異なる多元主義的立場からの「文化哲学的批判」が必要であると考える。誤解のないようにあらかじめ注意を促しておけば、この場合、この試みは、哲学を含む諸学における「言語論的転回」および「解釈学的転回」、「宗教的転回」と矛盾対立するものではない。今日こうした新たな「批判の試み」の必要性と、この試みを遂行するさいに採用する哲学的思考の方法的意義とについて言及する必要がある。このことは、今日の「哲学」および「哲学研究」の危機的状況に対する自覚を改めて促す試みでもある。

第二章「文化哲学研究と人間性の危機」では、二十一世紀の文化研究者の間で前提されている基礎的概念や思考の枠組みに対する哲学的観点からの再検討を試みる。今日、アジア文化を含む文化全体がグローバルな規模での「文化の危機」(cultural crisis) に陥っている。そこで第一に、「文化の危機」とは何かという疑問を提示し、第二に、「文化の危機」が自然科学の目覚しい発展の成果と不可分である「ある種のパラドクス」を明らかにして、第三に、「ヒューマニティ」(humanity) という概念に着目することで、この「文化の危機」を克服するための手がかりを探究する。最後に、「文化哲学」(Cultural Philosophy)、「相互文化哲学」ないし「異文化間哲学」（Intercultural Philosophy）、「脳神経倫理学」（Neuroethics）の立場から、これらの課題を探究する。この考察によって、文化の持続可能性と人間性の持続可能性の必要性が明らかになるはずである。

第三章「心の哲学と生の抑圧――心のゆがみと社会のひずみ」では、第二章の議論を拡大するために、いま人間の「心」のあり方が根本的に問われなければならない理由を明らかにする。現代日本と日本人には、科学技術と文化が急速に進歩・発展するなかで、不可解な「退行化現象」「病理現象」とも呼ぶべき事態が顕在化し、「孤立死」と呼ばれる社会から見捨てられた「社会現象」までみられるようになった。端的に言えば、問題の根源は、日本人の社会制度のあり方とその根底に潜む「心のゆがみと社会のひずみ」にあるように思われる。

本章では、第一に、「こころ」「心」の解釈学的観点からの考察を試みる。第二に、日本人の「心」にかかわる学問的課題にも一瞥を投じる。第三に、近代日本を代表する文学者・思想家、夏目漱石の『文芸の哲学的基礎』の論述を手がかりにして、二十世紀初頭から二十一世紀に至る日本人の心のあり方と日本社会の現状および課題を考察する。最後に、国際社会に通用する日本人の心のあり方を日本社会のあり方と関係づけて、心の哲学と生の抑圧にかんする問題の所在を明らかにする。これらの課題の解決のためには、「真に持続可能な社会」への道筋を示すことが不可避の課題である。

第四章では、次の問題意識に基づいて、「カント哲学の核心」と「哲学の核心」との関連から、伝統的な「理性」理解とは異質な「理性の必要の感情と生の地平」のあり方を考察する。

ルソーの文明批判の影響を受けたカントは、人間社会の冷酷な現実を「輝かしい悲惨」（V, 432）という言葉で表現した。アドルノやホルクハイマーによる『啓蒙の弁証法』の論理を先取りした逆説的事態は、二十一世紀に入ってますますその「輝かしさ」と「悲惨さ」を増している。最新の科学技術を活用して実現したはずの原子力発電所が、地震と津波という関係者のいう「想定外」の事態によって制御不能に陥った。チェルノブイリ原発事故と同じレベルの最悪事故の現場では、この危機の打開のために、作業員たちが自身の安全や心身の健康を損ない「手探り」で「手作業」を重ねて不眠不休の対応を続けてきた。これは、皮肉なパラドクスである。多くの住民は、狭い国土で放射能汚染という目に見えない大きなリスクに脅えて、今後長期間にわたり、生活の場、生の地平を狭められ、不都合な生を強いられる。大震災や原発事故の被災者の生きる場、生の地平はますます狭められ、国内外の人間を含め、現代人の理性的な働きや人間的な感情の意味もまた、根本的に問い直されている。この課題は、哲学史の通説とは異なり、カントの思想にみられる「純粋理性」とは異質な「情感的理性」の働きに着目することを求めている。

こうした状況を踏まえるならば、「カント哲学の核心」という課題は、今日でも「哲学の核心」に位置している。そこで著者は、上記の問題意識に基づいて「理性の必要の感情と生の地平」という観点から、カントの哲学的思索を手がかりにして、カント哲学の今日的意義と役割を照らし出してみたい。それによって、「情感豊かな理性」の構築とともに、本章冒頭に述べた緊急の課題に対する解決の糸口が得られることを望んでいる。これらは、依然として「哲学の核心」であるかぎり、すべて「持続可能性の哲学」の主要課題に属する。

第五章では、「世界市民主義とポストコロニアル理性批判」というテーマで、カントの「世界市民主義」の思想と「ポストコロニアル理性批判」との関係に立ち入る。それによってスピヴァクやサイードの声を無視せず、二十一世紀の東アジア文化圏でカント哲学を研究する今日的意義を解明する。この課題に取り組むために、第一に、カント哲学における世界市民主義および世界市民法をめぐる論争点に立ち入り、その積極的意義を明らかにする。そのさい、現代社会における「コスモポリタン」と呼ばれた人々の悲劇的な歴史的現実にも言及する。第二に、カントの理性批判に対する今日最も否定的な評価への反論を試みる。第三に、カントの「詐取」(Subreption)とウィトゲンシュタインの「アスペクトの変換」(Der Aspekt-wechsel)との比較考察によって、上記の見解を補強する。第四に、批判哲学との関連から、グローバル化時代の東アジアの人間における世界市民主義思想の新たな可能性を考察する。最後に、「哲学者の義務」とはなにか、という問いかけに答えるために、現代社会における「世界市民主義」の思想の意義と課題について、問題解決の糸口を探究する。それによって「持続可能性の哲学」への道筋が照らし出されるであろう。

第六章「理性批判の二つの機能――ポストモダニズム以後の批判哲学の可能性」では、最初に、理性批判の氾濫か欠乏かという設問に答える。科学の発達は、個別科学の高度化・専門化をもたらし、学問間の相互浸透を促進し、自然科学・社会科学・人文科学の境界を曖昧化し知の越境を促進してきた。今後、学際的な研究がますます盛んになることは必然的である。また、インターネットのグローバルな規模での発達は、知識の伝達の普遍化をもたらすとともに私的空間と公共的空間との境界線をますます解消しつつある。これらの事実は、哲学や、知識ないし科学と公共性、そして政治のあり方を根本的に変化させた。哲学の重要な機能の一つとして、知識の批判を挙げることができる。だが、このような批判機能の有効性そのものが問い直されている。学問・政治・経済などの文化全体にかんして、人間理性の批判的機能は縮減しているのである。現代社会では、知のシステムが根本的に批判・吟味されるべきであるにもかかわらず、批判機能が発揮されるべき場や準拠点は、見いだしがたくなっているからである。

このような認識に基づいて本章では、第二に広義の合理性に対する批判的反省が、西洋哲学の伝統的用語で表現すれば、いわゆる理性批判が今日直面するアポリアないしパラドクスを解明する。第三に、多元主義的な「公共性」（Öffentlichkeit）および「再帰性」（Reflexivität）の概念を手がかりにして、広義の知的批判の営みの可能性を探究する。それによって従来のシステム論や構造論的立場からでは正当に扱うことができなかった、行為主体とルールや規範との新たな関係が開かれる。第四に、著者は、カントの理性批判のいわば脱構築の試みを行うことで、この試みに上述の二つの考察の観点を導入する。これらは、伝統的な理性批判の営みではなく、感性および理性と不可分で「情感豊かな理性」の構築の営みを促している。本章のテーマもまた、「持続可能な社会」の実現のために資する重要な課題である。

第七章「普遍主義と相対主義の狭間——超越論哲学と解釈学」では、次の課題を論じる。現代社会の生活実践の現場では、普遍主義と相対主義との対立構造がいたるところで顕在化している。普遍主義と相対主義との対立構造は、近代以降の哲学史の展開のなかで根強くはびこり、この伝統は、とりわけドイツの哲学思想の発展史と不可分である。そこで、環境問題をめぐる論争から、原子力発電の是非や自然エネルギー問題をめぐる「持続可能な社会」の選択にかかわるコンフリクト（利益相反）の基礎にあるこの対立構造を、その根源まで遡って根本的に吟味・検討することが急務である。

相対主義をめぐる論争は、英米圏では二十世紀後半以降、主として道徳的相対主義や認知的相対主義による絶対主義に対する妥当性要求を主張した時期を経て複雑化した。普遍主義については、共同体主義との対立関係が先鋭化して以降、相対主義と普遍主義との関係理解は、ますます複雑化している。特に英米圏での議論の特徴として、ヨーロッパにおける歴史主義的相対主義や哲学的・倫理学的・美学的・宗教的諸価値の「相対性」をめぐる議論は背景に退き、また伝統的な議論を軽視して、課題や論争の歴史的経緯が軽視され、議論の精緻さに集中する傾向があった。たしかに、トマス・ポッゲが主張するように、「道徳的普遍主義とグローバルな経済正義」との関連に着目することは重要である。しかし、そこには、「道徳的普遍主義」の妥当性に対する根本的な吟味・反省が不可避である。それだけに、グローバル化の進行した不可視のリスクに生活実践の方向づけを見失い、生の地平を喪失しつつある今日、源泉に立ち戻って、問題の所在と論点の確認作業が必要である。今後「持続可能性」のあり方を再検討する場合、これらの課題は不可避となる。

第八章「ディルタイと歴史的理性批判の射程——ディルタイ哲学の現代的意義」の第一の課題は、ディルタイが取り組んでいた学問論（Wissenschaftslehre）としての哲学と人生論としての哲学との二元論にかかわる問題である。まずディルタイ、アーレント、パトチカにおける歴史とその意味への問いを確認し、「歴史と生」の意味を再検討する。次に現代日本の状況に目を向ける。日本では、グローバルな規模でも経験のない急速な少子高齢化社会を迎えて、高齢者にとって定年退職後の二十年間以上の人生をどのように生きるべきかという第二の人生の意味が問い直されている。また、若者には高齢者の老後の生活を保障する年金制度に対する不公平感や不信感が急速に高まり、青少年の間に生き甲斐の喪失現象ともみられる不可解な殺人事件などの特異な社会現象が頻発している。さらに人間が誕生から死に至るまで医療技術によって管理される今日、古来、生・生命・人生の意味を根本的かつ総合的に考察してきた哲学・倫理学の役割は、ますます高まっている。ところが、きわめて重要な社会的要請を担っている哲学・倫理学などの教育・研究の現場は、衰退し消滅の危機に曝されている。現在哲学研究と哲学教育に携わっている人間は、このような状況を的確に把握して、さまざまな立場と方法に基づいて、生・生命・人生の意味を根本的に問い直すことが求められている。本章は、ディルタイ思想とその「生の哲学」の再検討を通じて、これらの課題に取り組むための基礎的作業の試みでもある。

第二の課題は、ディルタイ自身が「歴史的理性批判」と呼んだ試みと「生の哲学」、とりわけ「心的生」(Seelenleben) およびその「体験」(Erlebnis) との関係を再検討することにある。ディルタイの思想は、従来「生の哲学」と呼ばれる思潮に属するとみられてきた。これは哲学史の通説であり、常識である。また、二十世紀哲学の一般的理解によれば、非合理主義的な「生の哲学」は「実存主義」ないし「実存哲学」によって乗り越えられた過去の哲学思想の一形態にすぎない。だが、これらの哲学的通説は、「持続可能性の哲学への道」に立ちはだかる障害物となってきたのである。

第三の課題は、ガーダマーの『真理と方法』以降ほぼ通説化したディルタイ批判にかんする論点にある。一般的な見解によれば、晩年のディルタイは哲学に解釈学的方法を導入したが、依然として自然科学的な客観的真理観に囚われ、ハイデガーなどに与えた哲学的解釈学の先駆者としての意義にとどまる。しかし、「ディルタイ・ルネサンス」と呼ばれる近年のディルタイ研究の成果は、通説を根本から覆す事実を明らかにした。そこで、数年前に完結したドイツ語版全集の遺稿類から浮かび上がってきたディルタイ像に光を当てることによって、従来のディルタイ評価や批判の一面性を指摘し、今日の哲学的思索とディルタイ哲学との積極的な関係を解明する。それによって歴史と生と知のあり方をトータルに捉え直そうとした

「歴史的理性批判」の射程を測定することも可能となる。この課題は、最終章で言及するように「持続可能性と正義」にかんする問題群とも不可分である。

第九章「歴史のなかの実存の物語」で扱う課題は、「歴史から実存をみる」というパースペクティヴのもとで、ディルタイ哲学と関連づけた「実存と歴史」との関係にある。人間は、どのような時代に、どのようにして自身の人生を歩むにしても、個々人であれ、その属する集団・民族・国家もまた、さまざまな生の地平で、人間の条件に拘束されている。そこで生きる人間は、その固有の実存と歴史のなかでしか生きることができない。日本社会に生きる人間が、とりわけ震災・原発事故に見舞われた人々が語る歴史の物語もまた、忘却されてはならない出来事である。だが、これらの課題を正面から考察することには、多くの困難が伴う。

第一に、「歴史の終焉」が語られて以降、「歴史」の概念や「歴史の物語」について安易に語ることはできないという状況がある。言い換えれば、歴史に対する反省の確実な根拠や基準を含めた歴史の哲学的考察への懐疑が指摘されてきた。第二に、「実存」概念についても、ポスト構造主義、ポストモダニズムと呼ばれた思想形態、システム論の影響も考慮すれば、「実存」や「実存主義」について明確なコンセプトを示すことは、自由や主体性の概念も含めてきわめて困難な状況にある。第三に、「実存と歴史」について、しかも「歴史から実存へ」あるいは「歴史のなかの実存」という議論を展開することは、波打ぎわの砂に描かれた人間の顔のように歴史の荒波に削りとられた「実存」の明確な輪郭を描こうとする無益な営みのように感じられる。第四に、ディルタイとの関連から「実存と歴史」について論じようとする場合、哲学史の通説に従えば、ディルタイは生の哲学者であって実存の哲学者ではなく、実存主義哲学の先駆者、ハイデガー哲学の解釈学的方法に影響を与えた思想家のひとりとして位置づけられるにすぎない。したがって、この課題について立ち入って考察することは、著者の実存的なあり方とは直接関係のない見当はずれの試みである、という疑念が生じてくる。

たしかに人間は、自身が生きる歴史についてなにかを語る場合には、ローカルな「小さな物語」を語るさいにも物語り方の問題点や限界が指摘され、一方で経済のグローバル化現象や地球規模での環境破壊の危機的状況を論じざるをえないというパラドクシカルな状況から逃れることができない。本章の主題は、いま・ここに生きる個人とその実存、それらの歴史の物語を多元主義的視座のもとで語ることにある。これらの課題は、「持続可能性の哲学」とは関連がないように思われるであろう。だが、その見方は早計である。「真に持続可能な社会」の実現のために、「複合災害」の被害者・被災者・避難者だけでなく、歴史のなかで、忘却されつつある原発事故・放射能汚染などで健康や「風評」の被害に苦しむ個人・企業の人間の「実存」に向き合うことは、「世代」の概念に着目したディルタイやリクール、ヨナスの「世代間倫理」、そして「世代間の正義」を経て「持続可能性の哲学」の課題に属するからである。

第十章「抵抗と実存——実在性の復権に向けて」では、ハイデガーによるカント解釈とディルタイ評価および批判を手がかりとして、ディルタイの「実在性」(Realität) 概念の今日的射程を照らし出したい。この課題は、同時にアーレントの「リアリティー」や「政治的抵抗」、フーコーの「生政治学」との関係を明らかにする。それによって「人間らしく生きるための条件の持続可能性」を示すことができるであろう。

現代人の生きる生活世界では、今日さまざまな意味で「実在性」ないしリアリティーが失われつつある。

国際関係を回顧すれば、二十年以上前の一九九一年一月に勃発した「湾岸戦争」について、ボードリヤールが、いち早く「湾岸戦争は起こらなかった」と断じた。その後、「宗教的転回」のきっかけとなったイラク戦争では、開戦の根拠が「虚構」であったことが明らかになった。他方、国内を顧みれば、最近の日本の深刻な社会現象の一つとして、「引きこもり」や「孤立死」という現実社会から隠された「事象」が顕著である。生徒や大学生の間だけでなく一般社会人や高齢者のなかでも、単純な病理現象に還元することのできないこの深刻な事態が拡大している。いずれの場合でも、これらの現象は、現実社会の実在性ないし現実性、広義の他者のリアリティーを拒否ないし否定し、他者の抵抗や絆を断ち切ろうとする点で共通性を有する。こうしてみると、二十一世紀という時代は、リアリティーとバーチャル・リアリティーとの境界が消失し後者によって前者が浸食されているだけでなく、「他者の歓待」や「合意の形成」の可能性、さらに他者の声に耳を傾ける「聴くことの力」を発揮する余地すら存在しない時代になりつつある。それどころか、リアリティーの成立にとってバーチャル・リアリティーが不可欠であり、両者は不可分であるという見方も稀ではない。

このような時代状況のなかで哲学的探究は、リアリティーまたは「現実性」や「他者の存在する社会」を確保するために、何らかの有効な処方箋を提供できるであろうか。著者が「実在性の復権に向けて」語ろうとする意図は、このような危機感に根差している。本章では、第一に、軽視され色あせつつある生および生のリアリティーを生涯にわたり探究し続けたディルタイの「実在性」および「抵抗」概念に着目する。そのことによって、本章では「実在性の復権」に向けた準備作業を行う。第二に、そのためにハイデガーのディルタイ評価および批判の再検討を通じて、哲学史の読み直しを試みる。第三に、ディルタイおよびハイデガーによるカントの「実在性」カテゴリーに対する解釈と批判とを検討することによって、ディルタイとハイデガーとの思想的な距離を再測定する。それによってディルタイの哲学史上の位置づけにかんする通説の一面性と不十分性もまた、いっそう明らかになるはずである。第四に、現実社会における他者の「実在性」や、アーレントの表現で言えば、「リアリティーに対する感覚」や「市民的不服従」にともなう困難や、フーコーとの関連にも立ち入る予定である。この課題もまた、他者の意志や抵抗のなかで「人間として望ましい生の地平」を確保しようとするかぎり、「持続可能性の哲学」を探究する者にとって不可避の課題である。

第十一章の「永遠平和と税の正義――グローバル・エシックスとリージョナル・エシックスの間」では、本書がめざす「持続可能性の哲学」に属するグローバル・エシックスにかかわる問題群を論じる。ここでは永遠平和の実現に不可欠な倫理的・規範的課題の中心概念に属する正義および公平性の問題を税および財政制度との関連から考察する。日本の長年にわたる課題である年金制度改革による世代間格差の是正や、東日本大震災および福島第一原発事故による被災者救済のための財源確保策として増税の妥当性は、本章の課題と深く関連する。日本という狭い国土に五十四基の原子力発電所を設置し、放射能汚染のなかで生き続ける人間にとって不可避のこの「正義」にかかわる問題を考えてみたい。

トマス・ネーゲルとリーアム・マーフィーは、数年前、「課税における正義」を論じた『所有の神話――税と正義』のなかで、かつてロールズの『正義論』が学会の関心をふたたび社会的・経済的正義に向けた点を評価しつつ、他方で、これらの正義の一般理論についての議論が、政治の日常業務である租税政策についての論争に関与してこなかった事実を指摘した。本章の主題は、これまで正義論が扱ってこなかった租税制度にかんする「正義」の実現可能性を考察することにある。また、本章では、グローバルな規模での「倫理」とその実現にとって租税制度にかんする問題が不可避の課題であることを明らかにする。ちなみに、ネーゲルの見解は、トマス・ポッゲの「正義のコスモポリタン的な理論」を厳しく批判する立場から、こうした論点を提起した点でも、留意すべきである。

第一に、現代社会では、グローバル化の影響が顕著であるにもかかわらず、租税制度にかんしては、国家内の法システムの問題、特定国家間の問題として国際関税協定にかんして議論され処理されがちであり、グローバルな規模での「倫理」が本格的に議論されることは、従来ほとんどなかった。しかし、このような従来の認識は誤りである。この問題は、覇権主義的な立場をとる軍事大国の軍縮化や世界平和の実現のために不可欠の論点を提示しているからである。

第二に、この問題は、多くの場合、国民および国家間の権利と義務にかんする問題として扱われており、真に普遍的な人権にかんする課題として扱われることがなかった。しかし、地球上のほぼすべての領域でグローバル化が進行している今日、この問題もまた、人類にとって不可避の普遍的な課題に属する。世界規模の環境政策の実施には発展途上国と先進国との格差に配慮した公平なCO_2の排出基準の負担、原子力発電所や核拡散をめぐる諸問題を含む、包括的な南北格差の是正策などが議論の俎上に乗せられなければならない。この場合、国際関係および国内での「環境税」の導入やその公平な負担もまた、大きな課題となる。環境負荷にかんする公平な負担を論じようとすれば、個人、地域、国家、国家間、そして全地球規模にわたる複合的・総合的な観点が求められる。「環境問題」とは、世代間倫理を含むそのつど「いま・ここに生きる人間」の生存の権利と義務とにかんする根本問題に属する。租税制度をめぐる議論は、グローバル・エシックス構築のさいに、その前提的な条件を形成する重要な課題である。

第三に、日本では都道府県税、市町村税などの地方公共団体の賦課する租税である地方税から国税にいたるまで、多種多様な租税システムが機能している。また、地方自治体や国家財政の逼迫した現状のなかで、このシステムはいっそう強力で暴力的とも言うべき機能を発揮しつつある。日本で生活する人間には国籍に関係なく国内で収入を得るかぎり、誰一人として「税の呪縛」から逃れることができない。さらに、原発事故の被害者や放射能に汚染された多数の食料品・生活材の生産者、風評被害への救済、汚染環境の除染対策に今後も莫大な税金が投入される。だが、日本における租税制度や執行のあり方は、倫理的・法的にみても、公平で正義の実現を保障するシステムである、と言えるであろうか。この疑問に対する解答の手がかりを得ることは、「持続可能な社会」の構築のために不可欠である。

第四に、現行の租税制度のもとでは、税金の使途や財政制度に対する管理・運営は適切に行われているであろうか。特定地域で、国内で、国際的にみて、その本来の主旨にそって予算措置が公正に講じられ、効率的に活用されているであろうか。租税制度は、ローカルな観点、リージョナルな観点から、ナショナルな観点、そしてトランスナショナルな側面にもかかわり、グローバルな規模での正義や公平性、人権問題などにかんする複合的な課題である。租税制度は、特定国家内のきわめて地域性の強い問題から国際政治や世界平和にかんする問題にかかわり、複合的で総合的な考察を要求するからである。

本章では、税にかんする正義および公平性の原理の実現という普遍的課題に迫ることによって、税をめぐる正義や公平性の問題が、グローバル・エシックスとリージョナル・エシックスとの「間」に位置する重要な「持続可能性の哲学」にかんする課題であることを明らかにする。

第十二章では、本書全体の結論を兼ねて、「持続可能性の哲学の構想――正義のアイデアの実現と互酬主義の克服に向けて」と題して、著者の今後の課題について若干の試みと本書全体の補足説明を試みる。

第一に、上記の諸課題は、とりわけ現代の社会的・学問的要請として「持続可能性の哲学」の構築が求められていることを明らかにする。これらの課題は、環境的正義やグローバルな社会正義、世代間倫理、世代間の正義や人権の問題に限らず、従来の「持続可能性」概念の発想を根本的に見直すことを求めており、日本の国土や広範な領域の大気・水・海域が放射能に汚染された今日、「真に持続可能な社会」に望ましい諸条件の探究とも不可分である。

第二に、今日の「モード」になった正義論のバージョンで言えば、「正義のアイデア」と深くかかわる問題群に属する論点を考察する。この点で、著者の見解は、ロールズやポッゲ、マイケル・サンデルをはじめとするロールズの反対者たちが唱える「正義の理論」とは異なり、A・センの主張するような「正義のアイデア」の見解に近い。「互酬主義を超えよう」とする著者のこの立場は、センの思考方法とほぼ共通である。これらの論点について、本章では、サンデルの震災特別講義の論述を手がかりに、彼の見解との比較検討を試みる。

第三に、セン自身が意識しないにもかかわらず、彼の「正義のアイデア」の思想が本書で論じたカントの歴史的構想力や反省的判断力、ディルタイの歴史的理性批判の現代バージョンとして解釈可能であることを明らかにする。センの主要な理論的支柱である「開放的不偏性の手続き」のアイデアは、カントによってバージョン・アップされたアダム・スミスの「公平な観察者」にあり、またアーレントのカント美学の政治哲学的読み換えによる「代表的思考」の考え方にあることは、哲学史に明るい読者には一目瞭然である。したがって、本書のサブタイトルが、センや弟子のスピヴァクによるポストコロニアルな状況に対する批判的言説と著者によるポストコロニアル理性批判の試みと重なる論点があっても、それは決して偶然ではない。むしろ、彼らと著者とは、根本的にほぼ共通の世界認識とその批判的視点を共有しているからである。また、彼らと共有する課題は、原理的にすべて著者の主張する「持続可能性の哲学」の取り組むべき課題でもあることを明らかにする。

これまで述べたように、本書は、二重の意味で「持続可能性の哲学への道」を探究する試みである。したがって本書の各章は、それぞれが個別の哲学的・倫理学的なテーマを扱っているように思われる場合でも、十二章すべてが共通の根本問題によって貫徹されていることに留意していただきたい。これらについて詳細は、本論の論述で確認していただければ、幸いである。

第一章　グローバル化時代の哲学の課題

――「文化哲学的批判」の意義――

1　問題提起

本章の主題は、グローバル化時代に生きる人間が直面する哲学の課題のなかで、とりわけ「精神科学」と深くかかわる問題点を考察することにある。今日、この課題に取り組むためには、哲学的な議論は、いわゆる「言語論的転回」（linguistic turn）および「解釈学的転回」（hermeneutische Wende）、さらに「宗教的転回」（religious turn）とも呼ばれる「9・11以後」の「生の地平」の現状を踏まえることが不可欠である。結論を先取りして言えば、ここでの著者の意図は、錯綜した現代社会のなかで他の国民、他の民族、他の文化圏や他の価値観を有する人間の間で「共有可能な」哲学的思考の可能性を探究することにある。著者は、広義の文化論的・文明論的次元での錯綜した問題状況が、加速化するグローバリゼーションのうねりのなかで、普遍主義的言説と相対主義的言説との緊張関係をますます高めてきた、と考えるからである。こうした問題状況は、従来の哲学的考察方法では問題の解決どころか、問題の所在そのものを的確に捉えることを困難にしている。

そこで著者は、本章の考察では従来の学問的方法とは異なる多元的な立場からの「文化哲学的批判」が必要であると考える。誤解のないようにあらかじめ注意を促しておけば、この試みは、哲学を含む諸学における「言語論的転回」および「解釈学的転回」「宗教的転回」の立場や方法と矛盾対立するものではない。それは、むしろこれらの「転回」を踏まえ、かつ方法的にそれらを内に含む、新たな「文化学的転回」（kulturwissenschaftliche Wende）のもとでの「歴史的な生の地平」を理解する方法的営みである。

したがって次に、今日こうした新たな「批判の試み」の必要性と、この試みを遂行するさいに採用する哲学的思考の方法的意義とについて言及する必要があるだろう。このことは、今日の「哲学」および「哲学研究」の危機的状況に対する自覚を改めて促す試みでもある。そこでまず、著者と同じ認識や危機感を抱いていた一人の哲学者の発言に耳を傾けることから議論を開始してみたい。

2　哲学の危機とその原因

日本の哲学研究の現状は、坂部恵説によれば、次のような慨嘆すべきものである。「哲学とは、いわばそれ自体意味を乱反射するシステムであるから、それについて「何であるか」を語ることはほとんど無意味に近い。あるいは端的に不可能である。／と、こう現代思想風に格好よく語りはじめると、身も蓋もない。身も蓋もないのが現代思想の多くのありかたであり、身も蓋もなくとも、せめて底だけは中空に浮遊しているがごとき幻にすがって仕事をせざるをえないところに、現代の思想・哲学は追い込まれているからである(1)」。

すでに二十年近く前に著者は、坂部説と同様の見解を拙著の中で展開し、哲学研究者に向けて「哲学の危機」を警告したことがある(2)。しかし、残念ながら、この警告は、数年前までは特定少数の研究者の間での共通認識にとどまり、多数の研究者がこうした危機感を抱くようになったのは、この数年のことである。だが、ここではこの問題には立ち入らず、上記の坂部説の内容をもう少し辿ることにしたい。

では、坂部説は、今後の哲学および哲学研究の見通しについて、どのような見解を有していたのであろうか。坂部はこう述べている。「老舗の大学に今なお残る「哲学科」は、文字どおり前世紀の遺物と化していく感があるが、あと半世紀くらいは暖簾をまもって、台風の目のような静けさを維持してほしいものである(3)」。

さらにそのための対応策として、坂部説によれば、「人間らしく生きる術としてのフマニスムス」の重要性が指摘されている(4)。具体的には、「ディシプリンやディヴィジョンとしての哲学にたいして、アート、ないし人文主義者のたしなみとしての哲学は、すくなくともその余白・マージンに存在を認められるべきものだろう(5)」。

著者は、上述の坂部説に基本的には賛同する。その上で、坂部説を補足・修正する意味で、著者の見解を付け加えたい。第一に「哲学の危機」は、「人文学の危機」と不可分である。第二に、この問題は、日本やアジアだけでなく、ヨーロッパを含む、学問のグローバル化現象の一環である、とみるべきである。第三に、興味深いことに、ヨーロッパおよび東アジアの研究者は、日本の研究者にはこうした危機感が薄くまたは危機感がないと認識している事実がある。[6] 第四に、クリムスキーが指摘するように、大学に蔓延しつつある研究・教育・社会貢献と分離した「アリバイ作り」、「物取り主義」、そして「ハイプ」[7]（hype）と呼ばれる現象が、学問・哲学を危機に陥れてきた。さらに言えば、二〇一一年三月十一日の東日本大震災のさいに起こった福島第一原発事故で炙り出されてきた「御用学者」の存在は、学問の存在意義そのものを危うくさせている。だが、「ムラ」や「御用学者」は、「原子力ムラ」に限ったことではない。国内外どこにでも見られるグローバルな現象である。学問論的に言えば、いっそう危機的な事態は、そうした事実に対する自覚すらない研究者・学者が少なくないことにある。[8]

そこで本書で著者は、これらの事実を踏まえて、「哲学の危機」および「人文学の危機」を主体的に受け止めながら、内容的にも制度論・組織論的にも、こうした問題の所在を抉出する方法を採用する。それによって、著者の立場から以下の諸課題に対する解決の方向性を提示する。第一は、哲学の現状認識にかんする問題であり、言い換えれば、「哲学以後」（After Philosophy）の課題の的確な把握にかんする事態である。第二は、今後の哲学の存続の見通しにかんする問題である。第三の課題は、その有効な対応策にかんする提案である。これらの課題に取り組むことによって、著者は、独自の立場から坂部説が提起した「人間らしく」生きる術として、坂部説が踏み込まなかったグローバルな規模で蔓延する「コスト主義の病」に対する「処方箋」の提示に努めたい。言い換えれば、「哲学の持続可能性への道」を探究することである。

3　普遍主義的言説と相対主義的言説との相克

以上の諸課題は、一言で要約すれば、あらゆるレベルでグローバル化が進行する状況下での、哲学の相対化・無力化の認識と、ある種の普遍性の再構築、他の諸学とのいっそうの連携と哲学が果たすべき総合学的な機能の発揮などにある。著者が、とりわけ哲学探究における「文化学的転回」の必要性を強調する第一の理由は、この点にある。第二に、この新たな思考法の転回が求められる理由は、知のグローバル化現象の結果、一方で英語帝国主義的発想およびそれと不可分な普遍主義的言説の支配に対する文化批判的試みにある。第三に、他方、欧米の哲学・思想とそれにかんする方法のアンチテーゼとして台頭した、ローカリズムないしリージョナリズムが孕む問題性がある。したがって問題は、普遍主義か地域主義かという二者択一にあるわけではない。言い換えれば、問題は、しばしば指摘されるように、単一文化主義と多文化主義との対立に収斂されてはならないのである。第四に、普遍主義的言説と相対主義的言説との相克にかんする問題は、後述のように、歴史的・社会的文脈の中でのみ解決可能である。

ところで著者は、最近、韓国と日本との間の税制度をめぐる歴史的影響関係から法の「正義」の問題を扱ったことがある。(9) この論考でも指摘したように、真の課題は、普遍主義的言説と相対主義的言説との対立、単一文化的見解と多元主義的文化との対立の生起する地平を精査し、その起原を探索して、問題の所在を解明することにある。端的に言えば、グローバル化時代の哲学の課題は、まさにこの点にある。そこで以下の論考では、課題の性質上、一般的な論考のスタイルである問題解決型の考察方法を採用せず、敢えて問題提起型の考察方法を採用する。それによって、グローバル化時代の哲学的課題の一端を照らし出すことにしたい。そこで本章の主題に限定して、今日求められる「文化哲学的批判」の確認作業を行う。

4　文化批判と歴史的な生の地平

次に、上記の批判の試みが向けられる「歴史的な生の地平」の探究に進むことにする。それによって、「生」およびその探究に不可欠な精神科学の射程を測定する。まず、本章の主題に直接関連する範囲内で、近代以降の主要な哲学者の「生」および「地平」概念の射程とその意義を考察する。

また、その場合、「言語論的転回」、「解釈学的転回」、「宗教的転回」以降の「新たな転回」の可能性もまた、明らかにされるはずである。なぜなら、従来の言語分析・言語解釈の方法から新たな言語批判への転回もまた、不可避となるからである。さらに、それらの営みは、かつてカッシーラーが唱えた「哲学と心理学の再婚(10)」という発想から、自然科学との統合の可能性への道を開示すると思われるからである。ただし、その場合、哲学全体の営為を科学哲学的立場、とりわけ心理主義的哲学の立場に縮減させないことが必要である。

以上の問題提起は、本章の主題に即して次のような諸課題に再定式化が可能である。第一の問題提起は、グローバル化時代における「普遍主義的言説」に依拠した哲学の妥当性の吟味にある。第二に、この課題は、グローバリゼーションの現状を把握できない従来型の「文化研究」、「比較思想研究」、ディシプリンのない「国際……研究」などの学問方法論では対応できないという自覚が必要である。第三の課題は、普遍主義的言説の対抗原理としての「文化相対主義的言説」の妥当性が批判的に吟味されることを要求している。第四の課題は、哲学・思想の用語や日常生活で使用されている言語・文章の翻訳の可能性／不可能性・対話の可能性／不可能性の問題と不可分である。言い換えれば、この問題は、特定の文化や伝統のなかで生きる人間を制約し表現し理解する「言語」を「文化批判」の立場から吟味・検討する。結論から言えば、この課題は、「バベルの塔」という表現で象徴される事態か、それとも「モノグロシア」というそれであるかという問題に収斂されてはならないのである。

したがって、言語が「事実」を隠蔽し歪め、差別や偏見を支え増幅させる「文化事象」に対して、明敏な分析の刃を向けることが必要である。なぜなら、従来の「言語論」や「解釈学」の哲学的反省は、これらに対して十分有効に批判する観点を確保できないからである。具体的に言えば、誰が・どこで・何を・どう語るのか。その効果・誤解・反発などについて、歴史的・社会的現実に対する深い自覚が必要であり、それを科学的に、言い換えれば、第三者的な「客観的立場」から「解釈し理解する」ことは非現実的だからである。この点では、著者は、トマス・ネーゲルが「客観的であることによって見えるものも見えなくなる傾向[11]」がある事実を指摘したことを適切で妥当である、と考える。また、この事実に関連して、従来の言語遂行論ないし言為論が適切に把握できなかった「当事者主義」の陥穽をめぐる問題も無視できないであろう。

以上の観点から明らかなように、「言語論的転回」や「解釈学的転回」、「宗教的転回」以後の現代の哲学的問題に取り組む場合には、「文化学的批判」によって人間の生きる立場、「生の地平」(Horizont des Lebens) と、そこでの諸システムの機能を吟味・検討することが焦眉の急の課題となる。これらの目的を遂行するためには、「文化」「文化批判」の概念や射程を拡大・深化させる必要がある。

5　生の哲学と生の地平をめぐる解釈の陥穽

この課題に取り組む場合に、留意すべき第一の論点は、従来の哲学史における常識と化した通説の陥穽にある。それは、「生の哲学」に対する誤解ないし無理解と偏見にある。その主因の一つは、リッカートによるディルタイ批判の影響である。この生の哲学に対する歪曲された批判は、ハイデガーのディルタイ評価にも深刻な影響を与え、その後の哲学史に決定的な盲点を生み出してきた。第一次大戦後における生の哲学の歴史的位置づけに対して反旗を翻したのは、カッシーラーとアーレントであった。この点で、二人の優れたユダヤ系哲学者は共通点を有する。しかし、この二人の「生の哲学者」に対する位置づけをめぐる新たな見解は、この概念を否定的に評価する点で哲学史の既存の枠組みに依然としてとらわれている。他方で、両者にはきわめて特異な相違点がみられる。そこで、本章の考察の範囲内でこの二つの論点に一瞥を投じておきたい。

アーレントによる生の哲学に対する評価は、きわめて特異な見解を示している。彼女は、生の哲学を終始批判的・否定的に解釈する。アーレントは、「近代の生の哲学の最大の代表者」として、マルクス、ニーチェ、ベルクソンの名を挙げている。[12] しかし、なぜかディルタイの名前は挙げられていない。また、彼らを批判的に評価する最大の理由は、彼らが生命と存在とを同一視し、これを内省から得ている点にある。また、アーレントは、彼らが活動それ自身に関心をもっていないことを批判する。この場合、アーレントの重視する活動（action）とは、彼女の独特の意味が付与された政治的活動であり、自由な他者との言語行為である。この点については後述する。

他方、アーレントの評価とは対照的に、一九九〇年代に入るまで祖国ドイツでは本格的な研究書を見いだすのも困難であったカッシーラーに対する研究は、その後の研究の進展によりハイデガーの影響による呪縛から徐々に解放され、正当な評価がみられるようになってきた。それと関連して、カッシーラーによる生の哲学に対する独自の批判の視点も明らかになった。現代哲学のその後の展開に決定的な影響を及ぼしたスイスのダヴォス討論の相手であったカッシーラーは、後にハイデガーを「生の哲学の代表者ハイデガー」(13)と位置づけている。また彼は、現代社会の困難が「生の充実としての文化」と、「現代における生が人間の思想と文化との種々な領域に分裂していくという問題」にあると指摘している。この指摘は、生命倫理や、生と権力および政治との関係がクローズ・アップされてきた今日、重要な問題提起を含んでいるように思われる。それだけに、カッシーラー説の妥当性は、改めて本格的に検討されなければならないであろう(14)。

次に著者は、哲学と地平にかんする批判的検討に考察の焦点を定めたい。最初に、哲学史の通説の危うさを指摘して、それが今日まで問題の所在を隠蔽する機能を果たしてきた事実を明らかにしたい。まず、ある特殊専門的な哲学の事典的説明の危うさを確認する。そこでは「地平」について、こう論じられている。「この言葉はカントにも現れるし、フッサールの独特の概念とはいえないが、しかし、この概念に独自の意味を盛り込み、使いこなしたのはフッサールである。もともと、意識の構造のうちに地平は見いだされている」。この論述では、カントへの具体的言及がまったく欠落しているだけでなく、ディルタイ、ニーチェへの言及もなく、さらに概念理解におけるフッサールの位置づけも誤っている(15)。この事態は、ガーダマーによる概念史的研究すら無視している。なぜなら、『真理と方法』では、すでに「この地平という語は、特にニーチェおよびフッサール以来、哲学において、有限で規定された存在に思考が拘束されていること、視野が一定の歩調で拡張されること、を表現するために用いられている」[16]、と明言されているからである。それだけでなく、この論述は「地平」を意識構造に即して解釈する意識中心主義の困難に陥っている。著者は、ここでたんに哲学史的な説明の不十分性を問題にしているのではない。むしろ、この種の解釈がグローバル化時代における哲学的問題の所在そのものを隠蔽する機能を果たしてきた点を批判したいのである。そこで以下では、この点について具体的に検討してみたい。

第一に、ガーダマーすら看過したカントの「地平」解釈を手がかりにして、純粋理性の批判と「地平」の分析からみてみよう。カントは、独断論の思弁理性が、人間認識の「地平の外部に」超出したのに対して、懐疑論は、人間理性のあらゆる問題を「人間理性の地平の外に放逐する」(B 787) ことでこの問題を解決したと誤解した、と当時の両主潮を批判した。ここでの「地平」概念は、純粋理性の批判によって企図された超越論的な概念である。

第二に、他方カントは、それとは異なる立場から「地平」の機能を次のように論じている。「他者の地平を自己の地平からみて測ってはならず、われわれにはなんら利益とならないことを無益とみなしてはならない。他者の地平を規定しようと欲するのは向こう見ずというものである。ひとは一つには他者の能力を、一つには他者の意図を十分に知っているわけではないからである」(IX, 43)。ここでの「地平」概念は、人間の生活の場に根差した視座の重要性を明らかにしている。

第三に、カントは、第二の視座を解釈学的な方法として自覚的に論じている。「ただ私が注意しておきたいのは、普通の会話でも、また著作でも、著者が自身の対象について述べている思想を比較することによって、著者が自分自身を理解しているよりも、それ以上によく理解するということが決して珍しいことではない、ということである」(B 370)。ここには、明らかに超越論哲学的思考とは異なる解釈学的方法の意義が明示されている。カントには、「地平」概念の用法にかんしても、これら二つの異なる思考の方法が存在する。この二つの思考の特徴は、現代の文脈に即して表現すれば、超越論哲学的な普遍主義と解釈学的な相対主義の両面性をめぐる問題として定式化できる。

第四に、カントとの関係からみたディルタイの歴史的理性と「地平」の限界について、簡単に触れておきたい。まず解釈学的方法にかんする両哲学者の見解をめぐる論争問題についてである。周知のように、ディルタイは、『解釈学の成立』の遺稿で精神科学の方法にかんする基本姿勢を次のように定式化した。それは「著者が自分を理解した以上に、よりよく理解するという規則」(V, 335)である。両哲学者のほぼ同一内容の見解については、オットー・ボルノウらのディルタイ学派によるカントの解釈学的見解を否認する傾向が一般的である。しかし、今日ではこの解釈の妥当性は、大いに疑わしいことが指摘されている。これらの問題については、本書第七章で後述する。

最後に、この問題と不可分の「地平」の働きについても、ディルタイとカントとの親近性が指摘されなければならない。ディルタイは、『精神科学における歴史的世界の構成』のなかで「私は生の地平(Lebenshorizont)とはある時代の人間がその時代の思考・感情・意欲と関連して生きる限界づけ(Begrenzung)であると理解する」(VII, 177)、と明言している。だが、現代の文脈から見たとき、ディルタイによるこれらの主張は、今日の歴史主義・相対主義と論理主義・普遍主義との対立を克服しうる可能性をどこまで提示しうるであろうか。この問題は、チャールズ・テイラーによる「意義の地平」(horizons of significance)の見解をみても、その所在の把握が不十分であり、依然として開かれたままである。(17) これは、今日依然として未解決の重要な哲学的課題に属する。

これらの問題を言語使用の記号論的意味と関連づければ、それらは、対話および理解における言語的機能の地平にかんする課題であることが明らかである。それは、まず「発話者と聞き手との対応」の問題であり、また「物語的なテクストにおける筆者と作品との関係」をめぐる問題である。さらに、ある言語を理解する(Verstehen)ことは、それに習熟する(beherrschen)、できる(können)ことであり、生きる世界での事柄と人間との生の連関(Lebenszusammenhang)をなすという点が重要である。

6　文化的差異と「地平」における言語の機能

本章の以上の考察から、次の諸点が明らかになった。第一に、人間の一定の見方や考え方、伝統や文化に制約された状態と言語、思考様式、世界観、宗教観の制約にかんする問題である。すなわち、これらの「地平」や「地平線」は、人間の活動の場を囲繞して人間の視野や生活様式を境界づけている。第二に、こうした自己と他者との位置する「異なる地平」から、他者の考え方や見方と矛盾対立することの不可避性が帰結する。言い換えれば、つねに人間は自己が位置する中心から視野や身体、活動を拡大するからである。第三に、人間は、特定の「地平」を超えられない人間の有限性の必然的帰結と、同時に「地平」自身が制約され、偏見にさらされているという帰結が生じる。すなわち、人間の有するパースペクティヴも、つねに一定の立場の拘束性を免れることができない。しかし、同時に人間は、この被拘束性の認識を可能にすることができる。要するに、他者の立場に立つことの必要性と困難性の両義性への自覚が求められるゆえんである。

第四に、現実の人間が生き活動する地平やパースペクティヴは、自己の現に位置する場所、生活する場やその伝統や文化、その歴史的・社会的現実を自覚可能にさせる。ただし、それらが、つねにそれらの認識に先行し、人間の生活や諸活動の前提にある事態を認識困難にさせていることは否定できない。第五に、人間は、これらの歴史的・社会的文脈のなかでそれらに制約された言語行為を遂行し、そのなかで生きるかぎり、特定の「地平」と無関係で純粋な言語観、自然主義的な言語観を所有することは不可能である。したがって、著者の意図する文化批判の営みは、これらの社会批判・歴史批判・言語批判と不可分である。言い換えれば、「地平の拡大」やガーダマー流の「地平の融合」という考えの基礎にある両義性や問題は、上記の「文化批判」が欠如すれば、ただちに重層的な錯綜した現実の諸地平の歪みや拮抗状態を見失い、その結果、普遍主義的な言説の呪縛にとらわれ、必然的に自己中心主義、独善と独断主義に陥る。他方、ローカリズム、地域主義や自己の歴史的・社会的立場、性差などの主張の仕方には、普遍主義とは逆の意味で「他者の排除」や「他者の強制」をもたらし、「議論の地平」を閉ざす陥穽に陥る危険性が生じる。

こうしてみると、人間は「同一の場」に生きていても、異なる文脈や次元の意味にかかわらざるをえないという事態が帰結する。ここで卑近な日常的言語使用に即して、上記の事態を説明してみよう。例えば、「呼称としての〈支那〉」の意味・用法の変遷は、その興味深い一例である。明治以降の日本社会における「シナ」や「支那」という言葉の用法は、中国および中国人に対する蔑称であった。そのため、戦後のある時期から、この言葉は意識的に使用されなくなってきた歴史がある。ところが、最近の研究によれば、この言葉は、その由来からみると、ある種の体制批判の意味を込めた言語行為の表出であった。すなわち、満州族「清」に対抗する漢民族による革命的な言語であった。それからこの言語は、日本社会では日清戦争後、中国に対する蔑称としての含意をもち、さらに第二次大戦後の反省から、支那竹などの日常言語の場面からもこの語が追放され[18]、代わりにメンマなどの言葉が市民権を獲得するようになった。こうして今日では若い世代の日本人には、シナという言葉の変遷だけでなく、この言葉の存在すら知られなくなっている。

以上の考察の成果を、言語使用における意味論的立場から分節化してみよう。第一は、言語の「記述的意味(descriptive meaning)」である。第二は、「評価的(evaluative)意味」であり、第三は、「指令的(directive)意味」を指摘することができる。第四に、「情動的(emotive)意味」があり、第五に、「批判的(critical)意味」を指摘することができよう[19]。第六に、すでに詳しく見たように生活の場での「事実的言語」と「価値的言語」との分離は不可能である。言い換えれば、われわれの言語使用の現段階では、道徳的命題と事実的命題との対立が生じることによって、この対立の克服可能性という問題もまた、不可避の今日の重要な哲学的課題に属する[20]。

ただし、言語観の相違により、依然としてこれらの「認識」をめぐって対立がみられることは否定できない。端的に言えば、指示機能的(referential)言語観と構成主義的(constructivist)言語観との対立を指摘することができる。前者の立場は言語および認識の中立性を主張する。例えば、この立場によれば、「盲人」を「目の不自由な方」に、chairman を chairperson に言い換えたとしても、そこには指示対象や事態の変化は存在しない。他方、後者は言語が現実を構成するという立場を採用するかぎり、この主張は知的および社会的構成にも妥当する。したがって言語は、偏見や支配や排除の関係の結晶化する場ではなく、これらの社会関係が生み出され、かえって偏見や差別が再生産される場でもある[21]。言語行為は、たんに対象の指示や事態の記述に尽きるのでなく、そうした対象や事態を変化させ、同時にそうした歴史的・社会的現実を制約し新たに生み出す営みである。このような意味で、著者もまた、マイケル・ダメットに賛意を示したドナルド・デイヴィドソンの言うように、「われわれはともに言語的行為が必然的に社会的であることを強調する[22]」点に賛同する。

この対立は、普遍主義的言説と相対主義的言説との相克の一側面を代表している、とみてよい。その端的な例が「人権」の普遍性と文化的相対性との対立図式である。また、それに関連して、「文化」（Kultur）と「文明」（Zivilisation）との、Gemeinschaft と Gesellschaft との対立図式の解消、さらに文化科学と自然科学との対立図式の解消、「和魂漢才」「和魂洋才」「鬼畜米英」などのいわば歴史的・社会的に再生産されてきたイドラの解消にある。この課題は、「人文学を教えることを通じて読み手の想像力を鍛えることによって、読み手が書かれたものを受容し、そうしてナショナリズムの同一性を超えて、インターナショナルなものの複雑なテクスト性に向かっていけるようにしている[23]」、と主張するスピヴァクの問題意識と重なる。言語に不可避のイドラの解消には、こうしたトランスナショナルな越境行為による言語行為の複雑なテクスト性に向かうことが肝要であろう。

7　結論――哲学の岐路と残された課題

最後に、改めて本章の冒頭の問いに戻りたい。端的に言えば、哲学は延命措置ないし安楽死の道を辿るのであろうか。それとも哲学には新たな出撃拠点を構築することが可能であろうか。この課題を直視するとき、著者には、この問いに対して確定的な回答を提示することは困難である。しかし、上記の諸課題を克服するために、その前提条件を若干提示して、本章の結論に代えたいと思う。

肝要なことは、言語批判と不可分な「文化批判」が哲学の緊急の機能として発動できなければならない。換言すれば、上記の「言語論的転回」、「解釈学的転回」、「言語遂行論的転回」、「宗教的転回」以後の現状分析の成果を組み込みながら、その制約を克服することが必要である。この場合、重要な点は、誰が誰に対して、どのような言語で、どこで、何を、どう語ることができるかにある。同時に、あるひとや集団の言語行為が相手にどのように受け止められ、どのような理解や情感を引き起こすかも理解する想像力や判断力が求められる。さらに、グローバル・スタンダードでこの問題群を設定し直すならば、それは、「文化学的転回」と「相互文化哲学」または「異文化間哲学」(Intercultural philosophy) との関係把握にかんする課題である(24)。具体的に言えば、「自文化中心主義・自民族中心主義」(ethnocentrism) の相克の緩和の努力であり、「文化相対主義」の陥穽に陥らぬ思考法の構築にある。そのためには、地政学的 (geopolitical) 観点の導入が必要である。なぜなら、上述のように、「純粋な言語の遂行論」は不可能だからである。この認識は、不可避的に次の課題に導く。すなわち「構成主義」ないし「社会構築主義 (Constructivism, Constructionism) の内実の再検討という困難な諸課題である。

ここでは誤解の生じないように、著者としては、まずこの概念が一般に理解されがちな社会学的意味にとらわれてはならないという点に注意を促しておきたい。[25] ここでは、ハッキングが指摘するように、「構成」概念の文化批判的な機能に注意を促しておくだけにとどめる。[26] 以下では暫定的に、哲学的に重要な論争点を列挙しておく。それらは、①「反本質論」、②「反実在論」、③「知識の歴史的、文化的被規定性」、④「思考の前提条件である言語」、⑤「社会的行為の一形式としての言語」、⑥「相互行為的な社会的実践への着眼」、⑦「プロセスへの着目」などである。さしあたり、これら七つの主要な論点の性格づけの再検討が求められるであろう。[27] これらの論点にかんする著者の立場は、本書全体の論述から明らかになるはずである。

以上の課題を別の角度から表現すれば、グローバル化時代の哲学の意義・役割ないし主要課題は、次のように要約可能である。第一に、よく生きることへの「問いの反復」とその非言語的表現にも着目すること、第二に、生の地平である歴史的・社会的現実における言語行為を含む「文化」的営みへの哲学的批判を遂行すること、第三に、たんなる理論的な「診断」から社会的実践のための「処方箋」を提示することであり、「言行一致」としての「遂行論」を試みることである。第四に、歴史的生の学としての哲学を制度論・組織論として保証する「言語行為」の日常生活の場で実践すること、第五に、政治的・経済的な脱植民地化とも不可分である言語的な脱植民地化の可能性を確保することである。そのためには、当然のことながら、地球環境問題への取り組みにかぎらず「国境を超えた思索者集団」の連携をいっそう推進する必要があるだろう。

ここで、著者と現実認識と危機感を共有し、しかも著者の主張する「持続可能性の哲学」の構想と重なる論点を提示したもう一人の哲学者の見解に耳を傾けることにしたい。加藤尚武説は、上述の坂部説とは対照的に、「哲学原理の転換」を図ることで二十一世紀の哲学・倫理学の積極的な意義と役割を主張する。その主要論点は、次のとおりである。「純粋な哲学的な問いと称するものを作り上げて、その問いに没入することが哲学以外の職業の人にとっても必要不可欠だというような、純粋哲学の自己主張は成り立たない。また西洋の哲学史が先行者を克服統合していく有機的発展を遂げてきたから、その跡をたどることが哲学の学習であるという哲学史観も成り立たない。すべての学問の根底にある超越論的自我の反省的自覚が学問の本来の姿であるという主張も成り立たない。哲学は個別分野に超越するものではない。学問、技術、政策のさまざまな分野に入り込んで、社会的な合意形成の援助をする応用倫理学こそが、哲学の根源性を担っている[28]」。

本章では、加藤尚武説の妥当性を吟味・検討することを意図しているわけではない。しかし著者は、日本の従来型の哲学および哲学史研究の問題点を批判し、その制限を克服しようとして「哲学原理の転換」を図る加藤説には、多くの点で賛同する。もっとも、厳密に言えば、加藤説には独特の意識的に挑発的な言説を用いた論調がみられ、表面的な主張内容を鵜呑みにすることには慎重であるべきである。著者は、加藤説の真意を本書の全章で展開する論述によって、加藤説に応答することができると考えている。いずれにしても、これらの課題に応えるためには、二十一世紀の哲学は「持続可能性の哲学」でなければならない。「ポスト3・11」の現代社会は、この課題を避けることができない、と著者は考える[29]。本章では、上記の諸課題に対する解決の方向性を示唆することにとどめ、「持続可能性の哲学」の意義と課題については、第十二章で立ち入る予定である。

注

（1）この哲学の「自然死」への警告とある種の「諦念」については、坂部恵「いま、哲学とは何か」（小林康夫編『いま、哲学とはなにか』未來社、二〇〇六年）、九頁。

（2）同様な危機感と警告は、すでに著者が二十年近く前に拙著『遠近法主義の哲学』（弘文堂、一九九六年）の序論で強調していた。

（3）坂部恵、前掲書、一七頁。

（4）ディルタイ全集・第1巻『精神科学序説Ⅰ』（牧野英二編集・校閲・共訳・解説、法政大学出版局、二〇〇六年一二月）の書評『週刊読書人』（二〇〇七年三月三〇日号、三頁）参照。

（5）前掲書、一八頁。

（6）*Historisches Wörterbuch der Philosophie*, 13 Bde. (Schwabe, 1971-2007) の編集協力者を務めたグンター・ショルツ（G. Scholtz）教授は、二〇〇七年七月にボーフム大学ディルタイ研究所で著者と議論したさい、ドイツにおける刊行助成金削減のために、全三十巻の計画で刊行中のディルタイ全集の編集方針を全二十六巻に縮小し、別の刊行資金を獲得して残り四巻分のディルタイ書簡集の刊行を数年規模で実現するとの強い決意を語った。だが、この計画は後述のように、再度変更されることになった。また、二〇〇七年一一月開催の国際学会報告のなかで、韓国のある人文学研究者は、日本の研究者からは「人文学の危機」という言葉を聞いたことがなく、日本ではこうした問題が公的に議論されたという情報を耳にしたことがない、と述べている。朴相泉「最近の韓国の人文学の自己省察と変化」（『韓国日本近代学会第十六回国際学術大会発表論文集』、二〇〇七頁）参照。

（7）デイヴィッド・M・ベルーベ『ナノ・ハイプ狂騒　アメリカのナノテク戦略』（上下、五島綾子監訳、熊井ひろ美訳、みすず書房、二〇〇九年）、特に下巻、四六八―四九七頁を参照。本書では、主として「ナノテクノロジーを取り巻くハイプ〔誇大表現、誇大な主張や過大評価（の所産）、大ぶろしき〕」を扱っているが、「ナノテクノロジーのハイプに似た出来事は、新たな発見の初期にたいてい見られるものだ」（まえがき、一―三頁）という指摘は、まことに正鵠を射た警告である。

（8）Cf. Sheldon Krimsky, *Science in the Private Interest: Has the Lure of Profits Corrupted Biomedical Research?* Romans & Littefield Publishers, 2003.（『産学連携と科学の堕落』宮田由紀夫訳、海鳴社、二〇〇六年六月）。著者は、以下の点ではクリムスキーの主張に全面的に賛同する。すなわち、大学の「この新しい産学連携、非営利－営利連携は科学と医学の研究者の倫理的規範の変化を引き起こし」、「大学が自分達の科学の実験室を商業的企業の領域に変換し、この商業目的を達成するために教員を採用するようになるにつれて、大学が公共の利益のために科学〔学問〕を行う機会」が失われる危機に直面しているという点である（前掲訳書、八頁）。もっとも、クリムスキー自身は、自然科学、特に医学の領域での急激な変貌に伴う問題を論じているが、管見のかぎり、日本における哲学や人文学の学問領域では、こうした危機意識が希薄である。さらに当該領域の研究者や出版社の多くが、「ある種の危機意識」から、自然科学の場合とは異なって、有力な「公共的利益」がきわめて少ないという不利な学問的条件を挽回しようとして、論文や著書・訳書の刊行が商業目的の達成のために大衆迎合的な「入門書ブーム」や「超訳ブーム」を作り出し、それらが外見上は公共の利益に資するように誤解している。その結果、危機の克服が可能であると「錯覚」している点に問題がある。

（9）本書第十一章「永遠平和と税の正義――グローバル・エシックスとリージョナル・エシックスとの間」を参照。

（10）エルンスト・カッシーラー『シンボル・技術・言語』（篠木芳夫・高野敏行訳、法政大学出版局、一九九九年）所収の講演「心理学と哲学」（一九三二年）の中で、彼は、哲学と心理学との「双方には真の connubium（婚姻関係）が成立せねばならない」（前掲訳書、二三一頁以下）、と主張している。

（11）トマス・ネーゲル『どこでもないところからの眺め』（中村・山田・岡山・齋藤・新海・鈴木訳、春秋社、二〇〇九年、一〇頁）。また、「当事者主義の陥穽」については、Vertretung/Darstellung にかんする問題に導くが、本章ではこの問題に立ち入ることができないので、問題の所在を確認するだけにとどめる。

（12）ハンナ・アレント『人間の条件』では、奇妙なことにディルタイの名前は挙げられていない（志水速雄訳、ちくま学芸文庫、五一九頁を参照）。また、本章のテーマおよび紙幅の制約上、立ち入ることのできなかったアーレントのディルタイ解釈をめぐる問題については、本書第七章「歴史のなかの実存の物語」を参照されたい。

(13) 注(10)で挙げた書物所収のジョン・クロイス執筆の序論では、「カッシーラーにとっては、ハイデガーはここでは生の哲学者である」(前掲訳書、一二頁)、という解釈が示されている。
(14) Cf. Donald P. Verene, Cassirer's Concept of Symbolic Form and Human Creativity, in: *Idealistic Studies*, 1978, pp. 14-32.
(15) 『現象学事典』(弘文堂)所収の「地平」の項目では、もっぱらフッサールやハイデガーに固有の現代的概念であると説明されている。なお、本章で立ち入ることのできなかったカントの多様な「地平」概念とその含意については、本書第四章「理性の必要の感情と生の地平」を参照されたい。
(16) Hans-G. Gadamer, *Wahrheit und Methode*, 1960, 5. Aufl. Tübingen, Bd. 1, S. 307f. ガーダマー『真理と方法Ⅱ』(轡田収・巻田悦郎訳、法政大学出版局、二〇〇八年、四七三頁以下)。
(17) チャールズ・テイラー『〈ほんもの〉という倫理――近代とその不安』(田中智彦訳、産業図書、二〇〇四年)、第一章参照。
(18) 齋藤希史『漢文脈の近代』(名古屋大学出版会、二〇〇五年、二八頁以下)を参照。
(19) Cf. C. Welman, *The Language of Ethics*, Harvard U. P., 1961.
(20) Cf. T. Scanlon, *What We Owe to Each Other*, Harvard U. P. 1998.
(21) アンドレア・センブリーニ『多文化主義とは何か』(三浦信孝・長谷川秀樹訳、白水社、六五頁以下参照)。本章では、クワイン、デイヴィドソン、ローティにいたる現代のアメリカの解釈学的思潮、とりわけローティによる「自文化中心主義」に対する批判などには、残念ながら立ち入ることができない。
(22) ドナルド・デイヴィドソン『真理・言語・歴史』所収第8論文「言語の社会的側面」(柏端・立花・荒磯・尾形・成瀬訳、春秋社、二〇一〇年、一八一頁)。
(23) ガヤトリ・C・スピヴァク『ナショナリズムと想像力』(鈴木英明訳、青土社、二〇一一年、一三頁)。
(24) Vgl. *Information Philosophie*, Oktober 2007, S. 30-37.
(25) 構築主義は、「社会構築主義(social constructionism)」とも表現されることから、広義では社会学とほぼ同義とみなす立場もあるが、本章では、この概念を狭義の哲学的意味で使用する。この概念のいわばインフレ状態とグローバルな知の拡大については、以下の文献が参考になる。ただし、著者と以下の書物とは原理的な立場が異なることだけは述べておきたい。『社会構築主義のスペクトラム』(中河・北澤・土井編、ナカニシヤ出版、二〇〇一年、三頁以下)参照。

(26) イアン・ハッキング『何が社会的に構成されるのか』(出口・久米訳、岩波書店、二〇〇六年、九九頁)参照。

(27) Cf. V. Burr, *An Introduction to Social Constructionism*, Routledge 1995.

(28) 加藤尚武『哲学原理の転換　白紙論から自然的アプリオリ論へ』(未來社、二〇一二年、九二頁)。

(29) 「ポスト3・11」の課題と「持続可能性の哲学」との関係については、著者は次の文献で立ち入っているので、それを参照いただきたい。牧野英二「ポスト3・11と「持続可能性」のコペルニクス的転換——危機の時代に「人間らしく生きるための条件」を求めて」(『持続可能性の危機——地震・津波・原発事故災害に向き合って』御茶の水書房、二〇一二年、第一章一三—四〇頁)参照。

第二章　文化哲学研究と人間性の危機

1　問題提起

本章では、二十一世紀の文化研究者の間で前提されている基礎的概念や思考の枠組みに対する哲学的観点からの再検討を試みる。それによって、ポストコロニアルな状況における「生の地平」に生起する文化的諸課題の一端を解明する。

著者は、今日、アジア文化を含む文化全体がグローバルな規模で「文化の危機」（cultural crisis）に陥っている、と考えている。そこで第一に、「文化の危機」とは何かという疑問に一つの解答を与える。第二に、「文化の危機」が自然科学の目覚しい発展の成果と不可分であるという「ある種のパラドクス」を明らかにする。第三に、「人間性」、「ヒューマニティ」（humanity）という概念に着目して、この「文化の危機」を克服するための手がかりを探究する。第四に、「文化哲学」（Cultural Philosophy）、「相互文化哲学」ないし「異文化間哲学」（Intercultural Philosophy）、「脳神経倫理学」（Neuroethics）の立場から、これらの課題を探究する。それによって「哲学の持続可能性への道」もまた、照らし出されるはずである。

2　文化の危機と文化哲学研究の課題

最初に、本章の狙いをいっそう明確にするために、「文化の危機」(cultural crisis) と文化研究との関係について概説する。著者の見解では、二十一世紀の文化研究は、「文化の複雑性」(cultural complexity) と呼ばれる事態に直面している。(1) それは、「文化」現象のグローバルな拡大と拡散による「文化表象」の曖昧性を強めた。また、「文化産業」の急速な拡大と広範な市場の創出による伝統的な「教養」の解体を推し進めた。さらに、「文化のエキスパート」、例えば、文化研究者や文化の創造者、文化の媒介者の役割が増大し、かつ変質している。これらの事態は、民族文化やマイノリティー文化によるローカリズムの立場からの反発や批判、「グローバルな文化への抵抗」(resistance of global culture) を生み出し、同時にグローバリズムとの調停ないし新たな統合の動向も生み出してきた。「グローカリズム」(Glocalism) と呼ばれる考え方や用語の登場は、その典型的な表現である。(2) これらの動向は、国境を超えた「文化の越境」という帰結も生じてきた。(3)

その結果、今日では、「文化」とは何か、また「アジア文化」とは何かという問いに対する明確な解答も提示困難になりつつある。今日の文化研究、そしてアジア文化研究もまた、上記の「文化の複雑性」を視野に入れて、広範な視野のもとで、多種多様な個別的文化事象の研究に取り組まざるをえないのが実情である。

かつてテリー・イーグルトンは、複雑化した「文化の諸相」にいち早く着目した。彼は、①規範としての文化、②生活様式としての文化、③芸術としての文化という三区分に即して、文化の諸相の差異性と同一性を考察した。だが、この三区分は、著者の上記の分析の観点からみれば、考察の視野が狭いだけでなく、その区分の仕方も不十分である。[4] その主要な理由を一つだけ指摘するならば、この三区分の考察方法では、上記の「文化の越境」の観点や文化現象と自然科学との密接不可分の関係が十分に解明できないからである。

次に、「文化の危機」という課題と「脳神経倫理学」との関係について、簡単に説明する。「脳神経倫理学」とは、欧米でも一〇年程度の歴史しかないきわめて新しい学問分野である。この学問は、一言で言えば、「脳神経科学（neuroscience）」・「脳科学（brain science）」に対する倫理学的研究であり、同時に倫理学的にそのように科学する営みである。言い換えれば、「脳神経倫理学」は、「人間の脳を治療することや脳を強化することの是非を論じる哲学の一分野」を意味する。[5] 日本国内における少数の専門家のあいだでも、英語の Neuroethics の訳語として「脳神経倫理学」という表現が必ずしも定着しているわけではない。現在、この訳語以外にも、「神経倫理学」「脳倫理学」などの訳語も併用されている。[6]

では、「脳神経倫理学」は、なぜ「脳神経科学」、「脳科学」など自然科学の最先端の研究成果を問題にしなければならないのであろうか。また、いわゆる「応用倫理学（applied ethics）」とは、どのように異なるのであろうか。その解答をあらかじめ暫定的に述べるならば、脳科学は、「個性の機関（the organ of individuality）」である脳を扱うからであり、人間の文化的な営みと結びついた意識や文化の担い手である自我、特定の文化圏のなかで生活する人間の思考や感情の根本的働きとその変更にかかわるからである。

端的に言えば、脳神経倫理学は、伝統的な人間観の変更やヒューマニティに対する根本的な理解の見直しを迫りつつある[7]。

ここでは、一つだけ具体的事例を挙げてみよう。脳神経科学の領域では、臨床の現場で脳の病気の診断や治療などに大きく寄与している。同時に、脳内の神経活動を画像化し非侵襲的に計測する技術は、知覚、運動、感情から、思考、想像などの心の働きなどを発見するための有効な手段となりつつある[8]。最近では、「マインド・リーディング（mind reading）」ないし「ブレイン・リーディング（brain reading）」と呼ばれる、脳の画像から心の「内容」を読み取る研究が注目されている。

しかし、人間には、総じて他人に知られたくない感情や思考、自己の内面性を他者には知られることのないものとして維持しようとする傾向がある。これらの「リーディング（reading）」研究の進展は、人間の心とその内容という、いわば「究極のプライバシー」を侵害するという大きな危惧に直面しつつある。さらに言えば、それらの研究成果は、個人の内面性の強制的な開示とそれに伴う自由の否定に繋がる。ここに、脳神経科学が倫理学的・哲学的な批判的検討にさらされる深い理由が存在する[9]。

一言で表現すれば、脳神経倫理学は、これらの脳科学や脳神経科学に固有の倫理と倫理のこの学問に対する妥当性を問い直す学問である。結論を先取りすれば、ここに「文化研究」と人間性、ないしヒューマニティの再検討という課題との結びつきを指摘することができる。人間の感情や思考のあり方は、歴史的・社会的現実のなかで条件づけられており、したがって人間は、つねに特定の文化圏、言語圏のなかで生活し、他の人間やさまざまなシステム、サブシステムと相互に影響しあいながら複合的な文化を形成している。そうなると、最先端の科学的探究に携わる研究者は、上述の「リーディング」研究自身が特定の文化圏や言語圏のなかで生活する人間の感情や思考、そして歴史的・社会的コンテクストのなかで実施されていることを認めなければならない。端的に言えば、「リーディング」研究は、かつてカントやフッサールが誤解したように、超越論的な観点から「純粋理性」（die reine Vernunft）や「純粋意識」（das reine Bewußtsein）とその働きを解読する方法を採用することはできないのである。これらは、すべて文化哲学批判の課題に属する、と言ってよい。

3　ポストコロニアリズムと伝統的人間観の危機

周知のように、グローバル化時代の文化の諸相は、グローバル化やその文化一元的傾向に対する反発や反動、そして批判的運動として、人文・社会科学の諸領域で「多文化主義」の要求を強めてきた。このような要求は、イマヌエル・カントに代表される伝統的なヨーロッパ哲学および倫理学の根本概念である「人間性（Menschheit）」や「人間らしさ（Humanität）」の意味の根本的変更を迫ってきた[10]。その最大の理由は、植民地主義によって非ヨーロッパ地域に押しつけられた「文化的普遍主義」、ヨーロッパ中心主義の抑圧への抵抗や反発にある。グローバル化時代の現代社会では、時代を超えて、すべての社会や民族、国民に共通の普遍的価値観や倫理の存在を主張することは、きわめて当然であるようにみえる。しかし、それは実は、ヨーロッパ的な価値観や倫理観、そして人間観の押しつけである。今日では、多文化主義的な立場に依拠して、非ヨーロッパ圏、アジアの諸民族、諸国家は、さまざまな民族や国家の相違に応じて異質な価値観、「人間性」のあり方を求めている、と言ってよい。

したがって、人間の自由や権利、尊厳なども不可分である「人間観」についても、従来の「文化的普遍主義」、ヨーロッパ中心主義的価値観とは異質なあり方が模索されている。例えば、日本社会では、脳死判定が法制化されているにもかかわらず、その実際上の目的である心臓移植や他の臓器移植は、関係機関および研究者、そしてそれを求める患者が期待したほど拡大していないのが実態である。日本では、欧米ほど臓器移植が行われない背景には、欧米とは異なる文化的・宗教的な要素があり、欧米のような心身二元論の考え方が浸透していない点が指摘できる。日本以外の東アジアの文化圏でも、似たような状況にある。

これらの点については、今日では多くの識者の共通認識になっている、と言えよう。したがって本章で著者が主張したい点も、ここにあるわけではない。著者が指摘したいのは、最も普遍主義的な立場に依拠し自然科学主義を前提にした「脳神経科学」が、上記のような多文化主義的な立場を帰結するという「ある種のパラドクス」にある。そこで、次に著者の指摘する「ある種のパラドクス」の内容を考察する。

周知のように、「文化」という漢字は、"culture"、"Kultur"などの西洋語の訳語である。この語は、もともと土地の耕作という意味から食物の育成、そして人間の修養や教養などの意味をもつようになった。[11] これは、「人間性」とそのために必要な人間の諸能力の開化、開発、育成、成熟をめざすという点では、主体的意味での「文化」を意味する。同時に、「文化」は、こうした人間の営みによって形成されてきたさまざまな「文化システム」を意味する。今日では、むしろ後者の意味で使用される場合が普通である。だが、「文化」事象を考察する場合、両方の関係を適切に把握することは、不可欠の条件である。著者の主張したいのは、この点を確認したうえで、次の諸点にある。

第一に確認すべきは、これらの意味をもつ「文化」が、「自然」と対立する「人為」や「人間精神」の類語として使用されていた点である。

第二に注意すべきは、「文化」「開化」「開発」「育成」(culture)は、上述のように「自然」から生まれてきた言葉であるという点である。

第三に、「文化」は、人間の「人間らしさ」、「人間性」(humanity)と不可分である。だが、近代以降の欧米では、「文化」は「人間らしさ」「人間性」の根拠とみられた「道徳性」から切り離され、今日では、人間の「道徳性」に反するようなカルチャーやサブ・カルチャーと呼ばれる現象が顕著になり、「文化」は最もグローバルな規模で商品価値の高い産業資本となった。日本で生れた「アニメ文化」「アニメ産業」は、その典型である。「人間らしさ」や「人間性」とは無縁の文化産業、それどころか道徳性に反するような文化事象の氾濫は、グローバルな規模できわめて深刻な事態を生み出してきた。

第四に留意すべきは、「文化」と「植民地主義(colonialism)」との関係である。第二次世界大戦終結以前のヨーロッパ列強や日本の帝国主義によるアフリカやアジアなどの植民地支配は、多くの場合、宗教の布教活動から開始され、植民地化された民族や国家固有の多様な「文化」の破壊と文化財の簒奪、そして日本の国家による韓国人・朝鮮人に対する「創氏改名」にみられるような住民の自己同一性(Self-Identity)の否定という暴力性に及んだ。

ここで著者が主張したいのは、ポストコロニアルな現代社会では、過去の植民地主義による直接的で暴力的に植民地「文化」を破壊する必要はなく、グローバルな規模で情報の操作・管理、金融支配、科学の進歩という方法で、一般市民には自覚されないまま「文化の植民地化」が浸透しているという事実にある。

伝統的な見方からすれば、「文化（culture）」の語源には「住む」という意味が含まれ、この語は、ラテン語のcolonusから進化して、「植民地主義（colonialism）」に転じたという歴史的経緯を想起すれば、事態がいっそう分かり易いであろう。(12)

ところが、二十一世紀のポスト・コロニアリズム（post-colonialism）の時代に直面する「文化の危機」は、これらの目に見える危機ではない。また、この危機は、かつて哲学者カントが指摘した「輝かしい悲惨（das glänzende Elend）」(13)によっても、また、アドルノやホルクハイマーが主張した「啓蒙の弁証法（Dialektik der Aufklärung）」の「パラドクス」によっても把握することはできない。(14)それは、科学技術の驚異的な進歩・発展により人間の医療に貢献している脳神経科学や脳科学が生み出しつつある、「伝統的な人間観」の破壊ないし転換を迫る事態を意味する。これらの科学は、元来、人間の幸福や社会の安定に寄与する目的で推進されてきた。それらは、同時に、徹底的に因果必然性の法則に依拠するかぎり、「文化と自然」、「精神と物質」、「心と物」、「理性と感情」との対立図式を解体するだけでなく、従来の「文化」のあり方とその理解や研究方法の根本的な吟味・反省を迫る「パラドクス」を生み出しつつある。

そこで次に、伝統的な「人間観」とその基礎にある「人間性（human nature）」を解体の危機に追い詰めている、この「パラドクス」の内実を実例に即して解明する。

4　脳神経科学と「人間性」解体の危機

脳神経科学の最新の成果は、人間の心的活動の神経相関物を明らかにしており、人間性の最も重要な契機である道徳感情や道徳的判断までも、研究対象にされている。例えば、最近の哲学者のなかには、認知心理学や脳神経科学の研究成果に依拠して、道徳的概念は感情によって構成されると主張している者もいる。より正確に言えば、この主張は、第一に、道徳的概念を使用することがなんらかの感情状態にあることを意味する。[15] 第二に、この主張は、道徳的概念を使用することが感情を要素とする状態にあることを意味する。[15] 本章で著者は、この研究の具体的な検証や紹介を目的にしているわけではない。そこで、これらの研究や実験の具体的な紹介や検証については、この分野の専門家の研究に委ね、著者は、この見解の文化研究に対する影響に議論を限定する。[16]

だが、道徳的概念は感情によって構成されると主張する上記の見解は、同じ脳神経科学者の間でも認知的過程と情動的過程との関連をめぐって意見が分かれている。特に、複雑な道徳的判断を下す場合に、感情と認知との関係は、問題が複雑になる。ある科学者は、「難しい道徳的ジレンマ」を実験の材料に用いた。例えば、あなたは、戦闘行為に関与していない民間人でも敵国人を見つけ次第殺そうとする残虐な侵略軍の兵士から逃れて、地下室に大勢の人とともに隠れている。このような一種の「限界状況」のなかで、あなたの幼い子どもが泣き出そうとする。あなたは、自分の子どもが死んでも、その子どもの口を押え続けて、他の多くの人間を助けるべきだろうか。この実験の分析結果に基づいて、ある研究者は、道徳的判断の場合には、認知的過程と情動的過程とが対立・競合するという「二重過程説」を唱えた。[17]

他方、上記の二つの立場とは異なる第三の見解を主張する脳神経科学者もいる。彼らによれば、道徳的感情は、道徳的判断のさいに合理的過程と競合することはない。むしろ、この感情は、感情的価値を行動選択肢へと付与することにより、道徳的判断を導くことに貢献する。このように主張する科学者もまた、実際に存在する[18]。この見解は、道徳的判断が報酬と罰とについての脳の自動的反応による価値賦与を反映し、報酬と罰により誘発される感情その他の心的状態を伴うと解する。この見解を支持する研究者は、道徳的判断や行動とかかわる「感情」概念の解体を求める。彼らは、脳神経科学の成果が道徳的判断や行動に伴う心的状態についての諸概念の再構築を要求している、と解釈する。彼らは、「感情」と「認知」とを対立させる考え方を放棄するよう求める。彼らは、道徳的判断が人間の社会的認知能力を前提すると考える。彼らは、道徳的知識やその他の社会的知識の適用も、道徳的判断を行うさいに重要な役割を果たす、と解釈するのである。

以上、最新の先端科学の一つである脳神経科学者の間では、人間が道徳的判断や行為の場面で果たす「知性」や「感情」の役割・機能について、上記のような三つの見解の相違がみられる。では、このような知見に対して、文化研究、そして文化哲学、倫理学などに携わる研究者は、どのように応答すべきであろうか。著者は、そのヒントをすでに幾つか提示してきた。著者の見解を一言で表現すれば、脳神経科学者の諸見解には、人間固有の道徳的判断の成立過程の説明原理が「人間性」を解体する知的作業を含む危険性がある。脳神経科学の研究成果は、一方で従来の医学や医療の方法を劇的に変える重要な意義をもつ。他方で、こうした研究の前提には、個人の自由意志や人格、性格のあり方、能力の格差、プライバシーの保護、精神状態の正常と異常との区別などをめぐる従来の「人間観」、ヒューマニティとは根本的に異なる見方が含まれていることを見逃してはならない。端的に言えば、これらの見方は、伝統的な「人間性」の解体を迫るようなラディカルな「思考法の革命」である、と言ってよい。なぜなら脳神経科学は、この学問の人間および社会に対する見方の批判にさらされるが、逆に脳神経科学にかんする倫理的な判断の形成過程および判断のあり方を問うことを迫るからである。ここに脳神経倫理学がたんなる「応用倫理学」の枠組みを超えて、「哲学の持続可能性への道」に対する問いと結びつく理由が存在する。

　次に、これまで検討した脳神経科学者の諸見解を踏まえて、それらを全体的に吟味・検討して、著者の見解を集約的に論じることにしたい。

5　「人間性」と「文化」の再構築に向けて

　周知のように、脳神経科学と関連して、今日、目覚ましい進歩を遂げている学問分野の一つに情報科学と呼ばれる領域がある。日本の情報科学のある著名な研究者は、「二十一世紀はアジアの時代である[19]」、と主張している。この研究者によれば、それは「アジア的転回の意味」である。では、この「アジア的転回(Asiatic turn)」とは、どのような事態を指すのだろうか。著者の長尾真によれば、この見解は西洋哲学が「人間の精神活動への考察を、意識の分析から言語の分析へと転換した」、「言語論的転回(linguistic turn)」に対比される事態である[20]。

　その主要な理由は、以下のとおりである。まず長尾説は、西洋思想の合理主義および理性中心主義を批判する。すなわち、「西洋哲学・思想の根底に流れているものは、一言でいえば、人間理性への信奉であり、自覚されている、いないにかかわらず宇宙の中における人間理性の絶対的優位という考え方である[21]」。また、この考え方は、「今日まで、人間をも含むすべてのものを客観的に対象としてあつかい、分析することによって、自然科学と技術を発展させてきた。……こうして神は死に、自然は人間によって蹂躙され、無視されてしまったのである」[22]。その結果、二十世紀に発達した科学技術は、自然を支配・抑圧し、大規模な自然破壊をもたらした。ここに、西洋思想の限界がある、と長尾真は主張する。

他方、長尾説によれば、東洋思想には、西洋思想にはない固有の優れた特徴がある。第一に、東洋の思想の一つの「大きな特徴は、自己は宇宙・自然の中の一員であるという考え方にある」[23]。第二に、「日本古来の思想は、……自然との共存、共生ということが何らの不自然さもなく、今日にまで引き継がれてきており、西欧思想に染めあげられた今日の日本人にとっても、いまだにしごくとうぜんのように感じられるのである」[24]。要するに、長尾によれば、西洋思想は、「人間が自然と感情を共有する、といった考え方ではないのである」[25]。

これらの長尾説の前提には、人間のあり方、「人間性」は、東洋人と西洋人とでは異質な構造をしており、東洋人の精神構造は、インド人、中国人、韓国人でも日本人と同じであるという認識が潜んでいる。この見解では、著者が先に指摘した「人間と自然」「精神と物体」「文化と自然」などの対立の構図は、克服されているようにみえる。実際、長尾説に依拠すれば、「心身不二」どころか、人間は、それを包む生ける自然の一部にすぎず、人間は自然と感情を共有する大きな生命体の部分にすぎない、と言うことができる。長尾説では、ロゴスとパトス、理性と感情との原理的な区別もまた、解消されていると解釈することができる。この見解が妥当であるとすれば、長尾説は、ヨーロッパの伝統的な人間観やヒューマニティが免れなかった多くのアポリアを解決可能にする画期的な人間観、ヒューマニティの捉え方である、と言ってよい。また、長尾説が妥当であるとすれば、ヨーロッパ哲学が生んだ自然科学の立場に立ちつつ、その基礎にある「人間と自然」「精神と物体」「文化と自然」などの対立構図を克服できる道筋を示したことになる。前者を後者に還元することによって、これらの対立構造を「解消」してきた自然科学主義が犯した誤りは、長尾説によって解決されることになる。

だが、現実を冷静に考察すれば、長尾説がきわめて妥当性の弱い根拠のない理論であることは、一目瞭然である。以下に、その主要な理由を列挙しておく。

第一に、自然と人間との関係について言えば、日本人が自然との共存ではなく、徹底的な自然の破壊を行ってきたことは、水俣病やイタイイタイ病という大規模な公害病を挙げるだけで十分である。かつて日本人が、自然のなかで自然とともに生活してきた事実は否定できない[26]。だが、二十一世紀の今日、長尾説のような「自然と共存」して、自然と痛みや苦しみを分かち合うような生き方をしている日本人がどれだけ存在するのであろうか。現実は、長尾説とは逆に、日本人による動物虐待は、ヨーロッパ人にはみられないほど、ひどい状態にある[27]。

第二に、むしろ日本企業は、国内での大規模な自然破壊や公害病が批判にさらされると、アジアの開発途上国に公害を「輸出」するようになった。ここには、依然として日本人のアジア蔑視の思想の表現を指摘することができる。したがって、長尾説が、人間観を西洋人と東洋人とに単純に二区分して、東洋人に共通の人間観を見いだそうとした点は、大きな誤りである。

第三に、長尾説は、アジア人の間における宗教や習俗・規範・社会システムなど多様な文化の相違を無視した誤り以外に、人間観についても根本的な誤りを犯している。長尾説は、アジア人が日本人とまったく同じ精神構造を有するという科学的な根拠をどこにも示すことができない。長尾説は、ステレオタイプ化された日本人論を無反省に「アジア人」一般に拡大して、さらにその見解に基づいて、伝統的な西洋人とアジア人という単純化された図式理解にあてはめたのである。この問題は、たんに一個人の過去の誤りではない点に問題の深刻さがある。このイドラは、機会あるごとに再生産され、グローバル化現象の一環として拡大されている点に問題の根深さと深刻さがある。著者の主張したい点は、ここにある。

最後に本章では、この点について実例によって明らかにしておこう。二〇一一年三月十一日に起こった東日本大震災・福島第一原発事故による「日本国民」の整然とした冷静な行動に対する外国からの敬意と賞賛は、マスコミで報道されただけでなく、著者にも個人的にアジアや欧米の研究者・学者から多数寄せられた。著者は、「日本人は高貴な民族である。素晴らしい」という内容のメールの文章を目にして、その時勇気づけられたことはたしかである。だが、正確に言えば、その情報は、一面的で誇張されており、他方で、日本人の許し難い言動が多数あったことや、それがいまなお続き、福島県民に対する根拠のない偏見や差別、「風評被害」の実態が明らかになるにつれて、修正が必要であることは、もはや指摘する必要がないであろう。(28)「人間性」の破壊は、科学技術によるだけでなく、また自然災害や原発事故による直接的・間接的影響だけでなく、それ以前から続く経済や金融の不況による社会的・経済的格差の拡大により、予想以上に拡大し深刻な状況にあることを忘れてはならない。

6　結　論

文化研究およびアジア文化研究は、今日、大きな課題に直面している。そこでは、西洋と東洋、北と南、先進国と開発途上国などの相違に関係なく、グローバルな規模で諸民族、とりわけ少数民族の間で「伝統文化の消滅」、「文化の断片化（cultural fragmentation）」と「文化の複雑化」が深刻化している。その意味で人類は、かつてない「文化の危機」に瀕している。

著者の考えでは、長尾説のように、単純に「日本固有の文化」、「自然との共感や感情の共有」、あるいは安易に「武士道の精神」などを引き合いに出して、日本文化とアジアの多様な文化の差異を無視した自文化中心主義に陥ってはならない。また、日本文化をアジア文化と同一視して、さらに日本文化がアジア文化を代表するという暗黙の前提に依拠して日本民族の固有性や優秀性を語ることは、現実を無視した妄言である。これは、一つの「文化理解の危機」の表現である、と言わなければならない。

では、チャールズ・テイラーの主張するようなキリスト教的な多元論の立場を支持すべきであろうか。(29)著者は、「宗教的転回」（religious turn）の主導者と言われる彼のカソリック的なキリスト教に依拠することも潔しとしない。また彼が、長尾説とは反対にカソリックと仏教との親近性を主張して、キリスト教以外の宗教思想をカソリックのもとに包摂することを意図したかどうかは、ここでは検討する必要はないであろう。

著者の考えによれば、自己と異質な他者、考え方や感じ方の異なる他者、コミュニケーションの困難な他の民族との間で、「暴力」を用いずに相互理解が可能になるためには、まず自己と他者との文化的な差異の認識とともに、ヒューマニティのあり方と理解の仕方の多様性を相互に認識するよう努めることが求められる。今日の学問研究は、文化の多様性を単一性に還元し、人間の個性や思考や感情の差異を自然科学的認識へと還元する「暴力的思考」や「構造的暴力」を告発することが必要である。実際、多くの研究者には、無意識のうちにこうした「理性主義」が潜んでいる。この事態は、明らかに「パラドクス」に他ならず、同時に「文化の危機」の象徴的表現である。

この危機は、同時に「ヒューマニティ」の危機の現われでもある、と言ってよい。さらに、広義の「文化」に属する人文・社会・自然の諸科学、科学技術の輝かしい成果の背後には、さまざまな「文化の危機」が潜んでいる。著者の考えによれば、自然科学者の大多数は、長尾説に代表されるように、自身の研究課題の本来の意義や自身の生活環境・社会状況、そして文化の影響などに無自覚である。実際、アメリカの優れた「認知神経科学」の研究者で、「脳神経倫理学」や「脳倫理学」の意義を認めているマイケル・ガザニガですら、「ヒューマンジー」(Humanzee)の恐怖は、無用な恐怖にすぎないと一蹴している[30]。だが、著者は、科学者が、最新の遺伝子操作技術を用いて人間(Human)とチンパンジー(Chimpanzee)を掛け合わせて、「ヒューマンジー」(Humanzee)を生み出すのではないかという恐れは根拠のない空想による不安ではない、と考える。過去の歴史は、とりわけ自然科学者の開発した最新の軍事兵器や軍隊組織が、例えば、ナチス・ドイツや旧日本軍、ヒロシマ・ナガサキだけでなくベトナム戦争などでアメリカ軍が、どれだけ非人道的で、反道徳的な実験や野蛮な行為を繰り返してきたかを想起するだけで十分である。

文化哲学、文化批判、科学技術の「批判」(critique)の目的は、これらの「文化の光と影」、「文化の両義性」を見据えながら、諸科学の進歩・発展の有用性と健全な発達を方向づけることにある。また、これらの批判は、同時に、それらの危険性や危機(crisis)を指摘して、これらの両義性をいっそう明らかにする必要がある。これらの営みは、諸科学が道徳・倫理・法などによって適切に方向づけられることで、文化の基礎にある「人間性」(Humanity)の確保と健全な発展にますます重要な役割を果たすはずである[31]。二十一世紀の文化研究、アジア文化研究は、グローバルな立場、ローカルな観点、そしてグローカルな視点という複合的な観点から文化事象の研究を積極的に進めることが、いっそう重要になる。特に二〇一一年三月十一日に起こった東日本大震災・福島第一原発事故による日本国内での人的・物的被害は、東アジアだけでなく、一年後にはアメリカ・カナダにまで漂流物が押し寄せ、アメリカ西海岸では福島原発事故による放射性物質のセシウムが検出され、すでに予想外の環境汚染などの影響を及ぼしていることが明らかになった。それだけに、現代社会の文化・文明、科学技術のあり方は、あらゆる意味でグローバルな視点から再検討が求められている。これもまた、「持続可能な社会」の実現に不可欠な哲学的課題に属する。

注

（1）「文化の複雑性」は、多くの場合、国家間、国際的な関係、グローバルな観点から論じられてきた。だが、厳密に言えば、この見方は、一面的で不十分である。長い間単一民族国家と称されてきた日本についても、このことは同様の事情にある。実際、日本国内に目を向けたとき、明治維新以後の急速な文化政策、「文明開化」のもとに、一般国民の伝統文化・習俗・習慣の強制的な変更だけでなく、日本の少数民族の一つであるアイヌ民族が明治政府の法令による伝統文化の厳しい統制や禁止措置によって、「和人化」を強いられてきた歴史を無視してはならない。重要な点は、これらの文明開化の政策が、日本人の他者の視点、欧米人の視点やそれを先取りした視点のもとで推進された事実にある。だが、本章では、この問題に立ち入ることはできない。この問題にかんする最近の研究としては、次の文献が参考になる。百瀬響『文明開化　失われた風俗』（吉川弘文館、二〇〇八年、特に一四四—一九四頁）。ここで特に著者が付け加えたい点は、日本人の他者の視点、特に欧米人の視点による明治政府の政策は、二十一世紀の今日でもなお、いたるところで継続され、日本人の生活様式や精神構造のうちに内面化されているという事実にある。このことによって生じた負の側面については、以下の論述でも言及する。

（2）ちなみに、この「グローカリズム」（Glocalism）という用語は、もともと日本語由来の合成語であるとも言われる。例えば、マイク・フェザーストーンによれば、「この用語は、日本語の土着〔dochaku〕をモデルとしている」（『ほつれゆく文化』法政大学出版局、二〇〇九年）、二〇八頁。Cf. Mike Featherstone, *Undoing Culture: Globalization, Postmodernism and Identity*, London 1995. Ch. 7.

（3）中国の文化・教育政策の一環である「孔子学院」のグローバルな展開、韓国での「韓国学」や日本による「日本学」の欧米への浸透政策などは、その典型的な事例であろう。もっとも、欧米では、「日本学」（Japanology, Japanologie）の研究は下火となり、「アジア研究」の一領域へと格下げされている。欧米の諸大学における「日本学」「日本研究」の講座の縮小とアジア研究の一分野への組織再編の動向は、その事実を端的に物語っている。この現象は、多様な「アジア文化」の発展と欧米への紹介や浸透という点からみて自然の流れであり、「相互文化哲学」ないし「異文化間哲学」の観点からみて、むしろ好ましい現象である、と思われる。

（4）Cf. Terry Eagleton, *Idea of Culture*, Blackwell, 2000, ch. 1.

（5）W. Safire, "The Risk That Failed," *New York Times*, July 10. 2003. 本文で引用した「脳神経倫理学」（Neuroethics）という新造語とその定義については、次のマイケル・ガザニガの文献が参考になる。Cf. Michael S. Gazzaniga, *The Ethical Brain*, Dana Press, 2005. 日本語訳『脳のなかの倫理　脳倫理学序説』（梶山あゆみ訳、紀伊國屋書店、二〇〇六年）。ただし、著者の理解では、テクストのタイトルの日本語訳は、ややミスリーディングであり、適訳とはいえない。

（6）著者は、「脳神経倫理学」が「脳」だけでなく、「脳」と「神経」の両者の意味を含む用語なので、本章ではこの訳語を採用する。もっとも、この訳語は、まだ市民権を得ているとはいえず、「ニューロサイエンス」というカタカナ表記も散見されるのが実情である。

（7）本章では、環境倫理学、生命倫理学、情報倫理学、企業倫理学などを包摂する応用倫理学との相違に立ち入る余裕はないので、ここでは、この点を指摘するにとどめる。

（8）こうした技術は、fMRI, Functional Magnetic Resonance、機能的MRI（磁気共鳴画像）を意味する。

（9）本章では、「心」とは何か、「心」は存在するか、さらに「心」の存在はどのようにして知ることができるかという最も根本的な問いに立ち入ることはできない。この課題については、以下の第三章「心の哲学と生の抑圧」

を参照されたい。

（10）カント哲学の専門的立場から見れば、「人間性（Menschheit）」と「人間らしさ（Humanität）」とは大きな意味上の差異があり、この点の認識は、カントをはじめとする近代の哲学・倫理学の正確な理解に不可欠な論点である。だが、本章の主題に鑑みて、ここでは、この課題には立ち入らない。詳しくは、牧野英二『遠近法主義の哲学』第4章（弘文堂、一九九六年）を参照されたい。

（11）上記の「文化」の概念史研究には、次の文献が有益である。Vgl. *Historisches Wörterbuch der Philosophie*, Bd. 4, S. 1309-1358.（Hrsg.）Von J. Ritter und K. Gründer, 1976, Basel/Stuttgart.

（12）Cf. T. Eagleton, *Idea of Culture*, Blackwell, 2000, ch. 1.

（13）I. Kant, *Kritik der Urteilskraft*, 1790.

（14）Cf. M. Horkheimer u. T. Adorno, *Dialektik der Aufklärung*, Amsterdam 1947.

（15）Cf. Jesse Prinz, *The Emotional Construction of Morals*, Oxford : 2007. "Resisting the Linguistic Analogy : A Commentary on Hauser, Young, and Cushman," in : Walter Sinnot-Armstrong（ed.）, *Moral Psychology Volume 2 : The Cognitive Science of Morality : Intuition and Diversity*, Cambridge : 2008.

（16）この実験の詳しい紹介については、次の文献が参考になる。信原幸弘・原彫編著『脳神経倫理学の展望』（勁草書房、二〇〇八年、二八三頁―三一四頁）。

（17）Cf. J. D. Green, L. E. Nystrom, A. D. Engell, J. M. Darley, and J. D. Cohen, "The neural bases of cognitive conflict and control in moral judgment," *Neuron* 44, 2004, pp. 389-400.

（18）Cf. J. Moll, R. Zahn, R. de Oliveira-Souza, F. Krüger, and J. Grafman 2005, "Opinion : the neural basis of human moral cognition," *Nature Reviews Neuroscience* 6, pp. 799-809.

（19）長尾真『「わかる」とは何か』（岩波書店、二〇〇一年、一八四頁）。

（20）長尾、同書、同箇所。

（21）長尾、同書、一八〇頁。

（22）長尾、同書、一八〇頁―一八一頁。

(23) 長尾、同書、一八一頁。
(24) 長尾、同書、同箇所。
(25) 長尾、同書、一八三頁。
(26) 明治初期までの日本人は、今日「自然」(nature)と呼ぶ事象を別の言語表現で表わしていた。例えば、日本最初の哲学事典とも言われる『哲学字彙』(一八八一年〔明治十四年〕四月、井上哲次郎他編、五七頁)では、"Nature"は「本性、資質、天理、造化、宇宙、洪鈞、万有」と訳されており、「自然」という訳語はまだ存在しない。『改訂増補哲学字彙』(一八八四年〔明治十七年〕五月、七九頁以下)でも、まったく同一の訳語が並んでいる。ところが、『英独仏和哲学字彙』(一九一二年〔明治四十五年〕一月、一〇〇頁)になると、「物然、性、本性、性質、性格、資質、天理、造化、宇宙、洪鈞、万有、自然」と訳語に変化が現れる。「自然」という訳語は、最後に登場するが、この頃には、日本は富国強兵政策による急速な産業革命の結果、伝統的な「自然に」という副詞的な用法から、「自然」という名詞的な用法が学問的に認知されたのである。この変化の背後には、「自然」を自然科学の客観として対象的に見るヨーロッパ的な自然観が定着してきた証拠とみることができる。ちなみに、中国では、日本とは異なり、古来、自然という名詞形が使用されていた。この点でも、自然と人間との理解が、日本と中国とでは異質な面があることの証左である。その思想史的な差異とその経緯については、下記の文献が参考になる。溝口雄三『中国思想のエッセンスI』(岩波書店、二〇一一年)、六一―八八頁参照。
(27) 日本では、犬・猫その他の動物の飼育などを対象にしたペット産業は、今日大きなマーケットに成長した。特に盲導犬や介護犬の社会的役割は、着実に重視されつつある。他方、犬・猫や他のペットの虐待や「不法投棄」は、目に余る状態である。ここでは本章のテーマの制約上、この問題に立ち入ることはできないが、最近「犬を殺さないドイツの常識」を扱った雑誌記事が紹介されている。そこでは〈犬たちの「天国と地獄」〉という見出しによって、犬の天国のドイツに対して犬にとって地獄の日本の様子がつぶさに論じられている。Cf. Asahi Shimbun Weekly AERA 2009.9.7, pp. 39-42. ここでは、長尾説の主張する「自然との共存」や「自然や生命をもつものすべてとの共感」の理論を反駁する現実だけが語られている。この問題は、今日の環境倫理学の領域で流行している「人間と自然との共生」という「耳触りのよい言葉の魔術」にも現れている、と著者は考えている。

長尾説とは異なり、著者は、ここには日本人の「自然に対する甘え」「無責任の姿勢」があると主張したい。さらに著者は、こうした近代以降の日本人の「無責任と甘えの構造」が過去の公害問題・戦争責任・原発事故の検証結果を明確にせず、事柄を曖昧にし、「過去を水に流す発想」を続けてきた日本人の精神構造と不可分であると考えている。

(28) 著者は、本務校の法政大学サステイナビリティ研究教育機構の兼担研究員として震災支援プロジェクトの一環で実施してきた「てつがくカフェ福島特別編1・2」の中で、マスコミなどではあまり紹介されない原発・震災の被災者の生の声に接する機会があった。これについては、『朝日新聞』(二〇一二年三月九日付東京版朝刊)で、著者のインタビュー記事が紹介されているので、関心のある読者は、その記事を参照されたい。

(29) チャールズ・テイラー『マルチカルチュラリズム』(佐々木・辻・向山訳、岩波書店、一九九六年、三七頁以下)を参照。

(30) Cf. Gazzaniga, *The Ethical Brain*, Dana Press 2005. 日本語訳『脳のなかの倫理　脳倫理学序説』(梶山あゆみ訳、紀伊國屋書店、二〇〇六年、一八頁)。

(31) 著者は、これらの論点からみて、「脳神経科学」をもっぱら法律や訴訟問題に関連する議論に限定しようとするアメリカの主要な傾向には疑問を感じている。ここには、明らかに現代のアメリカ文化の一側面が反映されている、と言ってよい。その典型的な例として、次の文献を参照されたい。Cf. Brent Garland (ed.), *Neuroscience and the Law: Brain, Mind, and the Scales of Justice*, Dana Press 2004. ブレント・ガーランド編『脳科学と倫理と法――神経倫理学入門』(古谷和仁・久村典子訳、みすず書房、二〇〇七年)を参照。

第三章　心の哲学と生の抑圧

――心のゆがみと社会のひずみ――

1　問題提起

最初に、本章の狙いについて簡単に説明しておきたい。いまなぜ人間の「心」のあり方が問われなければならないのだろうか。著者は、この問いかけから議論を開始したい。すでに前章で震災・原発事故に関連して言及したように、現代日本と日本人には、科学技術と文化が急速に進歩・発展するなかで、「脳神経科学」やそれに対する反省的な学問である「脳神経倫理学」など高度に専門化した科学的営みが進展している。その一方で、人間の日常生活の現場では、不可解な「退行化現象」「病理現象」とも呼ぶべき事態が顕在化している。近年明らかになった事件では、親が理由なく子どもたちを餓死させ、成人した子供が百歳を超える高齢の親を見捨て、親の年金をかすめ取り、社会や国家を欺くという「文明国」では想像できない事件が頻発している。さらに「孤立死」と呼ばれる社会から見捨てられた「社会現象」までみられるようになった。著者のみるところでは、問題の根源は、日本人の社会制度のあり方とその根底に潜む「心のゆがみと社会のひずみ」にある。言い換えれば、この課題は、心の哲学と生の抑圧にかんする問題に取り組むことを迫っている。

本章では、この課題に取り組むために、改めて生活者の「生の地平」に根差した知的営為が求められている。第一に著者は、「こころ」「心」という日本語の解釈学的観点からの考察を試みる。第二に、本章では、日本人の「心」にかかわる学問的課題についても一瞥を投じる。現代の日本人の心と日本社会の現状を解明する場合、最新の科学を含む幅広い学問的観点からの考察が必要である、と著者は考えるからである。

第三に、本章では近代日本を代表する文学者・思想家で自然科学にも深い関心を抱いた、夏目漱石による『文芸の哲学的基礎』の論述を手がかりにして、二十世紀初頭から二十一世紀にいたる日本人の心のあり方と日本社会の現状および課題を考察する。最後に著者は、二十一世紀のグローバル化時代に、国際社会、特に東アジア諸国に通用する日本人の心のあり方を日本社会のあり方と関係づけて、心の哲学と生の抑圧にかんする問題の所在を明らかにする。

2 「心」の危機とその解釈学的分析

日常的な言葉の用法では、日本語の「こころ」「心」は、古来さまざまに人間と人間社会のあり方を表わす言葉として使われてきた。例えば、道に迷ったとき行き交うひとに道を教えられ、見知らぬひとにめざす場所まで案内されるとき、「心暖まる」思いをする。あるいは「心ない人間」の悪質な犯罪を見聞して、「心を痛める」ことも最近では少なくない。また、青少年による予想を超えた凶悪な犯罪を目の当りにして、自分の子供の「心が壊れる」危険性に「心騒ぐ」大人も少なくないであろう。戦後生まれの団塊世代以降の労働者にとっては、リストラの不安に「心を悩ませる」ことも少なくないのが現実である。さらに著者は、東日本大震災や福島第一原発事故による国民の生命や生活の安全について、被災者に対する自身の無力さに「心苦しさ」を内心強く感じてきた。

現代社会では、悲しいとき苦しいとき、そして泣きたいときでも商売上の必要からあるいは表面上円滑な人間関係を維持するために、客や相手に向かって「本心」とはかけ離れた笑顔を作らなければならないような感情支配と「心」の管理がますます強化されており、その反動としてさまざまな「心」の抑圧や病理現象が顕在化している(1)。他方では、脳科学の最新の研究成果に着目してヒット商品の開発のために消費者の「心を揺さぶる」魅力的な「クオリア（感覚質）に訴える製品の開発」に積極的に取り組む企業も出現している。

以上の事例からも明らかなように、「心」という日本語は、今日の日常的な用法からみるかぎり、実に多岐多様に使用されており、一義的な規定どころか、明確な輪郭づけも困難であるようにみえる(2)。

他方、「心」という言葉は、ある程度の分節化が可能である。第一に、この言葉の最も広い意味を概観すれば、場所的な意味では「まんなか」「中央」およびそのなかに入っているものという意味がある。例えば、「円心」である。第二に、比喩的用法として、物事の重要な部分を指す。例えば、「核心」という用法がみられる。第三に、身体的意味として「心臓」または「胸」という意味がある。欧米では伝統的に物と心との二元論的な思考法が顕著であったが、東洋では「心身不二」の考え方が一般的であった。この考えのもとでは、心臓移植や脳死の考えは受容しにくい。しかし、今日では欧米の影響下で心臓の機能の停止を指す「心臓死」と「脳死」との区別が生まれ、日本でも脳死判定の基準が法的に整備される事態となった。その結果、「心の座」をめぐって新たな論争が生じてきた。

さらに「心」は、本章の主題である人間の精神作用の根本となるものや、精神や風情などを意味する。[3] この場合には、この言葉の主要な用法は、次の三とおりに整理可能である。第一に、この語は人間の精神活動、つまり理性・感情・意志など、あらゆる精神活動のもとになるもの、またそうした活動の総称を意味する。第二に、これらの活動のうちで知識・感情・意志のいずれかを取り出して指示する場合もある。第三に、これらの「心」のあり方は、本来の状態や習慣的な「心」のあり方とその働き、例えば、他者に対する思いやり、外界に対する反応などの心理的状態を指している。では今日の学問領域では、事情はどうであろうか。

今日の学問の進歩、科学の発達は、「心」をめぐる議論を従来の哲学、倫理学、そして心理学の領域からあらゆる知的領域に拡大してきた。また伝統的な「心」をめぐる考察とは異なり、今日の「心」の学問的分析は、人文・社会科学的研究方法に限定されず、それどころか自然科学的実験の成果や研究データに基づく考察方法から大きな影響を受けている。さらに、このことは「心の哲学」や「意識研究」と呼ばれる哲学の分野に端的に現れている、と言えよう。

周知のように、認知科学（cognitive science）は、認知心理学、脳科学、言語学、コンピュータ科学、情報工学、人類学、哲学などの関連学問の発達によって、従来の「心の科学」と呼ばれた心理学とは別の学問的方法や立場に依拠して「心」の問題を考察してきた。例えば、脳科学にかんして言えば、近年では、認知科学と結合することによって独自の理論と方法によって「心」の働きを研究対象とする「認知脳科学」（cognitive neuroscience）と呼ばれる学問領域も登場してきた[4]。こうした学問研究のあり方は、伝統的な心理学に典型的にみられるように、たんに「心の病」の治療を意図するのでなく、むしろ人間の生存により適合した「心」の仕組みを明らかにし、それによって「心の豊かさ」や望ましい「心構え」ですら提供しつつあるように思われる[5]。

しかしながら、これらの科学的研究の学問成果は、日常生活で使用され理解されてきた「心」の存在と所在、「心」と表現される働きの認識の可能性そのものに対しても、根本的な問いを突きつけているように思われる。なぜなら、後述のように、これらの科学には、かつて「心なき心理学」とも呼ばれた行動主義の立場とは異なる理論的・実験的研究成果に依拠して、「心」や「意識」の存在そのものを否定する主張が登場しているからである。また、現代科学の動向のひとつの傾向として、先端科学の脳科学・認知脳科学の側から流行りの学問の一つである心理学関係の諸分野と哲学との関係の問い直しが求められている。さらに、心理学の側から学問的基礎とみなされてきた哲学的な前提条件を再検討する動向が徐々に高まりつつあるのが現状だからである。

これらの社会問題や先端科学の研究成果に対して、哲学はどのような発言や提言を行うことができるだろうか。とりわけ上述の「心」の科学に対して哲学は、どのように自己主張することができるのであろうか。いまや哲学の側からの応答が求められている。言い換えれば、哲学には、宗教学から教育学、心理学、経済学、法律学、精神分析学、精神医学、認知科学、言語学、脳科学などの人文、社会、自然の全分野にわたり「心」の存在と認識の仕方やそれらをめぐる論争点と新たな問題群の提示を迫られており、さらに諸学問や諸学派、立場の前提に存在する哲学的な問題を照らし出し、広く哲学・思想的な立場から、諸学問とのかかわりを念頭に置いて考察することが求められている。

そこで本章では、狭義の「心の哲学」と呼ばれる哲学的立場に限定せず、より広い視野のもとで今日問うべき「心」をめぐる諸問題に光を当てることによって、問題解決に必要な科学的議論の前提条件ないしそれらを暗黙のうちに制約する見解をあらわにすることを試みる。それによって「人の心の不透明性」と自分の心の自明性、「他者の心の不可知性」などの古代以来の問題群の解明にも必要な論点に言及する。

3　心の科学と哲学との交錯する場

ここでは「心」の存在と所在をめぐる論争点と「心」の認識の可能性にかんする議論に焦点を絞って、いわば「心」の存在論と認識論の問題群に立ち入ってみたい。

最初に、「心」とはなにかという難問に立ち入る前に、この疑問と不可分な「心」は存在するかという根本的な問題から考察してみよう。ここでもまた、「存在」と「知識」とは不可分の課題だからである。周知のように、長い間哲学の伝統思想のうちでは、「心」の存在とその働きの明晰判明な知識は、いわば疑いえざる確実な前提であった。デカルトによる思惟実体と延長実体との区別は、精神と身体ないし物体との二元論的な前提的思想の必然的な帰結でもあった。もちろん厳密に言えば、西洋でも、ホッブズの見解のように、人間とその心を根本的に機械とその機能とみなす見解も存在していたことを見逃してはならない。ホッブズを「AIのゴッドファーザー」と呼ぶ人たちは、こうした彼の見解をきわめて積極的に強調する。(6) こうしたホッブズの見解が改めて注目を浴びるようになったのは、「心」をコンピュータの機能に還元する見解の登場とも深くかかわっていることはたしかである。

しかし今日の科学技術の目覚ましい発達は、「心」の存在や所在にかんして伝統的な見解を否定する知見を強力に打ち出してきた。他方では「心」や意識の働きにかんする伝統的な見解を再構築するなかで、「心」や意識の働きを依然として積極的に肯定する主張も少なくない。そこでまず、今日の「心」の存在をめぐる論争状況を確認しておきたい。それによって「魂」(soul) から「心」(mind) への変遷の過程も明らかとなるであろう。

論争点をより明確にするために、ここでは「心」の存在をめぐる哲学的・科学的な議論の簡単な見取り図を描き出してみたい。

第一は、「心」の機能を脳の働きに還元する唯脳論の立場をとるにしても、反対に脳の働きに還元不可能な「心」固有の働きを主張する立場をとるにしても、いずれにしても「心」の存在を肯定する立場がみられる。この立場には、さらに詳細に立ち入れば、「心」が脳の局所、ないし部分として存在すると主張する「局在論」の立場も含まれる、とみてよい。他方、「心」の存在・非存在は、概念の使用上の相違に基づくものとして把握して、その概念の内容理解、基準の相違に基づく把握の違いによって生じる、と考える立場もある。この考え方からすれば、後期のウィトゲンシュタインの言語ゲームの理論的帰結に沿って、「心」という概念の使用法によって、「心」は存在すると理解することも可能であり、他方「心」は存在しないと理解することも可能になる。ただし、この場合には、いずれにしても「心」という概念の存在は確実であるとしても、「心」という伝統的な意味での実体が実在する、という帰結は、いささかも生じないことに注意すべきである。しかしながら精神分析学や発達心理学、そして臨床心理学の領域でも、多くの場合、「心」の存在は無視できない前提条件を形成してきたのである。

第二に、「心」をめぐる論争を解消する最も強力な論調のひとつが、チャーチランドの「消去主義」(eliminativism)である。[7]この説によれば、差し当たり、現在は科学的に未解決の領域を便宜上「心」と呼ぶとしても、いずれは科学の発達の結果、因果的な説明によって解明されれば、「心」のような概念は不要となるであろう。このような見解の先達としては、ライルによるデカルト批判として有名になった「機械のなかの幽霊」というテーゼがあることも、ここで思い起こしておくことは無駄ではない。最近では、その賛否は別にしても、「消去主義」の立場を強固にするようにもみられる主張を展開する「コネクショニズム」(connectionism)と呼ばれる認知科学・情報工学、そして哲学の立場の活発な研究成果の影響を軽視することはできない。[8]この立場に依拠した場合でも、脳の働きよりも心の働きを広く解し、したがって身体や環境の影響を重視する見方がみられ、ここでもまた、単純な論じ方は困難なのが実情である。

第三に、「心」と意識との関係についても、意識に固有の特性としての志向性に着目して、それと「心」の働きとの不可分な関係を主張することによって、「心」の実在性とそれ固有の機能を主張する見方があり、他方、デネットのように志向性ですら機械によって実現可能である、と主張するラディカルな立場もみられる。[9]この対立する両見解は、「心」は機械であり、複雑なコンピュータにすぎないという見解と、「心」は機械の働きに還元できないとするサールやドレイファスのような見解との対立にほぼ重なるといってよい。[10]「心」が機械に還元可能であるとする見解には、「心」は、脳科学によるメカニズムの解明によって最終的にすべて説明可能であるという立場も含まれる、とみることもできる。これらの議論と関連する「志向主義」(Intentionalism)や「表象主義」(Representationalism)をめぐる精緻な議論には、ここでは立ち入らない(11)。

第四に、さらに「心脳同一説」を主張する唯脳論とは異質な立場を採用する場合でも、「心」の存在は「擬似問題」にすぎないと主張する行動主義とは異なり、「心」の存在を前提する心理学的立場も少なくない。この場合でも、「心」は科学的に説明されうるという立場と、科学的に説明されない領域ないし機能がある、という立場との見解の相違は、依然として軽視できない大きな隔たりをみせている。

第五に、「心」を個人的なレベルで説明しようとする立場と、意識や言語が間主観的で他者との相互的な性格をもつことと関連して、「心」が社会的な機能をもつものである、と主張する立場とに区別することも可能である。前者は、どのような方法的な違いはあれ、伝統的な「心」の把握の仕方とある種の類比的な関係にある思考法である。他方、後者は「社会構成主義」(social constructionism)の立場と重なる見解である。また、反認知主義的な傾向をもつギブソンなどの「生態学的心理学」(ecological psychology)のような見解もまた、「心」は個人の脳の内部に存在するのではなく、環境世界の内部に存在すると主張するかぎり、後者の立場と不可分である。これは、心の身体化の主張である。もっとも社会心理学的な伝統に根差す「社会構成主義」の立場と「生態学的心理学」的な実在論の立場とは、「心」の存在にかんして依然として距離があることは見逃してはならない。

以上は、現代における「心」の科学と哲学とのさまざまに交錯する一場面をきわめて概括的に描き出した試みにすぎない。したがって、個別科学の研究分野に携わる立場からみれば、こうした論述は安易な図式化である、という謗りを免れないであろう。しかし、より正確な把握と個別領域における論争点と解決策の提示については、個別の専門家の論考に委ねることにして、ここでは錯綜した「心」をめぐる論争状況の一断面を照らし出すことで満足しなければならない。

「日本人」の「心」のあり方は、人間として、国民性や民族性と言われる特殊性を超えた普遍性をもつと同時に、グローバル化とともにその特殊性も急速に変化しつつ、その深層には容易に変化しがたい側面もあることは否定できない。そこで、以上の抽象的な論述の不十分性を補足するために、以下では、これに関連した論文では扱われたことのない日本の生活の場に根差した「文芸における哲学的基礎」をめぐる議論に眼を向け、「心の学における哲学的基礎」へと議論を進めることにする。

4　夏目漱石による「心」の分析の狙いと方法

科学技術が驚異的に進歩・発展して、長い間「心の座」とも呼ばれた心臓の移植をはじめ人間の臓器の移植が日常的に行われるようになり、臓器が「商品」として売買される「臓器交換社会」の時代が到来し、ひそかにクローン人間の誕生が囁かれ、脳死の容認論が定着してきた今日、伝統的な生や死の概念が根本から覆されている。心臓はもはや特別な器官ではなく、他の臓器と同様にたんなる身体的な器官のひとつにすぎないとみられるようになった。しかし、それでも日々の生活の場でこれらの科学技術の発展の影響を受けながら「消去」され、もっぱらメカニズムによって「説明」されることのない「心」の働きを否定できないように思われる。上述のように著者は、この世の悲惨な出来事に「心」を痛め、「胸に手を当てて」自己の「こころのやましさ」に「良心」の疼きを覚えることがあるからである。その意味でも『こころ』によって描かれた人間の心のあり方の鋭利な描写は、依然として多くの人に共感を与え、人生を生きる上で学ぶべき示唆と教訓を与えていると思われる(12)。

そこで、ここでは次の理由により、明治・大正の時代に活躍した文豪、夏目漱石(一八六七―一九一六)の「心」の理解の仕方を検討する。

第一の理由は、漱石が文学という方法と文学者という立場から、当時の日本人の心のあり方を分析し、「心の問題」をライフワークにしていたからである。漱石は、一九一四年に『こころ』を刊行した。そこでの課題は、近代日本人の孤独と自己の内面とに真正面から向かい合って、友人との「心の交流」と友人との信頼を裏切った自身の罪の意識を徹底的に掘り下げることにあった。漱石の「心」への強い関心は、この時期にかぎられたものではなく、彼は早くから「人間の心」にかんする独特の認識をもっており、誠実にひとりの人間の「心の歴史」を辿ることによって「思いがけぬ心」の有様を見届けようとした。したがって、この小説のテーマは、作者の長い間の課題だったのである(13)。

第二の理由として、漱石は、たんに文学・英語学だけでなく、心理学や哲学なども研究し、その成果として、彼独自の人間観を形成していたからである。漱石は、作品の中でしばしばヒューム、カント、ショウペンハウアー、ジェイムズなどの英米圏やドイツの哲学者の名前に言及し、処女作『吾輩は猫である』ではニーチェを紹介するなど古典哲学者から最新の哲学者の学説にまで幅広い関心を示した。とりわけ漱石は、アメリカの哲学者・心理学者、ウイリアム・ジェイムズの主著『心理学原理』『宗教的経験の諸相』『多元的宇宙』などを読んでいる。また、漱石とジェイムズとは、偶然同じ時期にイギリスに留学していたが、現在までの研究では、両者の個人的な出会いは確認されていない[14]。漱石によるこれらの研究成果についてては、後述する。

第三の理由は、漱石には、人間理解にとって人文・社会・自然の諸科学の総合的な視点が必要であるという、優れた学問観がみられるからである。漱石は、門下生の優れた物理学者、寺田寅彦の影響もあり、自然科学、特に物理学に対する強い関心を終生持ち続けた[15]。同時に彼は、文学の意義と自然科学の限界にも気づいていたのである[16]。

ところで、一九〇六年には小説『草枕』が執筆された。この小説の冒頭部分には、有名な次の文章が綴られている。「智に働けば角が立つ。情に棹させば流される。意地を通せば窮屈だ。とかくに人の世は住みにくい[17]」。この文章は、主人公の人間観・社会観を表現しているだけでなく、同時に作者、漱石自身の当時のそれを語っている。この文章の主旨は、理知で動けば他人との衝突を招き、人情に従えば、その場の状況に流される。かといって意地をはり通せば自分を縛ってしまう狭い生き方しかできないという、世のなかと人間の付き合いを嘆いている[18]。この文章は、一〇〇年以上前に執筆された。それでもこの表現は、今でも時代遅れの古びた印象を少しも与えない。むしろ、この指摘は今日の日本社会にほとんどそのまま通用するように思われる。そこで次に、これらの表現のなかで、特に「智」「情」「意地」という言葉の意味に即して、日本人の「心の働き」に立ち入ることにしたい。

まず「智」の用法から考察する。「智」とは、元来物事を理解し、是非・善悪を弁別する心の作用を意味した。仏教用語では、多くの場合、「知」が一般の分別・判断・認識の作用を意味するのに対して、「智」は、高次の宗教的叡智の意味に用いられてきた。では、漱石の用法は、どれに該当するのだろうか。漢字の表現こそ、仏教用語と重なるような「智」を彼は使用しているが、内容に即するかぎり、「知識」ないし「認識」の作用に近い。また、「情」には、まず、物事に感じて起こる心の動きの意味、また、ありかた、ようす（情況・事情）という意味があり、ありさま、あじわい（情趣・風情）などの意味がある。漱石の用法は、第一の意味のうち、特に思いやりの心、なさけ（同情・薄情・人情）に当たる。最後に、「意地」にかんしては、第一に、気だて、心根（意地が悪い）。第二に、自分の思うことを通そうとする心（意地を張る）。第三に、物欲、食欲などの意味がある。漱石の用法には、明らかに第二の用法が妥当する。

だが、なぜここで漱石は、「智」「情」「意地」という三分法を採用して心の働きと人間社会との関係を説明しようとしたのだろうか。近代以降の西洋哲学を専攻する研究者や心理学者であれば、この問いに対してただちに解答を提示することができる。それは、十八世紀ドイツの哲学者、カントが確立した知・情・意という心の働きの三分法の影響である。漱石は、二十世紀初頭にイギリスに留学し、近現代のヨーロッパの哲学者・思想家から多くを学び、アメリカを代表する哲学者・心理学者のジェイムズを愛読した。したがって彼は、すでに述べたように、人間精神の根本的原理や働きにかんする知識を相当程度吸収していた。カントは、デカルトに代表される従来の知・意という人間の心の働きにかんする二分法を修正した。それに代わってカントは、自然の認識の働きである知性に注目し、それを他の働きから区別した。また彼は、人間の道徳法則を立て、その実行を命じる道徳的意志の固有性を、知性の働きから区分した。さらに、カントは、知る働きと行為する働きとを媒介する感情の働きを異質な働きとして両者から区別した。[19] 近代人は、人間の最も基本的な知る働き、意欲・意志する働き、快・不快の感情などの相互の異質性と独立性をめざしていた。もちろん、漱石は、こうした知・情・意という西洋的な心の三区分をそのまま採用したわけではない。この差異とその含意については後述する。

5 『文芸の哲学的基礎』における「心」の理解

ここで著者が漱石に言及する最大の理由は、これらの三区分と結びついた彼の人間観に注目したいからである。『草枕』刊行の翌年、一九〇七年四月に漱石は、東京美術学校（現在の東京芸術大学）文学会の開会式で『文芸の哲学的基礎』と題する講演を行った。そこで漱石は、本章のテーマとの関連からみて興味深い観点から日本人の心のあり方を考察している。あらかじめ主要な論点を先取りすれば、まず「心」の作用、次にこの作用の主体と社会的な役割ないし職業、そして文芸の役割という三つの論点である。そこで漱石による「心」の作用の把握から順次検討する。

漱石は、第一に「我に対してもまた〔意識の分化と〕同様の分化作用を発展させて、身体と精神とを区別する」[20]。この区別は、すでに指摘した西洋哲学の伝統的な心の働きの三区分とその前提にある心身二元論的思想とを継承しているようにみえる。第二に、「其精神作用を知、情、意の三つに区別します」と述べている。それと同時に「知情意は当を得た分類かも知れぬが、三つの作用が各独立して、他と交渉なく働いて居るものではありません」という注釈を加えている。第三に、そこで「心の作用はどんなに立ち入って細かい点に至っても、之を全体として見ると矢張り知情意の三つを含んで居る場合が多い」ことに注意を向けている。したがって第四に、「此三作用を截然と区別するのは便宜上の抽象である」、と適切な指摘を行い、こうした三区分は、原理的な区分ではなく、たんに便宜上の区別にすぎないことを明言している。

最後に、「此抽象法を用ひないで、しかも極度の分化作用になる微細なる心の働き（全体として）を写して人に示すのは、重に文学者がやって居る」、と文学の重要性を強調している。つまり漱石は、人間の心を全体的に捉え、写すことが肝要であり、その仕事は漱石自身が携わってきた文学の果たすべき役割である、と強調する。人間の働きを全体として理解することの重要さは、すでにみたようにディルタイが、ヒュームやカントなどに対する認識論的批判として指摘していた。[21] 著者のみるかぎり、はからずも漱石とディルタイの二人は、この点で同じ認識に達していたのである。

次に、以上の心の作用との関連から導き出された漱石の人間観ないし職業観を考察する。漱石は、これらの三作用と物との関係の相違に着目して、知・情・意のうち主として物に向かって知を働かせる人が哲学者・科学者であり、情を働かせるのは文学者・芸術家であって、意を働かせるのが軍人・政治家・豆腐屋・大工などである、という分類を試みている。ただし、この分類の理解には十分な注意が必要である。この三区分は、固定的・一義的に理解されてはならないのである。なぜなら、政治家は、当然のことながら知を働かせるのであり、科学者であっても情を働かせなければならないからである。したがって漱石は「情の人はかねて、知意の人でなくてはならず、同時に哲学者で同時に実行の人（創作家）であるのは無論であります」と結論する。要するに、どの職業であれ、そこでの知識・感情・意志の重点の置き方の差異はあっても、知・情・意の全体的バランス、心の全体の調和を図ることが大切だと言いたいのであろう。

こうしてみると、少なくとも晩年の夏目漱石は、文学、哲学、社会学、心理学、生物学などの諸学問の融合した知識のあり方と、人間の全体的な理解の重要性を十分自覚していた、と言ってよい。実際、漱石の『文芸の哲学的基礎』の狙いの一端は、「文芸家の精神気魄は無形の伝染により、社会の大意識に影響するが故に、永久の生命を人類内面の歴史中に得て、茲に自己の使命を完うする」ことにあった。また、こうした文芸の哲学的基礎の探究は、上述のような考察のプロセスを経て、はじめて獲得されるべき性格の試みであった。したがって夏目漱石は、一般に理解されている漱石像とは異なり、深い哲学的思索力の持ち主であった。

上述のように、漱石は、西洋思想の伝統となった心の能力の三区分の考え方に無自覚に依拠していたわけではなかった。また漱石は、同世代のドイツの哲学者、ヴィルヘルム・ディルタイが『精神科学序説』第一巻（一八八三年）以来、この三区分に依拠したロック、ヒューム、カントなどを一貫して批判し人間を全体性の視野のもとで理解することの必要性を訴えた見解と対立する立場に立っていたのでもなかった。漱石は、ディルタイとほぼ同様の見解をきわめて明確に示していたのである。今日、「こころ」のあり方と人間の生き方を深く反省するとき、漱石の見解には実に興味深い指摘がみられる。また、このような漱石の興味深い洞察の背景には、ヒューム、カント、ショーペンハウアー、ジェイムズからウォード、ケルヴィン卿、ティンダル、ヘルムホルツなどの哲学者・思想家・心理学者から社会科学者、そして自然科学者にいたる実に幅広い分野での優れた人物に対する驚くほどの強い関心と幅広い目配りがあったこともまた、明らかである。一九一〇年に、漱石は心理学者でもあったジェイムズの著作『多元的宇宙』を読破していた。しかし、漱石は、ジェイムズとは異なる立場と方法から優れた心理学的研究を探究したディルタイについてはまったく言及しておらず、漱石の作品中にはその名前すら登場していないことを付け加えておこう。

今日、こうした漱石の考察の方法と結論がどれだけの妥当性をもちうるかという疑問は、当然のことながら生じてくる。しかし、本章の意図は、この問題の解明にあるわけではない。むしろ漱石の人間、社会、歴史の理解にとっても、「心」の解明のために次の諸点は不可避の課題であったことをここで確認したい。とりわけ「心」の理解を生ける姿で全体的に把握しようとすれば、それにかかわる知は人文、社会、自然の全領域におのずと及ばざるをえない。それは同時に哲学的基礎の探究と不可分である。要するに、近代日本を代表する「文豪」のひとり夏目漱石は、これらの問題に明確にしかもきわめて自覚的に取り組まざるをえなかったのである。では今日、改めて哲学的な立場からこうした課題を再構成してみたならば、どのような問題設定の仕方が可能であろうか。これが次に考察すべき課題である。

6　心の学における哲学的基礎について

ここで、本章の主題の一つである「心の学」のさらなる展開に目を向けてみたい。近年のユニークで卓抜な心理学史の研究書である『魂（Soul）から心（mind）へ――心理学の誕生』のなかで著者のエドワード・S・リードは、従来の心理学史とは異質な「心の科学」の歴史的叙述を展開している。そこで本章の考察目的に関連するかぎりで、リードの論述に目を向けてみたい。

第一に注目すべきは、この書物では十九世紀の「科学的心理学」の成立過程を辿ることによって、心理学が主題化していた論点が徐々に狭められていく過程が批判的に論述されている点である。この過程は、心理学が哲学から分離独立し、個別科学としての自然科学、実験科学として成立する過程でもあった。

第二に、その場合に著者のリードが注目するのは、「科学的自然科学は創造的な作家の示す洞察に目を向けようとしないの」[22]はなぜかという問いである。この問いは、「十九世紀を通じて何が起こったために科学が文学から分離することになったのか」というさらなる問いを導く。なぜなら「近代の心理学の諸理論や心理学に関係する社会諸制度は」、いずれもが「ここで問題にしている科学と文学の分離を通じて発生してきたものだからである」。ところが、この問題に言及する既存の文献は驚くほど少ないのが実情である。

第三に、心理学の歴史にみられる「この種の沈黙」は哲学史のなかでも同様にみられる、と著者のリードは指摘する。このような「回避作用」が特に心理学の歴史を特徴づけている。そのため、科学史は、歴史にかんする他の学問領域から孤立させられ続け、近代の成立を理解するうえで役に立たないものにされている、と指摘する。そこでこの文献の著者は、「心理学の発展についての新しい物語を語るという冒険を始める」ことを試みたわけである。それというのも「心理学史家たちは、何が心理学と見なされるべきであり、何がそう見なされるべきでないかに関する考え方の歴史と起源を説明するという仕事、つまり歴史家の最も中心的な仕事の一つであるべきものを回避してきたのである」。

以上のリードの指摘は、まことに的を射た主張である。しかし、この場合に、リード説には幾つかの留保と補足・訂正が必要である。すでにみたように、第一に、夏目漱石が着目していた心理学と文学との関係については、能力心理学の三分法を厳しく批判したディルタイが本格的に研究の主題として取り組んでいたからである。第二に、リードが指摘した歴史家の最も中心的な仕事には、すでにディルタイが生涯みずからの研究課題として引き受けていた。ところがこの歴史的事実について、リードはまったく言及していない。それどころか、リードは、ディルタイに影響を与えたヨハネス・ミュラーやロッツェ、ヘルムホルッなどのディルタイ周辺の生理学者、心理学者、哲学者たちの思想には実に周到に目配りしながら、ディルタイにかんしては名前すら触れていないのである。心理学の歴史のうちにみられるこの奇妙な「沈黙」は、なにに由来するのであろうか。

そこで残された紙幅の範囲で、リードの見解を補足する意味を兼ねて「科学的心理学」の歴史的回顧を補足するのではなく、ディルタイの哲学的な基礎にかかわる論点に言及しておく。なぜなら、リード説をはじめほとんどの心理学や認知科学および上述の関連の諸学問には、この論点が欠けており、ディルタイの哲学は、今日なお「心」にかんする傾聴に値する課題を提起し続けているからである。

第一の論点は、デカルト的な二元論の克服の仕方に関連した精神と身体との区別にかんする問題である。たしかに二十世紀の科学は、伝統的に「魂」と呼ばれていたものを「心」と無意識と身体とに三区分することによって、人間の生ける全体性を解体してしまった。その結果、ある分野は認知や感情という心の側面に注目してその分析に終始した。またある学問分野は、無意識の分析に力点を置いた。そして別の分野は、精神伝導物質や反射という身体の側面に着目した。今日では、これらの見方は、ニューロン群の興奮パターンという心的表象の場を身体や環境との関連から説明することもある。

第二の論点にかんして言えば、こうした見方は、かつてヘルムホルツやヴントが直面したように、それが心や「心的生」(Seelenleben)の再定義を試みようとすれば、観察不可能な側面、説明不可能な側面に直面することは依然として否定できない。心や心的生を全体的に捉えようとする視座を確保することなくしては、心理学にかぎらず、人間の「心」にかんする知的探究は根本的な欠陥を免れないであろう。

第三に、以上からみても、「心」の概念をどのような意味で理解する場合であっても、三人称的な観点からの観察者の立場から考察する「心の科学」には、「観察の公共性」の主張によって「心」の全体性を理解することには限界がある。他方、ディルタイにみられるような一人称的観点からの「自己理解」の観点もまた必要であることは言うまでもないが、さらに他者の理解との統合の可能性もまた、不可欠であろう。

第四に、「心」にかんする知性的部分の探究と非知性的な部分との統合の可能性もまた、この可能性の探究の困難を回避することなく営まれるべきである。このような「心」や「心的生」の全体的把握の可能性は、すでにディルタイが不十分ながら哲学と文学との関係のうちに見いだし、彼独自の心理学的探究にもみられる。例えば、「記述的分析的心理学」や「比較心理学」の試み、そして他者の理解の追体験をいっそう探究しようとした解釈学的な立場からの探究の方法には、三人称的な観点からの「説明」とは異質な一人称的な観点だけでなく、二人称的な観点からの「理解」による考察方法の拡大がみられるのである[23]。

今日、「心」の科学と哲学との関係は、新たな段階に入っている。しかし、その基礎的概念の「心」や「表象」や「クオリア」という用語の定義や規定にかんしても、これらを使用する科学の前提や基礎に存する見方を十分吟味する作業がいっそう求められている。これらの了解に基づいて、最後に、再度、漱石の問題意識と重ね合わせる作業を経て、本章の考察を締めくくることにする。

7　日本人の「心のあり方」の変貌

漱石の講演から一〇〇年以上経過した今日、日本人の心のあり方は、その後十分に成熟し、日本人は、知・情・意を調和的に働かせているであろうか。そして、職業人は、それにふさわしく「心」を適切かつ活発に活動させているであろうか。この問いに対して、著者は、残念ながら肯定的に答えることができない。二〇〇七年の一年間を象徴する漢字に、「偽」という、他者の心を裏切り信頼を損なう言葉が採用されたことは、日本人の記憶に新しい。さらに政界では、数年前には国政のリーダーが果たすべき役割を果たさず、突然辞任するという事態が数回続き、二〇〇九年秋に戦後初めて本格的な政権交代が実現した。だが、新政権は、わずか八カ月で首相が交代してしまった。その後担当した政権のもとで、日本は近代以降最大級の「東日本大震災」という自然災害と人災との「複合災害」に見舞われ、日本に住む人間の多くが人的・物的・精神的な被害を受け続けてきた。この大災害による可視的・不可視的な個人的・共同体的・国家的そして国際的な規模での損失は、計り知れない規模になる。同時に、住民の「心の傷とその癒し」には、まだ長い時間を要するであろう。そこで次に、こうした事態の背景に潜む現代日本人の「心のあり方」の一側面に光を当ててみたい。

一般大衆の心のあり方を分析するために、従来の論者が採用した考察方法は、多くが類型化された「日本人論」であった。だが、この種の考察方法には、問題がある。例えば、日本人の特徴を欧米人の個人主義と対比した集団主義に見いだしたり、日本社会を「タテ社会」と位置づけたり、日本人と日本社会の構造に「甘え」という特徴を見いだす解釈は、最近の研究が明らかにしたように、学問的妥当性をもたない(24)。そこで著者は、一般大衆の意識傾向を推測する手がかりとして、『国民生活白書』を参考にする。日本経済は、国民の努力によって第二次大戦後まもなく急激な高度成長を遂げ、やがて物質的な豊かさが国民的規模でほぼ達成されるようになった。その結果、人々の関心は、「物質的な豊かさ」から「心の豊かさ」

の実現に向かうようになった。このことは、過去約二〇年間の『国民生活白書』のサブタイトルを見れば、一目瞭然である。[25]例えば、「世界に開かれた豊かな生活を求めて」（一九八六年）、「円高の活用と豊かな資産の創造」（一九八七年）、「人生七〇万時間　ゆたかさの創造」（一九八九年）、「人にやさしい豊かな社会」（一九九〇年）、「東京と地方――ゆたかさへの多様な選択」（一九九一年）、「豊かな交流――人と人のふれあいの再発見」（一九九三年）、「戦後五〇年の自分史――多様で豊かな生き方を求めて」（一九九五年）などである。国民の大多数が中流意識をもつようになったのも、この頃である。しかし、いわゆるバブル経済の崩壊後、日本社会と国民の意識は、急激に変貌を遂げつつある。一握りの高額所得者層と低所得者層との二極分化の出現である。つまり、国民総中流意識の崩壊であり、「勝ち組」と「負け組」との選別化の進行である。その結果、国民、とりわけ若者の将来への展望や生きる希望が急速に失われている。では、こうした日本人の意識の変化には、どのような心の変貌がみられるのであろうか。

最初に、現代日本人の知の働きから分析する。近年の情報のグローバル化現象の結果、日本でも情報化社会が進み、誰でもインターネットやテレビの衛星放送によって瞬時に世界中の情報をリアルタイムで入手可能になった。これは、たしかに漱石の時代には考えられなかった知の進歩である。特定少数の人間を除き、多数の人間は、多種多様な情報を簡単に手にすることができる。これ自体は、たしかに好ましいことである。ところが、日本人は、獲得した情報量に反比例するかのように、その活用の仕方とその内容の重要性との判断ができなくなった。要するに、判断力の欠如が顕著になっている。相変わらず「振り込め詐欺」に騙され、一年間で数百億円もの被害を出している国民も他に類例はない。この事実は、「智恵」と呼ばれていたものが日本人の生活の場から消えていることと不可分である。「智恵」が姿を消し、「知識」から「情報」、そして「コンテンツ」という名の断片的な知が巷を席捲しつつある。それは何のための、誰のための「知」であるか。人生にとって、複雑化した社会のなかで「知」は、どのような意義や役割をもちうるか。多くの日本人は、この問いにどう答えてよいか分からないのが実情である。

第二に、感情についても同様の事情にある。メディアの発達は、老若男女を問わず、日本人の間に実に多くの刺激を惹起してきた。漱石の時代まで遡らずとも、この一〇年間にインターネットやテレビなどを介した広告・宣伝の洪水は、日本人の感性や感情に対して充溢した刺激を与えてきた。では、その結果は、情感豊かな人間を育成してきたと言えるであろうか。[26] 著者の回答は否である。事態はその逆である。それらは、人間の感情を鈍磨させ、現実に対するリアルな感情を喪失させ、バーチャル・リアリティーとリアリティーとの境界を不透明にさせてきた。大都市では「ホームレス」が行き倒れていても、ほとんどの人はなにも感じることなく見向きもせず認知しようとしない。また見知らぬ人同士の「インターネット心中」は、その極端な一例である。不可解な理由で子供が親を殺すような事態は、いわゆる先進国では稀で異様な事態である。生活苦のためでなく、憎しみのためでもなく、理由もなく他人のものを奪い、他者の命も奪うといういわばリアリティーのない犯罪が急増している例は、今日では枚挙に暇がない。これらの現実感覚の喪失は、現代の日本人と日本社会にきわめて深刻な弊害を生じている。簡単に言えば、テレビ番組に見られる醜い笑いや感動物語の押しつけは、日本人の心の中心に位置する情感の貧しさの表現とみるべきである。

第三に、著者は、意志の働きに注意を向けたい。かつて日本人は忍耐強い国民である、と言われたことがある。農民の地を這うような我慢強さ、「武士は食わねど高楊枝」という諺に残る国民の芯の強さやプライドの高さなども、よく語られてきた。しかし、戦後のある時期から若者の体力の減退や我慢強さの弱体化が指摘されるようになった。今日では、街中や列車内でいわゆる「ジベタリアン」を見ても誰ひとり振り返ることもない。大人の世界では事態はより深刻である。二〇一一年まで十四年間の日本人の自殺者数は年間三万人を超えており、しかも中高年者の自殺率が顕著である。これは他の先進国ではみられない現象である。ここにもまた、苦しい人生を生き抜こうとする強い意志が欠けている、とみてよい。このことは、先に触れた政治家の場合にも当てはまる。さらに、ライブドア事件、マンション耐震構造偽装や事故米隠蔽事件、そして東京電力の原発事故にみられる特定企業や監督官庁の反社会的なモラル・ハザード状態は、著者のみるかぎり、社会的規範や企業倫理を順守できない集団的意志・国家意志の弱さの現われである。

以上のように、端的に言えば、グローバル化が進行する二十一世紀の時代は、さまざまな事態に対応できる判断力を備えた人間の育成が求められている。人間の一生は、「人生喜怒哀楽」と言われるように、人間はつねに予想を超えた事態を経験する。「人生万事塞翁が馬」とも言われるように、一人の人間の生き方や社会的評価は、その人の一生が完結した後、はじめて徐々に定まって行くことである。それだけに現代人は、自己に忠実に、他者を偽らず、地域や社会、消費者や国民、国家や国際社会に信頼される真摯な生き方や心の持ち方が、個人としても、組織人としても求められている。二十一世紀に生きる日本人は、適切な知識を得てより善く振る舞い、情感豊かな心をもって生き抜くことがますます求められているわけである。ところが、先に指摘した事態から判断すれば、「人生七転び八起き」という古来のことわざは、今日では残念ながら、ほとんど死語になり、かつて夏目漱石が分析した職業人の心のあり方も、もはや見いだされないように思われる。

8　結　論

以上の考察は、日本人の心のあり方や社会システムの一側面を照らし出しただけである。したがって著者は、この結論をもって、近代および現代の日本人のこころのあり方の全体像を明らかにしたと主張するつもりはない。しかし、この機会に次の諸点を確認しておきたい。

第一に、日本と日本人は、経済的・社会的なレベルから個人、家庭、地域、学校、企業、官庁までのあらゆる領域で、今日、明治以来最も見通しの利かない困難な時代に直面している。このような不透明で混迷した社会に直面して日本人は、転換期の時代にふさわしい「心の拠りどころ」を見いだしあぐねている。今の日本人の多くは、社会のひずみのなかでいわば身と心の置き場がないのである。このことは、東日本大震災・原発事故の初期対応やその後の復旧・復興の手際の悪さ、ガヴァナンス能力の弱さに、端的に表れている。

第二に、物質的な豊かさを実現した後に日本人が向かった、「心の豊かさ」の追求という現象の背後には、上述の知・情・意のすべてにわたる「心の貧しさ」という現実が潜んでいた。しかも皮肉なことに、今日では物質的な豊かさそのものもまた、望んだほど獲得することが困難である。この事実に日本人は、特に若者と高齢者は、ようやく気づいてきた。かつての日本では、「衣食足りて礼節を知る」、とも言われた。今日直面する問題の困難さは、衣食足り、物欲・金欲に翻弄される個人や集団の心のゆがみ、社会のひずみをどう是正するかという課題にある。これもまた、「正義」にかんする課題の一つである。

第三に、以上の日本社会および日本人の精神構造の急激な変貌の結果、従来の日本人論は通用しないことが明らかである。[26] 日本社会を「タテ社会」とみなす学説は、[27]「家庭崩壊」、「年功序列」や「終身雇用制」の崩壊が著しい今日、説得力を失った。それと関連して、「甘えの構造」という理論、すなわち日本人の精神構造と日本の社会構造を理解するための共通のキーワードの妥当性についても、同様である。[28] 日本の社会は、甘えを許さない「自己責任」を社会システムのレベルまで要求しているからである。これらの問題は、改めて「日本人」とはなにかという問いを提起しており、同時に、こうした設問自体の妥当性についても再検討を迫っている、と言ってよい。

第四に、今日なお、多くの日本人には、韓国人や中国人をはじめとするアジア人に対する差別や蔑視があり、その反省的な自覚も弱い。こうした日本人の心のあり方は、夏目漱石の生きた時代から根本的な変化が少ない。その背後には、上記の諸事情が無関係ではない。したがって今日、日本人は、アジア人としての立場から、さらに韓国人・中国人の立場に立って、世界やアジアを考え、他のアジア人とともに生きる努力が求められている。著者は、日本人が国際化の時代、グローバル化の時代に世界やアジアのなかで、他の国家や民族と共存・共栄するためには、こうした課題に直面していることを自覚すべきである、と考える。

第五に、この課題には、「文学」「心理学」「心の科学」「心の哲学」「倫理学」だけでなく、あらゆる学問が「持続的に」取り組むべきである。いずれにしても「心」という言葉の意味とその働く場は、個々人の心と日本社会、そして国際社会でのさまざまな人間関係や交流のなかでつねに「成熟」するものであり、またそうあるべきである。そのためには、欽定憲法制定前の明治初期の近代国家の構築、国民教育の本来の原点に戻って、家庭・地域・学校・企業・自治体・国家での人間教育が、特に哲学・倫理学の教育が緊急の課題である、と確信している。

最後に、著者は、知・情・意の調和の取れた人間、「情感豊かな理性」の持ち主を育成することで、人間社会のより望ましい発展とともにグローバル化社会にふさわしい優れた社会貢献を実現する人間の育成強化が急務である、と考える。これもまた、「持続可能性の哲学」が取り組むべき課題に属する。

注

（1）日本では、この病理現象はあまり問題にされてこなかったが、アメリカではすでに三〇年以上前から心理学や社会学の領域で研究対象とされている。例えば、その最も早い研究文献としては、次の書物が挙げられる。Arlie Russel Hochschild, *The Managed Heart: Commercialization of Human Feeling*, University of California Press, 1983.（ホックシールド『管理される心　感情が商品になるとき』石川准・室伏亜希訳、世界思想社、二〇〇〇年）。感情社会学の近年の研究文献としては、崎山治男『「心の時代」と自己』（勁草書房、二〇〇五年）を参照。他方、笑いのもつ重要な意義や効用についても無視してはならないであろう。

（2）「こころ」の多義的な含意については、『日本国語大辞典』第八巻（小学館、一九七四年、七四―七五頁）を参照。

（3）「心」の主要な語義・用法についても『日本国語大辞典』第八巻（小学館、七四頁以下）。鎌田正・米山寅太郎『大漢語林』（大修館書店、一九九二年、五〇七頁など）を参照。

（4）酒井邦嘉『心にいどむ認知脳科学――記憶と意識の統一論』（岩波書店、一九九七年）。

（5）宗教の存在意義は、古来しばしば魂の救済にあるとみられてきたが、宗教が「心の病の応急措置である」とみなす見解もみられる。例えば、「およそ大乗仏教は、病気に対する応急手当である。心が病まぬのに、何で薬が必要であろう。有という病に、空という薬を与え、有我という病に、無我という薬を与え、生滅に対して無生滅を……すべて、病に対する薬である」（柳田聖山『禅と日本文化』講談社学術文庫、一九八五年、一五九頁）。

（6）ホッジランドの見解は、その典型であろう。Cf. J. Haugeland, *Artificial Intelligence. The Very Idea*, 1985 MIT Press.

（7）この分野での人間と猿の脳や言語との関連については、次の文献が参考になる。Cf. P. S. Churchland, Neurophilosophy, 1986 MIT Press.

（8）コネクショニズムにかんする賛否両論の立場から編集された優れた日本の研究成果としては『心の科学と哲学 コネクショニズムの可能性』戸田山和久・服部裕幸・柴田正良・美濃正編、信原幸弘他執筆（昭和堂、二〇〇三年）を参照。

（9）Cf. D. C. Dennett, *The Intentional Stance*, 1983 MIT Press.

（10）山口尚『クオリアの哲学と知識論証』（春秋社、二〇一二年、五六頁以下）参照。

（11）Cf. J. Searle, *Intentionality*, Cambridge U. P. 1983. H. Dreyfus and S. Dreyfus, *Mind Over Machine*, John Brockman Associates, 1986.

（12）『漱石全集』第九巻（『心』先生の遺書、岩波書店）、三頁―三〇〇頁。

（13）『漱石全集』第九巻（『心』先生の遺書、岩波書店）、同頁。本巻注解、三〇三頁参照。ここで漱石とカントとの思想的関連について、カント研究の側から本格的に考察した論考と本書との共通点および相違点に言及しておきたい。望月俊孝『漱石とカントの反転光学　行人・道草・明暗双双』（九州大学出版会、二〇一二年）によれば、従来の漱石研究の欠陥として問題にすべきは「同時代のジェイムズの「影響」ばかりを強調して、カント理性批判との本質連関を見ることを怠ってきた、この百年間の漱石論の没批判的な体質である」。望月説によれば、漱石のカント哲学に対する重要な評価の視点「経験的実在論にして超越論的観念論（カント）」に着目する理由は、「われわれの批判的近代の新たな言語活動の場所を切り拓く往還反転光学の視座への純粋に哲学的な関心もあった」（同書、三六四頁）。望月説と著者との共通点は、漱石を哲学的観点から再評価しようとする点にある。

他方、両者の相違点としては、望月説が「漱石論」の観点からカントの理性批判の積極的意義を強調するのに対して、著者は、現代の「心」をめぐる論争との関連から、カント哲学に対しても批判的な立場から考察する。また、望月説はディルタイにはまったく言及せず、漱石の主要作品の周到な分析に比べて『文芸の哲学的基礎』にはあまり立ち入らない点でも、著者の考察との相違がみられる。ただし、これらの相違は、問題関心とそれに基づく方法の違いによるもので、漱石評価の哲学的観点からの考察の重要性という点では両者はまったく共通しており、著者は望月説が漱石研究に新たな一石を投じた点を高く評価したい。

(14) 宮本盛太郎・関静雄『夏目漱石――思想の比較と未知の探究』(ミネルヴァ書房、二〇〇〇年、一一頁―一一九頁参照)。

(15) 小山慶太『漱石とあたたかな科学』(講談社学術文庫、一九九八年、第1章以下参照)。小山説は、漱石の病床で綴られた『思い出す事など』について「俳句や漢詩を織り込んだ文学と哲学、そして科学(物理学、生物学、心理学)の三者が融合した、漱石のユニークな小品」(八一頁)と評している。しかし著者は、小山説とはやや異なる見方を採用する。

(16) 著者の勤務する法政大学文学部は、漱石とは深い縁があり、高弟の安倍能成、和辻哲郎、内田百閒などの錚々たる学者・文化人が創設した学部である。夏目漱石と和辻哲郎との師弟関係とも言える交際、和辻と三木清や戸坂潤との関係については、次の文献を参照。牧野英二『増補・和辻哲郎の書き込みを見よ! 和辻倫理学の今日的意義』(法政大学出版局、二〇一〇年)。

(17) 『漱石全集』第三巻(『草枕』、岩波書店)、三頁。

(18) 『故事・俗信 ことわざ大辞典』(小学館、一九八二年)、七二九頁。

(19) カント自身による心の三区分にかんする説明は、『判断力批判』の第二序論で詳細に論じられている。牧野英二他編集・岩波版カント全集第8巻『判断力批判』上、(岩波書店、牧野英二訳、一九九九年)、五一頁および訳者解説を参照。

(20) 『漱石全集』第十六巻(『文芸の哲学的基礎』、岩波書店)、六四―一三七頁。

(21) ディルタイは、西洋近代における心の三区分を厳しく批判して、知識・感情・意志の調和的で統一的な働きの重要性を強調した。彼は、歴史家・精神史家としても卓越した人物である。彼の哲学の意図については、以下の文献を参照。牧野英二編集・校閲・訳『精神科学序説Ⅰ』（西村皓・牧野英二編集代表・日本語版ディルタイ全集第1巻所収、法政大学出版局、二〇〇六年）。なお、彼の「解釈学的方法」は、理解の対象を文献や言語的テクストだけでなく、歴史的現実におけるあらゆる種類の生の表現にまで拡大しており、「心」についてもこの方法に即して行われる。

（22） E. S. Reed, *From Soul to Mind. The Emergence of Psychology, from Erasmus Darwin to William James*, Yale U. P. 1997.『魂から心へ——心理学の誕生』村田純一・染谷昌義・鈴木貴之訳（青土社、二〇〇〇年、八頁および九頁）。著者のリードと生態学的心理学の創始者のJ・ギブソンとの関係については、佐々木正人氏による「解題」が参考になる。

（23） 意識問題と一人称的アプローチとの関係、この問題とディルタイの「説明」と「理解」との区別にかんしては『心理学の哲学』（渡辺恒夫・村田純一・高橋澪子編、北大路書房、二〇〇二年、一四頁以下）を参照。

（24） 高野陽太郎『「集団主義」という錯覚　日本人論の思い違いとその由来』（新曜社、二〇〇八年）。特に第二章を参照。著者は、高野説に基本的に賛成である。

（25） 平成十七（二〇〇五）年版では「出生率低下の要因として、結婚や子育ての経済的・心理的な負担感が高まっている」ことが指摘されている。（『国民生活白書』内閣府国民生活局編、参照）。

（26） 現代社会における「情感豊かな理性」の構築の必要性については、以下の拙著を参照されたい。牧野英二『崇高の哲学　情感豊かな理性の構築に向けて』法政大学出版局、二〇〇七年。この拙著は、同時に理性と感情という西洋の伝統的な二分法的思考法の克服を意図した試みでもある。

（27） 中根千枝『タテ社会の人間関係』（講談社、一九六七年、三一頁以下、五四頁以下）参照。

（28） 土居健郎『甘えの構造』（弘文堂、一九七一年、二三頁以下）参照。

第四章　理性の必要の感情と生の地平

1　問題提起

かつてルソーの文明批判の影響を受けたカントは、人間社会の冷酷な現実を「輝かしい悲惨」(V, 432)という言葉で表現した。アドルノやホルクハイマーによる『啓蒙の弁証法』の論理を先取りしたようなこの逆説的な事態は、二十一世紀に入ってますますその「輝かしさ」と「悲惨さ」を増しているように著者には感じられる。最近の日本国内を振り返ってみれば、最新の科学技術を活用して実現したはずの原子力発電所が、地震と津波という関係者のいう「想定外」の事態によって制御不能に陥った。チェルノブイリ原発事故と同じレベル七という最悪事故の現場では、作業員たちがこの危機的事態の打開のために、自身の安全や心身の健康を損ないながら文字どおり「手探り」で「手作業」を重ねて不眠不休の対応を続けていた。これは、なんというパラドクスであろうか。その結果、多くの住民は、狭い国土で放射能汚染という目に見えない大きなリスクに脅えて、今後長期間にわたり、生活の場、生の地平を狭められ、不都合な生を強いられることになる。大震災や原発事故の被災者の生きる場、生の地平は、事態の深刻さとともにますます狭められ、国内外の人間を含め、現代人の理性的な働きや人間的な感情の意味もまた、根本的に問い直されている。この課題は、哲学史の通説とは異なり、「純粋理性」とは異質な「情感的理性」の働きに着目することを求めている。

ところで、こうした状況を踏まえるならば、カント没後二〇〇年の二〇〇四年に著者に与えられた「カント哲学の核心」という課題は、今日でも「哲学の核心」に位置しており、依然として解決されていないように思われる。そこで著者は、本章で上記の問題意識に基づいて「理性の必要の感情と生の地平」という観点から、カントの哲学的思索を手がかりにして、カント哲学の今日的意義と役割を照らし出してみたい。それによって、本章冒頭に述べた著者たちの直面する緊急の課題に対する手がかりが得られることを望んでいる。

しかしながら「カント哲学の核心」や「哲学の核心」について正面から論じようとする企ては、きわめて困難な課題である。なぜなら、「カント哲学の核心」とは何かという問いは、たんに没後の哲学史的な総括を要求するだけでなく、当時およびその後の哲学者の思索の多くがカント哲学との批判的対決や応答の歴史でもあったからである。また、この事実を顧慮すれば、「カント哲学の核心」および「哲学の核心」という課題に取り組むためには、西洋の哲学的思索の展開そのものを考察の視野に入れざるを得ないからである。カント解釈や批判の歴史は、同時に「カント哲学の核心」や「哲学の核心」とは何であるか、何であるべきであったかという問いに対する回答の歴史でもあった、とみることができる。加えて、「カントは現代哲学のうちに完全に現存している[1]」という見解が誤りでなければ、「カント哲学の核心」に正面から切り込んで本格的に論じようとするかぎり、「カントと現代の哲学」と「哲学の核心」についても立ち入らざるをえないであろう。例えば、アーレントは「カントは現代哲学のいわば隠れた真の創始者であり、その上今日までその隠れた王（King）であり続けてきた」[2]、と述べている。

しかしこのような課題は、アーレントの評価の妥当性の検討も含めて、著者の力量をはるかに凌駕する難問である。そこで本章では、いささかなりとも生産的な議論を展開するために、次の問題提起を行うことで著者としての責務を果たすことにしたい。

第一に、「哲学の核心」との関連から「カント哲学の核心」について考察する場合には、実に多様な回答の仕方が可能である。ここでは、ただちにこの問いに回答を与えるという考察方法は採用せず、この問いの回答の仕方を妨げてきたカント批判や哲学研究に対する反論を試みることで、こうした障害の除去作業を試みる。第二に、この試みを踏まえて、哲学史の通説的な「障害」によって隠されてきた理性批判の営みが拓いた新たな思考法を明らかにする。第三に、従来の西洋哲学思想史の通説とも言うべき「女性差別論者・カント」とは対照的な「フェミニストとしてのカント像」を提示する。それによって「カントと現代の哲学」の議論へと誘う一つの道筋を照らし出し、それによって「哲学の核心」と「カント哲学の核心」との結節点を解明する。結論を先取りすれば、カントの理性批判の営みの到達点には、「情感豊かな理性」と多様な文化のなかで生活する人間の「生の地平」が拓かれていた事実を明らかにしたい。それによってガーダマーの主張するような「地平の融合」とは異なり、自己と他者の「地平のずれ」や「地平の重ね合わせ」を試みた思想や他者理解の独自の「立場」が批判哲学のうちに存することを指摘する。この試みによって、本章では、今日、依然として政治・経済その他の生活上の合意形成の可能性だけでなく、それらの議論や論争の前提条件を形成する多種多様な「生の地平」のあり方を明確にしたい。

2　批判哲学と生の概念

哲学史の一般的な理解に従えば、カント哲学の核心は、純粋理性批判などの理性の批判の試みにある、とみなすのが常道であろう。著者もまた、この常識そのものを否定するわけではない。問題は、そのさきに潜んでいる。つまり、これらの批判を遂行した理性は、たんに形式的で抽象的な理性で、合理的な感情の乏しい個性のない普遍的な理性にすぎないのかどうかという問題である。[3] 十九世紀から二十世紀初頭に台頭したいわゆる「生の哲学」の影響により、カントの理性に対する批判は、上述のようにきわめて否定的に評価されてきたことはたしかである。この影響は、今日なお哲学の世界を支配している。

例えば、歴史的社会的現実に根差した「歴史的理性批判」というプロジェクトによって、カントの純粋理性批判の欠陥の補完ないし転換の試みを意図したディルタイは、『精神科学序説』第一巻（一八八三年）の前書きで「ロック、ヒューム、カントが構成した認識主体の血管を流れているのは本物の血ではなく、たんなる思考活動としての理性の薄められた血液にすぎない[4]」と酷評し、その数年前に書かれた『精神科学の認識論と論理学のための初期草稿』でも「カントのアプリオリは硬直して死んでいる[5]」、と純粋理性の概念の全面否定ともみられる見解を展開している。ところが、他方でディルタイは、多くの哲学者と同様に早くから「カテゴリーは純粋理性の批判の実り豊かな核心（Mittelpunkt）である[6]」、という洞察に達していた。これまでの通説とは異なり、近年のディルタイ全集の刊行による遺稿類の研究によって、前期ハイデガーの「実存範疇」(Existenzialien) の成立に影響を与えたと言われる「生のカテゴリー」(Lebenskategorien) の思想がすでに中期の段階に成立していた事実が確認されている。[7] しかしこれらの事実は、「生の哲学」を克服したと言われた実存思想や、その後に登場した構造主義、ポストモダニズムと呼ばれる思想に対して、「カント哲学の核心」に迫るような新たな読み方を生み出すことができたであろうか。「純粋理性」や「実践理性」の批判的な読み方にかんするかぎり、事態はさほど変わっていないように思われる。[8]

ところで、ここでまず検討すべきは、カントの理性には「薄められた血液」しか流れておらず、それは「硬直して死んだ」アプリオリな概念による「感情の乏しい個性のない普遍的な理性」にすぎないのかという疑問である。言い換えれば、カントの理性は、本当に生や生の感情とは無縁であったかという問題である。常識的な理解では、「生」の考察は『判断力批判』第一部で「生の感情」が、第二部では有機体ないし「生物」が扱われている、とみられてきた。しかし、このような見方には重大な事実誤認が存するだけでなく、「カント哲学の核心」を隠蔽する結果を生じてきたように思われる。そこで理論理性、実践理性、反省的判断力としての理性を中心に、この誤認を正していくことにしたい。

カントによる生ないし生命 (Leben) の概念は、理論哲学の分野では『自然科学の形而上学的原理』のうちで「物質の慣性 (die Trägheit der Materie)」を意味する「没生命性 (Leblosigkeit)」(IV, 544 Anm.) と対比して、「生命とは、内的原理に基づいて、ある行動をとることを自分で決定する実体の能力を意味し、有限な実体の場合には、変化することを自分で決定する能力を意味する」(*ibid.*)、と規定されている。だが、この「内的原理」やそれに基づく活動は、どのようなものであろうか。カントによれば、「われわれは、自分の状態を変化させる内的原理として欲求以外の原理を知らず、また、そもそも内的活動として思考およびそれに随伴する快・不快の感情、さらには欲望あるいは意志という活動以外のものを知らないのである」（*ibid.*）。

以上の文章には、三つの理性批判を視野に入れた生ないし生命の基本的な見解が表明されている。実践哲学の文脈では、より直截な仕方で規定されており、『実践理性批判』では「生とは、欲求能力の法則に従って行動する存在者の能力である」（V, 9 Anm.）、と定義づけられている。これらの定義によれば、カントの生ないし生命とはなによりも行為ないし行動の自己規定の能力を意味する。しかし、カントの生ないし生命の概念は、こうした規定だけにとどまらない。したがって以上の規定だけで「カントの生の概念は合理的な概念として特徴づけられる」[9]、と結論づけるのはいささか早計である。なぜなら『判断力批判』では、「快・不快の感情と名づけられた主観の生の感情」（V, 204）の働きが第一部の主要な考察の課題として「超越論的意図」から取り上げられるだけでなく、「楽しみは、人間の総体的な生（des gesamten Lebens）の、したがってまた身体的な健在の、すなわち健康の促進の感情のうちに成立する」（V, 330f.）、と人間学的分析も試みられているからである。

カントはまた、幸福との関係から「生がわれわれにとってどのような価値をもつか」（V, 434 Anm.）にも問いを投げかけている。さらにカントは、「身体的器官の感情を欠く生は、生のたんなる現存の意識ではあるが、しかし健在ないし不健在の感情、すなわち生の諸力（Lebenskräfte）の促進ないし阻止の感情ではない」（V, 277f.）点にも注意を促している。加えてカントは、「心はもっぱらそれだけでまったくの生（生の原理そのもの）であり、［生の］障害ないし促進は、心の外に、それでも人間そのもののうちに、したがって人間の身体との結合のうちに求められなければならない」（V, 278）と、生の重要性を身体との関連から強調しているからである。

これまでの考察から批判期での生の概念は、およそ自発性と受容性との両者を含む複合的な意味を有する、とみることができる。この概念は、批判哲学固有の人間把握に即してまとめるならば、以下の三つの意味をもつように思われる。第一に、「動物的な生（ein tierisches Leben）」の概念である。第二は、「人間的な生（ein menschliches Leben）」の概念である。第三は、「精神的な生（ein geistiges Leben）」の概念である。また、第一の生の働きによって、「楽しみと苦痛（Vergnügen und Schmerz）」の感情が与えられる。第二の生の働きは、趣味による「満足感（Wohlgefallen）」を与える。第三の生によって、理性による「満足感」を感じることができるのである（Vgl. XV, 367）。

こうした三区分は、『たんなる理性の限界内の宗教』での「生物（ein Lebendes）」としての人間の動物性の素質」、「生物であると同時に理性的な存在者としての人間の人間性の素質」、「理性的であると同時に帰責能力のある存在者としての人間の人格性の素質」（VI, 26）という区分にほぼ相当する、とみることができよう。ここでは、生の概念が三つの段階を経て受容性から自発性へと高められていることを確認しておけばよい。またここでは、『判断力批判』でもっぱら狭義の美的な快・不快の感情が「生の感情」（Lebensgefühl）と呼ばれ、崇高の感情は「精神感情」（Geistesgefühl）と呼ばれており、両者が明確に区別されていることを想起すべきである。

ではこの場合の「生の感情」は、上記の第二の生の働きに基づき、「精神感情」は第三の生の働きに基づく、と解してよいであろうか。崇高の感情は、一方で鑑賞者の身体と関係することによって生物学的概念に属する「自己保存」にかかわり、他方では狭義の美的感情以上に、道徳感情と道徳性に深くかかわっている。したがって「精神感情」と呼ばれる崇高の感情は、第二の生から第三の生への「移行」(Übergang)を果たす役割を担っている、と解することができよう。また、『判断力批判』第二部・分析論の主題であった有機体としての「自然目的」(Naturzweck)と呼ばれる生物学的認識の対象は、上述の「動物的な生」を含む概念である、と言ってよい。なぜなら、「自然目的」は動物にかぎらず植物にも適用されているからである。

もっとも『実践理性批判』での「生」の定義に厳格にしたがうならば、この概念は、欲求能力の法則にしたがって行動する能力をもつ人間の生ないし生命の活動に限定されるのであるから、自然の有機的産物としてのいわゆる生物については生命ないし生物と呼んではならず、正確には「生命の類比物(ein Analogon des Lebens)」(V, 374)と呼ばれなければならない。したがって批判期のカントは、「生」「生命」の概念を狭く理解し使用していることに十分留意する必要がある。しかし、だからといってカントの生命観は、しばしば誤解されてきたようにデカルト主義的な動物機械論の立場を採用している、と即断してはならない。実際カントは、「デカルトが主張するのとは異なり、動物は機械ではない」(V, 464 Anm.)と明言しており、その理由として「動物もまた諸表象にしたがって行動し、人間の活動との種別的差異があるにもかかわらず、類からみて(生物としては)人間と同じである」(*ibid.*)、と「類比にしたがって推論する」ことの可能性が主張されているからである。

最後に問われるべきは、歴史的な生の概念である。批判哲学では、この意味での生は表だって論じられていないように思われる。カントとディルタイの「生」の概念の比較考察を試みたR・マックリールによれば、両者の生は、ともに意識を媒介して接近しうること、また生物学的過程の研究を通じてのみ導き出すことができるという二つの点に共通点がある。(10) 他方、「歴史的理性批判」を試みたディルタイとは異なり、「純粋理性批判」を遂行したカントの「生」の概念は「抽象的な主観的原理」にとどまっている。また、「人間の歴史はディルタイの生の連関の真の具体性」であったのに対して、カントには「このような発展という歴史的意味が――認識論においても、生の概念においても――欠けている」(11)、とみられている。ではこのようなカント批判は、どの程度妥当であろうか。この疑問の検討に向かう前に、カントの理性と感情との不可分の関係を考察することによって、従来のカントの理性観を問い直すとともに、伝統的な理性観の転換のための手がかりを提示してみたい。

3 理性と必要の感情

ここでは「理性の必要（das Bedürfnis der Vernunft）」と「理性に固有な必要の感情（das Gefühl des der Vernunft eigenen Bedürfnisses）」（VIII, 136）という批判哲学の解釈史で軽視されてきた概念に光をあてることによって、「理性の必要な感情」の多様な働きと意義を明らかにする。それによって「カント哲学の核心」に位置する理性の概念が、通説とは異なり、それ自身感情と不可分な「情感豊かな理性」として解釈可能であることを提示してみたい(12)。

まず「必要」という概念の確認から始めよう。そもそもこの概念自身が多義的で曖昧である。この言葉は、一般には文字どおり必ず要する、不可欠である、求めるという意味をもつので「欲求」や「欲望」とも訳され（例えば、各個人は「欲求の塊」であり、市民社会は「欲求の体系」であるというヘーゲル的な規定）、ある種の欠如や欠陥、不足を取り除き、それらを満足させようとする努力と結合した、欠如感・欠陥や満たされない感情を意味する。これらの状態や内容とそれらを満足させようとする主体の努力のあり方は、カントの表現に即して言えば、諸能力の働き方に応じてさまざまな意味の相違や広がりを生じている。第一に、「感性的欲求」や「感性的欲望」（das sinnliche Bedürfnis）を意味する。これは、感性的欠乏の意識を意味するかぎり、「傾向性の欲求（das Bedürfnis der Neigung）」（IV, 413 Anm.）とも呼ばれる。第二は、「理性の必要」であり、これは後述のように「理論理性の必要」、「実践理性の必要」、「判断力の必要」（V, 347）、「神学の必要」（V, 485）など認識論、道徳学、美学・目的論、そして道徳神学の領域にまで幅広く使用されている。

カントの用語法からみて、第一の意味は、第二の意味と対比的に使用され、概ね消極的・否定的にみられるのに対して、第二の意味は、総じて積極的・肯定的にみられていると解されがちである。しかし、事態はさほど単純ではない。このことは特に『純粋理性批判』での用語法に窺われる。第一に、「人間理性は、固有の必要に駆られて理性の経験的使用や、経験から借りた原理によっては回答できないような問題にまで絶えず進みゆく」（B 21）、というように、「理性の必要」によって「人間理性は奇妙な運命」（A 1）に陥るのである。第二に、こうした人間理性の認識の源泉・範囲・限界を規定するために、純粋悟性概念にかんしても「超越論的演繹を求めるべき不可避の必要が生じる」（B 120）。このことは理性批判の要求もまた、こうした理性の「不可避の必要」によるのである。第三に、あらゆる経験認識の根底におかれるべきアプリオリな総合的命題にかんして「われわれは、この命題の必要を感じる（fühlt）」（B 228）。また、

「われわれの認識力は現象を経験として読む（lesen）ことができるために、たんに現象を総合的統一にしたがって綴る（buchstabieren）ことよりも、はるかに高い必要を感じている（fühle）」（B 370）。ここには、悟性による「経験の解読」よりも高次の必要として理性による「解釈」が示唆されているが、[13] いずれの場合でも「理性の必要」は感じられるものであり、理性は感情と不可分であることに注意すべきである。

こうした含意は、理論理性の場合よりも、実践理性の場合の方がはるかに顕著である。『実践理性批判』では「理性の必要（Vernunftbedürfnis）が、意志の客観的規定根拠から、すなわちすべての理性的存在者を必然的に拘束する道徳法則から由来する」（V, 144 Anm.）、と説明されている。ほぼ同様の事態は、『思考の方向を定めるとはどのようなことか』でも「理性は、自己の欠陥を洞察し、そして認識衝動によって必要の感情を惹起する」（VIII, 139 Anm.）と述べられている。こうした論述は、実践理性が道徳的使命を帯びた人間に対して、その有限性のゆえに不可避な定言命法によって、自己の道徳的欠陥を満たすよう「理性の必要」から突き動かす事態を表わしている。「理性は、必要の感情を惹起する」と言われるかぎり、この感情は道徳感情を意味する、と解することができる。するとここでもまた、理性は自発性であって、感情は理性によって惹起される感受性である、というカントの基本思想を看取することができるように思われる。

しかし、ここでも事柄は単純ではない。たしかに『実践理性批判』では「純粋理性の必要」を「法則的必要（ein gesetzliches Bedürfnis）」（V, 5）とも呼び、上述の解釈を補強するような論述を展開している。しかし他方では、「理性に固有の必要の感情」を「理性の感受された必要（gefühltes Bedürfnis der Vernunft）」（VIII, 136）と言い換えるミスリーディングな表現をしている点を見逃すことはできない。カント自身は理性が感じるのではない、という主張を取り下げるわけではない。しかし実態は、実践理性もまた、理論理性と同様に「理性の感受された必要」という特徴づけから推測されるように、自己感情とも呼ぶべきアプリオリな道徳的感情を惹起するとともに感受する、とみることができる。

こうしてみると、『実践理性批判』で論じられたような唯一のアプリオリな感情である「道徳法則に対する尊敬の感情」(V, 75) だけでなく、『人倫の形而上学』第二部での「思慮ある人間は、悪徳への誘惑に打ち勝ち、自分のしばしば困難な義務を果たしたことを意識するとき、もちろん幸福と名づけてもよい魂の安心と満足という状態にある」(VI, 377) 事態も考慮すべきである。このような快の感情は、ひとが道徳法則の定言的命令にしたがって行為するときに生じる「徳の意識に伴う」ような「道徳的満足感」に他ならない。『判断力批判』では道徳神学の必然性を説明するために、「ある存在者が現存するという純粋な道徳的必要」(V, 446) が論じられ、「感謝」「服従」「恭順」など「これらの感情はもっとも純粋な道徳的心術と直接に連関している」(*ibid.*) ことが強調されている。『人倫の形而上学の基礎づけ』や『実践理性批判』では、快の感情は感性的な快の感情と解され、そのため純粋実践理性や道徳性と快の感情とが対立関係にあるとみられていた。しかし、『判断力批判』での道徳的善にかんする「満足感」や『宗教論』での「道徳的幸福」(VI, 67) という感情の導入によって、カントはそれ以前の理性と感情との関係の再構築を計らざるをえなくなった、とみることができる。

カントの理性の概念は、以上の「理性の必要の感情」の考察の成果から明らかなように、狭義の美的情感的 (ästhetisch) な快・不快の感情、崇高の感情にかぎらず、知的な満足感、尊敬や愛の感情、道徳的満足感や幸福の感情、そして感謝の念や安心感など、宗教的な諸感情も含む「情感豊かな理性」であった。

こうしてみると、カントは従来の解釈とは異なり、動物的な生から宗教的信仰までにいたる多様な生を営む「情感豊かな理性」の構築への道程を歩み出していた、と解することができる。

このカントの見解は、現代人の生き方を振り返るとき、さまざまな意味で示唆的である。人間は、日常生活の場でも、災害の被災地の避難所生活の場でも、決してたんに「動物的な生」に耐えることができない。人間は、極限的状況、ヤスパースのいうような「限界状況」のなかでも「情感豊かな生」を望み、「情感豊かな理性」に適う生き方を求めるからである。

4　生の地平の射程

以上のような理性概念の一つの読み方に加えて、次に「実践的な生の地平」の意義を照らし出すカント哲学の核心部分の一つに迫ってみたい。それによって、第一章で示唆したように、ガーダマーの「地平」および「地平」概念とは異なる思索の地平が拓かれるはずである。

第一に、カントの「地平」(Horizont) の概念は、古代以来の長い概念史的な背景のなかで発展してきたものであり、したがってライプニッツ・ヴォルフ学派の影響だけに依拠しているわけではない点に注意すべきである。第二は、逆に現代哲学の「地平」概念に直接的な影響を与えたと言われるニーチェやディルタイの「地平」の概念は、むしろカントの「地平」概念の使用に刺激を受けている点に留意すべきである。(14) 第三に、カントを厳しく批判したディルタイもまた、伝統的概念の影響下で限界づけの意味を重視している。例えば、ヘーゲルの影響を強く受けた最晩年のディルタイは、「私は生の地平 (Lebenshorizont) とはある時代の人間がその時代の思考・感情・意欲と関連して生きる限界づけ（Begrenzung）であると理解する」（VII, 177）、と告白している。この限界づけの意識を反映した「地平」の概念は、近代では自然科学における天文学や地理学の領域で導入され、カントもまた、こうした「地平」概念と理性の限界づけの試みとを結合したのであった。『純粋理性批判』で「われわれの純粋理性のすべての問いは、この地平の外部に、あるいはせいぜい地平の限界線（Grenzlinie）上にあるものに関係する」（B 788）と語り、「人間理性の地理学者」（*ibid.*）を引き合いに出したのも、こうした事情によるものであった。[15] 端的に言えば、上述のようなさまざまな「理性の必要」に対応して人間認識の妥当性の「地平」を「コペルニクスの最初の思想」（B XVI）に準えて確定することこそ、批判哲学の核心的課題であったと言えよう。

しかし、カントの「地平」概念の使用は、従来解釈されてきた以上に広範多岐にわたり、カントの思索の射程を明瞭に物語っているように思われる。そこで『論理学』その他の文献を手がかりにして、その多様な意味と重層的な思考の構造を解明したい。

最初に、カントの「地平」考察の基本特徴を指摘しておこう。後述のようにカントのこの概念の扱い方は、第一に、知の普遍性の程度とそれに関連した主体の数の相違に対応する区分である。例えば、「普遍的で真の地平」（B 686）、「絶対的で普遍的な」地平と「特殊的で制限された（私的地平）」（IX, 41）、「他者の地平」（IX, 42）、「共同体的地平」（B686）、「人類の地平」（XXIV1, 380）など。第二に、年齢や性別、身分などにかんする分類がみられる。「子供の地平」（XXIV1, 70）、「大人の地平」（*ibid.*）、「老人の地平」（XXIV1, 380）、「同時代人の地平」（XXIV1, 70）などの表現がみられる。第三は、知識ないし学問の対象領域にかんする区分である。例えば、「学問の地平」、「哲学の地平」、「数学の地平」、「宗教の地平」、さらに「信仰の地平」や「私見の地平」（XVI, 186）などきわめて多様な用法が散見される。実際、これらの用法には必ずしも一貫性と分類の原理や一義的な規定があるようにみられない。多くの場合には、たんに「見方」や「考え方」「立場」の言い換え程度にすぎないように思われる。もっともここでの考察の主眼は、これらの概念の全体的な見通しや全体的な分類を試みることではなく、本章の主題との関連から「地平」のもつ核心的な意義を取り出すことにあるので、論点を次の「地平」概念に限定することにしたい。

上述のように『純粋理性批判』では、人間認識の「地平の外部」に超越しようとする思弁理性の独断論と人間理性のあらゆる問題を「人間理性の地平の外に駆逐する」（B 787）ことによって、これらの問題を処理することができたと誤解し、この地平を限定することに失敗した懐疑論とを批判的に克服することにあった。こうしたカントの意図は、認識の限界を批判的に探究する「普遍的で真の地平」を獲得することで実現された、と言ってよい。それゆえカント自身の「立場」と「自己の立場」とを重ねる人々は、「絶対的で普遍的な地平とは、人間認識の限界が総じて人間の完全性全体の限界と合致すること」（IX, 41）と理解するカントに全面的に賛同するであろう。しかし、著者は「われわれの認識の拡張と境界設定にかんする」幾つかの規則に注目したい。ここではまず第三の規則に眼を向けよう。「(3) 他者の地平を自己の地平からみて測ってはならず、われわれにはなんら利益とならないことを無益とみなしてはならない。他者の地平を規定しようと欲するのは向こう見ずというものであろう。ひとは一つには他者の能力を、一つには他者の意図を十分に知っているわけではないからである」（IX, 43）。第四の規則では、「(4) 地平を拡大しすぎてはならず、制限しすぎてもならない」（*ibid.*）。換言すれば、「(8) 自己の地平を狭めるよりは、拡大するようにいつでも努めなければならない」（*ibid.*）、と強調されている。

ここには、明らかに「絶対的で普遍的な地平」を獲得しようとした主張とは異なる見解が表明されている。これらの「規則」に即して考えるならば、認識の全体にかかわる「諸現象の総合における絶対的総体性」の理念は、「人間理性の地平」としての「絶対的で普遍的な地平」のうちで一挙に実現されるものではない。現実の世界に生きる個々の人間は、「いろいろな経験的かつ特殊的諸事情に、例えば年齢、性別、身分、生活様式などに依存する」(IX, 41) のであるから、それぞれ自分の立場で「自己の地平」から認識判断、広義の美的情感的判断、実践的判断を下すのが通例であろう。この場合、こうした判断の普遍性もまた、自己の地平の拡大という普遍化によって獲得しようとするのが普通である。しかしカントの第三の規則は、そのような地平の拡大を戒めている。その理由は、他者の地平を自己の地平から測り、自己の地平から他者の地平を規定することになるからである。

だからといってここで、「あらゆる他者の立場で思考する」(V, 294) という反省的判断力の格率に訴えることで、問題を克服することができるであろうか。自己の立場を他者の立場に置き換えることを主張する「視野の広い考え方の格率」が有効に機能するためには、他者の能力や意図を確実に知ることができ、アーレントの主張するように「私は不在の他者を代表する」[16]、という「代表的思考」が十分に発揮されることが求められる。しかし、カントは、他者の能力と意図の知の不確実性を指摘しているのである。私は、他者の心を十分に知ることができない。他者は、年齢、性別、身分、生活様式の差異だけでなく、能力や意図も含めて、「自己の地平」に回収不可能な大きな隔たりを有する存在者である。自己がどのようなコミュニケーションを求め、応答を試みようとしても、対話を拒絶する他者、沈黙や暴力以外の応答を選択できない他者、それどころか何を考え意図しているかも確実に知ることができない存在者、他者は否定することができない。要するに他者は、いわば物自体である。[17] したがって自己の地平と他者の地平とが完全に重なり合うことは不可能である。カントは、このような他者理解の困難性の洞察に達していた、と解することができる。そうなると、むしろカントとともに、「すべての地平の融合は、すべての規定性の解消を意味する」[18]、と理解すべきである。

カントにはガーダマーのような「地平の融合」という思想は、たしかに見いだしがたいであろう。現実世界でみられるように、「地平の拡大」の実態は、多くの場合、「自己の地平」の普遍化によるものが顕著である。このような世界ではカントが警告するように、地平を拡大しすぎてはならない。しかし、地平を狭くして、自己に不都合な現実や「理性の声」に耳を傾けない他者の存在から眼を反らしてもならないであろう。カントが適切に示唆したように、コミュニケーションや応答を拒否する他者、その行為の意図や能力も定かならぬ他者――そこには子供や大人、性別や民族、国家などを問わずさまざまな意味での他者や他者の地平が含まれてくるはずである――、どのような他者の地平に対しても、自己の地平を狭めたり、閉じたりするべきではない。そうしてみると「地平」の概念を固定的・確定的に解釈することも避けるべきである。たしかに、ひとは「自己の地平」をつねに拡大するよう努力するかぎり、「ある地平のなかで自己の立場をずらすことができるのである」[19]。また、そうすることによって自己の立場から新たな地平が拓かれることも可能となるであろう。[20]

だが、ここで大きな反論が予想される。カントは、従来指摘されてきたように、『美と崇高の感情にかんする観察』や『実用的観点からみた人間学』の論述から明らかなように、女性蔑視の発言を繰り返してきた差別論者だと批判されるであろう。「弱き者、汝の名は女なり。男たちは女の弱さを冗談の種にするし愚か者は馬鹿にするが、理性ある者には、この弱さこそ男らしさを操る梃であって、これによって男らしさを女の意図通りに利用するのだという事柄がちゃんと理解されている」(VII, 303)。たしかに、カントには、そうした側面があったことは否定できない。しかし、近年の研究者によれば、カントには、他者としての女性の自由・平等を主張する「性倫理学」の見解が展開されている。例えば、U・P・ヤウヒは、「カントは両性間の平等原理にアプローチし、婚姻権によって性倫理学の基礎を築こうとした」[21]という解釈を主張した。そして、ヤウヒは、その主要な論拠として、一七七五年から一七八〇年代の『メンツァー倫理学』の論述を参照するよう読者を促す。[22]

これらの研究成果を踏まえれば、これらの地平の拡大の努力は、上述の「理性の必要」に根差しており、「理性の必要の感情」と不可分であったことも理解できるであろう。言い換えれば、カントの「理性の必要の感情」とは、著者の用語で言えば、「情感的な理性」にあたる。またガーダマーも看過した人間が生活する「自己の地平」「共同体的地平」「人類の地平」は、同時に歴史的現実の世界に属するかぎり、「実践理性の優位」の思想に依拠した「実践的な生の地平」を意味する、と解することができる。[23]

5 結　論

ディルタイは、一〇〇余年前にアカデミー版カント全集の編集委員会の代表者として、カント全集第一巻に序文(一九〇二年七月付)を寄せて、「偉大な思想家の発展史は、彼らの体系を照らし出し、人間精神の歴史の理解にとって不可欠の基礎である」(I, VIII)、と本全集の編集方針を精神科学の基礎づけの方法と関連づけて論じている。ここでディルタイは、カントをはじめとする哲学者・思想家を人間精神の歴史理解のモデルとして捉えており、知の領域、とりわけ精神科学における時代精神のもっとも優れた個性の展開とみていたように思われる。カントのような一人の人間の個性の理解が人間精神の歴史の理解でもあり精神史の理解のために不可欠の基礎をなす。個人や共同体、人類を歴史的存在として普遍史的な立場から理解可能である、とみなす見解の妥当性はともかく、こうした試みは、「歴史的な生の地平」でのみ遂行可能であった。本章もまた、歴史的な生の意味を担う哲学的思索者の軌跡を辿る、「自己の地平」に基づくカント理解の試みの一つであった。

こうした試みは、カント自身の思索に即して言えば、歴史哲学的反省に対する考察を要求することになるであろう。しかし、カントの歴史哲学にかんする解釈は、一方で今日なお注目されている永遠平和論との関係だけでなく、他方では「最高善」(das höchste Gut) や「自然の意図」(Naturabsicht) の概念、さらに戦争肯定論や抵抗権の否認の理論などの批判的・否定的評価を受ける論点も少なくない。とりわけ歴史における個人の役割が、カントの歴史哲学の再評価の肝要点であることは、おそらく間違いがないであろう[24]。しかし、「(過去および未来からみた) 人類全体の絶対的な地平をあらかじめ規定するよう努めなければならない」(IX, 43) という第五の「規則」を掲げるカントの歴史哲学のうちに、ディルタイによる「歴史的理性批判」やオーラル・ヒストリーの先駆的意義を彼のうちに見いだす「歴史の物語理論」に関連するような論点が存在しうるであろうか[25]。いずれにしても、「3・11以後」の「持続可能性の哲学」が直面するこの問題群もまた「カント哲学の核心」部分をなすことは多くのひとが首肯するところであろう。これらの問題とその今日的な射程については、本書の以下の諸章で、さらに考察することにしたい。

注

（1） D. H. Heidemann/K. Engelhard（Hrsg.）, *Warum Kant heute ?*, Berlin 2003, S. 1.

（2） H. Arendt, What Is Existential Philosophy?, in: *Partisan Review*, XVIII/I, 1946 p. 38.

（3） Vgl. B. Dörflinger, *Das Leben theoretischer Vernunft*, Berlin 2000, S. 1ff.

（4） *W. Dilthey Gesammelte Schriften* Bd. I, Stuttgart 1959, S. xvii.

（5） Dilthey, Bd. XIX, Göttingen 1982, S. 44.

（6） Zusammengestellt v. Clara Misch, *Der junge Dilthey*, Leipzig u. Berlin 1933, S. 80.

（7） Dilthey, Leben und Erkennen. Ein Entwurf zur erkenntnistheoretischen Logik und Kategorienlehre, 1892/93, Bd. XIX, Göttingen 1982, S. 333-388.

（8） 牧野英二『カントを読む――ポストモダニズム以降の批判哲学』（岩波書店、二〇〇三年）を参照。

（9） Dörflinger, *a.a.O.*, S. 34. この文献の著者は、書名に窺われるように「理論理性のうちに生ないし生命の含意を読み取ろうと企図している。その場合の主要な手がかりは、人間認識の二つの幹、感性と悟性との「共通の未知の根」という植物学的なメタファーと「理念としての体系」における有機体的全体モデルである。この意欲的な試みは刺激的な論点が少なくないが、しかし結論的に言えば、この企図は成功しているとは言いがたい。本章は、その不十分性を補足する意味ももつ。なお、「体系」と「全体」との有機体的構造、部分と全体との解釈学的循環などをめぐる議論については、次の文献を参照。牧野英二訳『判断力批判』上下（岩波版カント全集8・9巻、訳者解説）。

（10） Vgl. R. Makkreel, The Feeling of Life: Some Kantian Sources of Life-Philosophy, in: *Dilthey-Jahrbuch*, Bd. 3, 1985, S. 103.

（11） Makkreel, *a.a.O.*

（12） 周知のように、ハイデガーは『カントと形而上学の問題』のなかで人間認識の二つの幹、感性と悟性との「共通の未知の根」を「超越論的構想力」に求め、「人間の純粋理性は必然的に純粋な感性的理性（die reine sinnliche Vernunft）である」という大胆な解釈を提示した。M. Heidegger, *Kant und das Problem der Metaphysik*, 1929, 3. Aufl., Frankfurt a. M. S. 157. 著者のカント解釈はハイデガーの確信犯的な「暴力的」解釈から示唆を受けていることはたしかである。しかし、著者とハイデガーとの「解釈」の方法と内容の差異は、本書の論述によって明白である。

（13）「理性批判の解読モデル」と「理性批判の解釈モデル」との関連については立ち入ることはできないので、次の文献を参照されたい。牧野英二『遠近法主義の哲学』（弘文堂、一九九六年、第四章）。また、「判断力の必要」とも関連する『判断力批判』における「広義の美的情感的（ästhetisch）」な判断や共通感覚、快・不快の感情との関係、快の感情の伝達可能性、「方向を定めること」などについては紙幅の制約上言及できないので、前掲拙著、第二章・第三章を参照されたい。

（14）Vgl. J. Simon, *Kant. Die fremde Vernunft und die Sprache der Philosophie*, Berlin 2003, S. 299. *Historisches Wörterbuch der Philosophie*, Basel/Stuttgart 1974, Bd. 3, S. 1198ff. Bes. G. F. Meier, *Auszug aus der Vernunftlehre* 1752, vgl. XVI, 173-203.

（15）ここで立ち入ることのできなかった「理性の地理学」については、次の文献を参照。宮島光志「『理性の地理学』再考〈航海メタファー〉を導きとして」（『現代思想』カント特集号、一九九四年、三月、一二九頁以下）。なお、本章の本来の意図にしたがって「地平」概念の文献学的考察にも立ち入らないことにする。

（16）Arendt, Truth and Politics, in: *Between Past and Future*, New York 1961, p. 241. また、カントとアーレントとの関連については、前掲拙著『遠近法主義の哲学』第二章を参照されたい。

（17）この解釈については、前掲拙著『カントを読む』第一講を参照されたい。

（18）Simon, *a.a.O.*, S. 307.

（19）W. Stegmaier, Orientierung an anderer Orientierung. Zum Umgang mit Texten nach Kant, in: D. Schönecker/Th. Zwenger（Hrsg.）, *Kant verstehen. Über die Interpretation philosophischer Texte*, Darmstadt 2001, S. 215.

（20）Stegmaier, *a.a.O.*

（21）U・P・ヤウヒ『性差についてのカントの見解』（菊池健三訳、専修大学出版局、二〇〇四年、一四頁）。
（22）前掲訳書、一九八頁以下を参照。
（23）「地平」は、「遠近法」（Perspektive）思想とも不可分であるが、ここでは両者の関係に立ち入ることはできない。カントとニーチェの「遠近法」の関係、カントの「超越論的遠近法主義」の解釈の可能性などについては、拙著『遠近法主義の哲学』第三章を参照。また、カントと対比的に論じたディルタイの「生」および「地平」については次の文献を参照されたい。Vgl. W. Stegmaier, *Philosophie der Fluktuanz. Dilthey und Nietzsche*, Göttingen 1992, S. 161-190.
（24）Vgl. E. Angehrn, Kant und die gegenwärtige Geschichtsphilosophie, in: *Warum Kant heute?* Berlin 2003, S. 328-351.
（25）ディルタイとこれらの論点との関係は、本書第九章「歴史のなかの実存の物語」を参照されたい。

第五章　世界市民主義とポストコロニアル理性批判

1　問題提起

本章では、次の観点からカントの「世界市民主義」の思想と「ポストコロニアル理性批判」との関係に立ち入る。そのことによって著者は、世界市民主義とポストコロニアル理性批判の今日的意義を解明する。同時に本章では、二十一世紀の東アジアにおけるカント哲学およびそれを手がかりにした「コスモポリタニズム」の思想を研究する意義を解明する。

この目的のために、第一に、カント哲学における世界市民主義および世界市民法をめぐる論争点に立ち入り、その積極的意義を明らかにする。第二に、それによってカントの理性批判に対する今日最も否定的な評価への反論を試みる。第三に、カントの「詐取」（Subreption）とルードヴィヒ・ウィトゲンシュタインの「アスペクトの変換」（Der Aspektwechsel）との比較考察によって、著者の上記の見解を補強する。第四に、批判哲学との関連から、グローバル化時代の東アジアの人間における世界市民主義思想の新たな可能性を考察する。[1] これらの考察によって、今日求められている「哲学者の使命」と義務の一端を明らかにすることが可能になるであろう。

2 現代社会と世界市民主義

考察の便宜上、著者は、第三の観点の概観から議論を開始する。まず、現代社会における世界市民主義の評価にかんしては、後述のように、肯定的評価と否定的見解という相対立する両傾向がみられる。その場合、「パトリオティズムかコスモポリタニズムか」という論争の場合とは異なり、この課題は、カントの思想と必ずしも結びつくわけではない。特に近年の「正義論」をめぐる論争は、後述のように「コスモポリタニズム」の多義性と諸傾向を鮮明にする結果をもたらしてきた。[2]

また、二十世紀における人類史上最大の「輝かしき悲惨」(das glänzende Elend)(V, 432)は、その犠牲者がコスモポリタンという規定と不可分であった事実を想起するならば、世界市民および世界市民主義の思想は、今日なおあらゆる意味で人間社会に対する批判の試みを要求している、と言うべきである。[3]

さらに、今日の国際社会の動向もまた、世界市民主義に対する積極的評価を決定的にしているように思われる。周知のように、カント没後二〇〇年の二〇〇四年五月一日に、EUは、中東欧一〇カ国を加えて二五カ国の新欧州連合として新たなスタートを切った。それを機会に、「カントとヨーロッパの理念」について問い直す動きも現れている。EUの理念、ヨーロッパの統一の理念は、しばしば指摘されるように、カントの世界市民主義の思想的表現と解することができるからである。実際、カントのこの思想にかんして「二十一世紀に要求される新たなビジョンは、人権と文化多元主義という対をなす基盤の上に築かれたコスモポリタニズムの新たな活力を与える歴史である」[4]という評価は、今日では決して稀な見解ではない。この見解は、二〇一二年現在、二七カ国の正式加盟国のうちで、ギリシアに顕著にみられる金融危機に直面したEUの現状によって、いささかもその意義を減じるわけではない。

他方、アメリカでは、一九九四年にコスモポリタニズムとパトリオティズムとの関係をめぐって熱い論争が戦わされた。[5]この場合、第一に注目すべきは、この論争では「パトリオティズムとコスモポリタニズム」というタイトルの論考によって、多くのアメリカの哲学者・思想家を巻き込んだM・ヌスバウムのコスモポリタニズムおよびそれに依拠した「正義論」重視の主張が、カントの世界市民主義の思想に多くを負っていることである。それだけでなく、それに対する批判の多くもまた、ヌスバウムの主張とともに、カントのこの思想を批判するという論述形態を採用している点である。第二に、著者のみるかぎり、ヌスバウムにかぎらず、彼女を擁護するA・センもまた、H・パトナム、C・テイラー、S・ボク、ウォーラーステインらの批判者たちとともに、カントのこの思想を的確に把握していないように思われる。第三に、これらの一連の論争がやや空回りに終わったとすれば、その一因は、この概念の多義的含意を捉え損なった点にあるように思われる。

加えて、著者の生活する東アジアでは、二十一世紀に入り、日本の首相が海外の公式の会議で初めて「東アジア共同体」(an East Asian community)の構想を提唱して以来、EUの理念との関連から、この構想の実現の可能性について、さまざまな議論が展開されている。この場合でも、日本国内や東アジア諸国では、日本政府の提唱する「東アジア共同体」構想に対する肯定論や積極的立場と慎重論や消極的立場との論争的状況がみられる。ここでもまた、カントの世界市民主義の思想や植民地以後のアジアのポストコロニアルな状況認識と結びついて、多様な歴史認識の相違に起因する論争が生じている。

だが、著者の意図は、これらの論争に遅ればせながら参加することにあるわけでもなく、またその不十分性を補うことにあるわけでもない。著者の狙いは、G・C・スピヴァク著『ポストコロニアル理性批判』(6)やそれに与する見解に対するカント研究者の立場からの応答を試みることにある。なぜなら、第一に、この種の見解は、これらの論争の参加者の誰よりも深いカントの読解に基づき、またこれらの論争では曖昧なままであったカントの世界市民主義の思想に対する批判的な論点を最も先鋭化させたからである。また、第二に、この文献に対するカント研究者の側からの本格的な批評はみられず、特にスピヴァクと同じアジア人のカント研究者からの応答は、まだ試みられていないからである。第三に、近代以降、アジアの中で日本人は、朝鮮半島・台湾および中国の一部、他のアジア諸国を植民地支配した経験のある唯一の民族である。第二次大戦敗戦後、日本はポストコロニアルな状況とは、一見無縁のように理解されてきた。だが、これは事実に反する。現代の日本社会で哲学する場合でも、サイードやスピヴァクのような「ポストコロニアル理性批判」の試みに、無関心であることはできないのである。

『ポストコロニアル理性批判』では、後述のようにカントの理性批判と世界市民主義ないしコスモポリタニズムの思想の根幹に触れるカント批判が展開されており、カントおよび現代社会における世界市民主義の意義および役割を徹底的に否定する見解が展開されている。スピヴァクは、ある意味で批判主義の精神を継承しているとみられる。したがって著者の考えでは、このカント批判を吟味・検討することは、カントの理性批判にかぎらず、およそ広義の理性批判の営みの今日的意義と射程を測定する上で不可避の手

続きである。(7)

ここでは差し当たり、本章の論述の主要論点を確認しておきたい。すなわち世界市民主義の思想は、現代社会のさまざまな位相で論議の対象になっている。同時にそれは、グローバル化する時代の要請とも言うべき諸課題を担っている。多くの場合、それはグローバル化に対抗するローカル化の原理との調停という困難な課題に直面して、カントの世界市民主義の思想の再評価に深く関連している。そこで、次にカントの著作類に即して、その主要論点を明らかにしておこう。

3 世界市民主義と批判主義

まずカント解釈史の観点からみた場合、確認しておくべき点が幾つかある。第一に、世界市民主義および世界市民法の思想は、カントの批判哲学の中心思想とみてよいか、それとも付随的または補足的な思想とみるべきか、という問題である。従来のカント解釈の歴史は、概ね後者の立場に属するとみてよい。実際、国際法や国際連盟の理念に対する重要性は、久しく積極的に受け止められ評価されてきたのに対して、世界市民主義や世界市民法の意義は、長い間無視されていた。加えて、『永遠平和論』の読解の仕方もまた、こうした方向で解釈されてきた。だが、結論を先取りすれば、こうした解釈は妥当な見解ではない。

しかし、こうした消極的解釈には、それなりの理由があったこともたしかである。第一に、『永遠平和論』では、世界市民法に言及した第三確定条項が第一および第二確定条項に比べて量的に少なく、軽く扱われているようにみられており、前二者ほどの重要性はもたないように思われたからである。第二に、第三確定条項で言及された事柄は、今日ではすでに自明のことであるように思われている。第三に、最も大きな理由は、世界市民主義をめぐるいわばジレンマの存在がある。つまり、世界市民主義は、無用ないし不要のカテゴリーである。なぜなら、世界市民法は、国際法に包摂されるからである。他方、この概念を独自の概念として考えるならば、カントが『永遠平和論』で明確に拒否した「世界共和国」(Weltrepublik)を前提しなければ、この概念は、制度化されえないという点が指摘されてきた[8]。

ところが、二〇世紀末以降の国際情勢の変動もあり、こうした見方は、今日大きく変貌しつつある。著者の立場もまた、このようなカント解釈史の現段階を踏まえて、新たな問題提起を試みる。本章での考察の立脚点を確認すれば、カントの世界市民主義の思想は、『純粋理性批判』以降、最晩年まで一貫した最も重要な思想表現である「世界」概念に根差しており、したがってこれが「世界市民」の概念と不可分であるかぎり、世界市民主義の思想は、批判哲学の中心思想に属する。これについては、O・ヘッフェが指摘するとおりである[9]。

ところで、カントの世界市民主義および世界市民法を正面から論じる場合、上述の問題以外にも、さまざまな困難な課題に直面する。とりわけ、カントと伝統思想との関係が指摘できる。しかし、本章の主旨は、カント思想の今日的射程の測定にあるので、これらの概念史的考察には立ち入らないことにする[10]。ここでは、『永遠平和論』、とりわけ『人倫の形而上学』を中心にして、世界市民主義、特に世界市民法の意義を以下のようにまとめる。

この課題を考察する場合、最初に世界市民主義および世界市民法は、もっぱら法的レベルで理解されるべきであるかどうかという問題に直面する。実際、カントの議論は曖昧である。この問題は、世界市民法

の強制力の有効性や範囲にかんする問題とも深くかかわる難問である。(11)

第一に、ここでは著者は、カントのコスモポリタニズムを、法的・政治的・道徳的・認知的などの含意をもつ複合的な概念として解釈する。まず認知的意味とは、世界をグローバルな規模で理解し、そこに生活する人間に共通の法則、秩序、価値などが存在すると理解する。また、人間は多様な側面と同時にあまねく共通する知・情・意をもちうるのであり、それを知ることができる。さらに人間は、さまざまなレベルの共同体を構成する主体として、自由で平等な行為の主体でありうることや、国家を超え、国民の立場を超えた人間性の理想を認識しうる。例えば、H・アーレントによる世界市民を世界観察者とみなす見解は、この側面を他の側面から独立させて一面的に強調させた見解と解釈することができる。また、道徳的意味とは、道徳的行為によって実現可能な事態を指す。カント自身の表現に即するならば、これは「諸目的の王国」の理念と不可分である。このレベルでの世界市民主義は、非政治的な傾向をもつ。最後に、法的・政治的意味では、カントの場合、政治は法の具体的な一般化とみられるので、法的レベルでの制度、法的秩序による強制力に基づく政治制度の維持や発展の場面で機能する概念である。

第二に、世界市民法（Weltbürgerrecht）という概念は、カントによって初めて哲学史に登場した事実もまた、軽視してはならない。(12)とりわけ、この概念が本格的に展開されている『人倫の形而上学・法論』では、世界市民法が、国内法、国際法と並んで公法に位置づけられ、その最終段階に位置づけられている点は、後述の理由からもきわめて重要である。

第三に、ここでは世界市民法の基礎づけとも言うべき議論が展開され、同時にその機能が明らかにされている点に留意すべきである。端的に言えば、この思想は、すべての人間が理念のなかで「普遍的な人間の国家の市民」（Bürger eines allgemeinen Menschenstaats）としてみなされなければならない。第一に、この主張は、人間が特定の個別国家に帰属することから独立して、留保なく普遍的に承認されるべき人権の原理、基本的人権の基礎づけを含む、とみてよい。第二に、世界市民法は、カントではまず法の概念に属するとみているが、同時に、道徳的含意をもつことも否定できない[13]。第三に、この概念は、法の体系の完璧性のためにも、必要不可欠である。法の体系は、国内法、国際法に加えて、世界市民法による秩序づけが求められている。世界市民法を欠く法の体系は、外国人を無国籍者と同様に法無き状態にとどめおくことになるからである。カントの世界市民法は、こうした欠陥を補完することによって、アーレントが体験した、今日も依然としてみられる「無国籍」事態のなかで、人間が「法のうちで生きる権利」を確保することができる[14]。

第四に、このような世界市民法の諸機能が明らかにされなければならない。第一に、この理念は、人間相互のあらゆる関係のなかで自然状態を回避するために必要である。カントの法哲学では、国家に対する人間の帰属性から独立して人間を高める資格を与えるのが「人間性」（Menschheit）である。カントは、こうした人権の基礎づけの思想を説明するために「世界市民」（Weltbürger）という概念を使用する。人間は、世界市民であり、根源的で無制約的な責任のうちで世界と向き合っているのであるから、法における人間の尊重は、完璧な法秩序によってのみ確保可能である[15]。第二に、この理念は、「文明化した諸国家」の非友好的な振る舞いに対する「政治的批判」のためのある基準を提示している。したがって、他の民族の住民を奴隷として支配し、土地や財産を略奪し、固有の文化を破壊するという、「かれらが他の土地や民族を訪問する際に示す不正が、恐るべき程度に達している」（VIII, 358）事態は、厳しく断罪されなければばならない。カントによる厳しい植民地主義批判は、世界市民主義の理念からみて必然的な帰結であった。第三に、こうしてみると世界市民法の理念は、「公的な人権のために、このように永遠平和のために、国内法や国際法に書かれていない法典 Kodex を補足するものとして必要である」(VIII, 360)こともまた、明らかである。第四に、こうして『永遠平和論』では訪問権に限定されていた世界市民の権利が、さらに拡大されることも可能となった。

では、このようなカントの思想に対してスピヴァクは、どのような批判を試みたのであろうか。

4 カント批判とポストコロニアル理性批判

著者によれば、スピヴァクの意図からみて、主要なカント批判の論点は、差し当たり以下の五点に集約することが可能である。

第一に、カントの批判哲学には植民地以後の理性が生み出す現代世界の歪みをただす「ポストコロニアル理性批判」が欠落している。これは、カントには言語批判が欠けているというJ・G・ヘルダー以来の批判、W・ディルタイによる歴史的理性の批判、新カント派などによる文化的理性の批判が欠けているという批判に劣らず、深刻で致命的なカント批判であるように思われる。

第二に、カントの思想には「今日、ポストコロニアル言説と自称するものとの共犯関係」が指摘できる。言い換えれば、道徳的自由の哲学を標榜する批判哲学は、現代社会では反道徳主義的イデオロギーの担い手として、再登場する。

第三に、これらの批判の根底には、カントの三批判書は、コロニアルな主体、「先住民」をあらかじめ排除しており、ヨーロッパ的な人間観、文化的価値観に依拠して「ヨーロッパの他者」を排斥している。また、このことによって、「現今の新植民地主義的な知の生産に奉仕する」という一貫した見方が潜んでいる。カントの道徳法則に依拠した普遍主義の立場は、ヨーロッパ中心主義、女性蔑視の男性中心主義の立場を端的に表現しており、非ヨーロッパ地域の住民、アジアやアフリカ、南アメリカの住民、とりわけ「先住民」(the Aboriginal)に対する蔑視が根底に潜んでいる。

第四に、ポストコロニアル理性批判の遂行者のスピヴァクは、『判断力批判』の「崇高なものの分析論」には、ポストコロニアル的な性格をもつ言説に満ちている、と指摘する。カントは、崇高の判定には、開化(Kultur)が必要であると主張する。スピヴァクによれば、この開化にかんして生まれつきよそ者であるならば、この開化のなかで陶冶されることは不可能である。なぜなら、カントは「実際、人倫的諸理念が発達していなければ、開化によって準備されたわれわれが崇高と呼ぶものは、未開の人間(den rohen Menschen)には、たんに威嚇的にみえるだけであろう」(V, 265)、と明言しているからである。ここには明らかにパラドクスがある。カントでは、「無教養な」者は特に子どもと貧者であり、「生まれつき教育不可能な」者とは、女性である。他方、「未開な」「野蛮な」という場合、未開人や原始人が念頭にある、というのである。

第五に、こうしてみると、人間に対する崇高を自然に対する崇高と「すり換えること」(Subreption)そのものが、文化的に開化された者だけが陥る「誤謬」であり、またこの「誤謬」は、そうした者によってのみただすことができる。他方、無限の深淵が崇高なものではなく、恐ろしいものであるような野蛮な人間が犯す誤りは、文化そのものによって正されなければならない。したがってスピヴァクの解釈では、野蛮な人間は、道徳に対する感情の構造を含んだ素質ないしプログラムをもつ主体をまだ達成していないことになる。ここから、野蛮な人間が三批判書のなかでは主体として位置づけられていないという帰結が生じる。したがってスピヴァクによれば、「カントの哲学的プログラムは、崇高なものであれ、ブルジョワ的なものであれ、暗黙のうちに認められた文化的差異によって作動している」。要するに、カントは現実世界の批判者としての「哲学者にとっての義務」(für den Philosophen Pflicht)(V, 462)を果たしていないのである[16]。

スピヴァクによれば、植民地主義(コロニアリズム)は、十八世紀中葉から十九世紀にいたるヨーロッパの体制であり、新植民地主義(ネオコロニアリズム)は、二十世紀になって領土支配型帝国が順次解体したあとに出現した、経済・政治・文化における支配戦略を指す。また、植民地以後(ポストコロニアリズム)とは、今日のグローバル状況を意味する。だが、なぜこのような状況が批判されなければならないのであろうか。スピヴァクによれば、ポストコロニアルな状況は、グローバルな規模での「生の海賊行為」(biopiracy)(p. ix)を進めており、カントの思想のなかにも、こうしたポストコロニアルな主体による他者の排除がみられる。カントは、哲学史の通説やヌスバウムたちの見解が依拠する人間理性の批判を徹底的に遂行したはずである。ところが、カントには、「ポストコロニアル理性」の批判が欠如している。したがって、カントの批判哲学は、こうした理性の批判に晒されなければならないのである。

では、カントは、どのようにして先住民をあらかじめ排除してしまったと言えるのであろうか。カントの判断力批判の思想に即して言えば、「カントでは、理性的意志にとっての自由を可能にする反省的判断力の自律性を引き立たせるために、規定的判断力の他律性の例としてネイティヴ・インフォーマントが必要とされている」(Spivak, *ibid.*, p. 6)。このように、カントのテクストでも、西洋ないし西洋モデルの学問のみが書き込むことのできる文化的アイデンティティのテクストを生成させる存在として、ネイティヴ・インフォーマントは必要とされているのであり、同時に人間の規範であるヨーロッパ人によって、「ネイティヴ・インフォーマントが人間という名前からの放逐を表示する」(*ibid.*) かぎり、排除されている。[17]こうしてみると、カントの世界市民の立場とは、ヨーロッパ中心主義的な特定の立場にすぎず、またこのような自文化中心主義の立場は、自己の立場の正当性のために未開発の理性の持ち主を「野蛮な人間」として、文化的コンテクストから排除する思想である。また、スピヴァクによれば、このカントの思想はグローバル化を推し進めている「今日、ポストコロニアル言説と自称するものとの共犯関係」(*ibid.*, p. 9) にあるかぎり、このような「ポストコロニアル理性」(Postcolonial Reason) に対する批判が遂行されなければならない。

5　ポストコロニアル理性批判と世界市民主義

スピヴァクのカント批判は、いわゆるポストモダンの立場にみられる自然地理学などの講義類を典拠にした、人種差別主義、ヨーロッパ中心主義の思想家という批判の仕方とは異なり、カントの主要著作、三批判書を丹念に読解する作業を介して到達した結論である。したがって、典拠の不確実性を指摘することによってカント批判の不当性を訴えるというような反論の仕方は、この場合は採用できない。[18]

しかし著者のみるかぎり、スピヴァクの周到なカント批判には、次のような幾つかの問題点が存在する。第一に、このカント批判には、世界市民主義と植民地主義との関係に対する考察がみられない。つまり、カントのコスモポリタニズムは、植民地主義擁護、コロニアリズムの思想であるか否かという、この根本的な問題に対する考察が欠けている。この問題を問うことなしにポストコロニアリズムにかんする問題のみを問うことは、重大な前提を蔑ろにするだけでなく、カント批判の妥当性そのものを損なうことになる。第二に、スピヴァクは、この思想の端的な表現である「訪問権」や植民地主義批判に対するカントの具体的な記述を無視している。このことは、テクストに存在するある記述が存在しなかったかのように事実を隠蔽し、あたかも存在しなかった他者として排除することにならないであろうか。著者の見解によれば、他者の排除の批判は、つねに批判者自身にも例外なく向けられなければならない。

第三に、スピヴァクは、カントによる他者の排除の思想を指摘することに熱心ではあるが、他者の立場に立つことの重要性を主張する『判断力批判』の多元主義の思想についても沈黙している。スピヴァクは、多くのいわゆるポストモダンを自称する思想家とは異なり、「ヨーロッパ中心主義の傲慢か、安易な土着主義か」(Spivak, p. 173) という二分法を斥ける、優れた立場を主張している。それだけにスピヴァクによるこの沈黙は、その主張の説得力を損なっているように思われる。

カントでは世界市民法の概念は、上述のように、平和的状態の「地上におけるすべての民族の共同体」(Vgl. V, 424) に対する法的原理としてみられている。戦争とヨーロッパの植民地主義は、この概念の実現を最も妨げるものとみられている。世界市民法に従えば、諸民族は根源的に正当な訪問権をもつが、「他の民族の土地への植民の権利 (ius incolatus)」(VI, 353) はもたない。また居住と所有は、誠実な契約によってのみ行われるべきである（V, 425）。したがって「世界市民法は、普遍的歓待（Hospitalität）の諸条件に制限されなければならない」（VIII, 358）。要するに、世界市民法は、国内法、国際法を超えた世界市民の「普遍的」な権利を基礎づけ、これらの法的秩序の「方向づけ」の機能をもつことが可能である。

具体的に言えば、ホッテントット、ツングース、大抵のアメリカの国民などの遊牧民や狩猟民は、土地農耕に携わるヨーロッパ人の立場から見れば、土地に対する所有権をもたない住民である（Vgl. V, 425）。カントは、このような当時の支配的な見解に対して異なる見方を提示して、土地の所有権に対する反植民地主義的見解を明らかにしようとした。また、普遍的歓待の主張には、「文明化した諸国家」による訪問権の「濫用」に対する禁止が含まれている。さらに注意すべきは、この反植民地主義的な見解は、カントの世界市民主義の立場から要請されているという点であった。ここでは明らかに、ヨーロッパの軍国主義や、所有権の狭隘な概念、宗教的正統信仰などが、世界市民法を阻害させる中心的な要因として批判の対象にされているのである[19]。

今日の国際情勢の下では、「文明化した諸国家」による訪問権の否定による被害者や、戦闘員と非戦闘員との区別のない大量殺人、さらには戦時捕虜に対する虐待などが絶えない。これは、世界市民法、国際法、国内法にもとる「野蛮な」行為である。さらに、依然として「文明の衝突という欺瞞」がある種の権力性を発揮しているなかで[20]、カントの世界市民主義の思想は、スピヴァクのカント批判とは異なり、むしろポストコロニアル理性に対する厳しい批判として読み換えるべきであり、また読み換えることが可能である。

6　ポストコロニアル理性批判と「詐取」の二義性

そこで最後に、批判哲学のテクストに即して、著者の見解の妥当性を検証する。そのために著者は、スピヴァクが主要な論拠とする『判断力批判』の崇高論で展開された「詐取」(Subreption) の概念を手がかりにして、カントの批判哲学の精神に即して、カントの崇高論と広義の理性の自己欺瞞との関係の問題に立ち入る。さらに著者の議論を補強するために、この「詐取」概念と後期のL・J・ウィトゲンシュタインの「アスペクトの変換」(Der Aspektwechsel) の思想との類似性にも言及する。

批判哲学では、主観的なものを客観的なものと欺く虚偽の意識、言い換えれば、自文化中心主義を普遍的な思想と混同させる悪しき普遍主義は、どのように把握されていたであろうか。この疑問に答えるためには、まず以下の三つの論点に留意することが必要となる。

第一に注意すべきは、それは理性がみずから欺かれ仮象を真理と偽る、理性の自己欺瞞の事態を指す点にある。このように仮象を真理と「取り違えること」(Subreption) は、『純粋理性批判』では大別して以下の二つの用法がみられる。その第一の用法は、「諸感覚の取り違え」(Subreption der Empfindungen, B 53) であり、第二の用法は、超越論的弁証論の主題のみならず、批判哲学の中心問題ともいうべき「超越論的な取り違え」(Transzendentale Subreption, B 611) である。両者は、ともにあるものを別のあるものと取り違えることによって主観的なものを客観的なものとみなすという点で共通性を有する。他方、前者はたんに経験的な次元での感官の取り違えによる虚偽の意識へと導くが、後者は、統制的原理を構成的原理とみなす「超越論的仮象」の誤りへと理性を導く。この点で、両者は異質である。[21] 前者は、人間を経験認識の次元での誤謬に導くが、後者は、思索する者を哲学的思考の根本にかかわる誤謬へと導く知の「取り違え」を生み出す。

第二に注意すべきは、後者が人間理性の不可避の運命によって生じる誤謬である理性の自己欺瞞へと導くため、カントの用語にしたがえば、現象を物自体とみなす「超越論的区別」を看過する帰結を生じる。その結果、批判哲学の立場からみれば、「超越論的な取り違え」の誤りに対する理性批判は必要不可欠の営みである。この批判的試みは、本論考の課題との関連から言えば、後の時代のイデオロギー批判を先取りした批判的営みを意味しているのである。(22)

第三に注意すべきは、『純粋理性批判』の場合とは異なり、認識判断には関与しない『判断力批判』第一部・美感的判断力の批判の崇高なものの分析論でも、この種の「取り違え」の概念が崇高感情の分析にとって重要な役割を果たしているという事実にある。それゆえ著者は、まずこの書物で「取り違え」が崇高なものにかんする判断の成立にとってどのような機能を果たしているかを明らかにする。

そこで第一に、自然物にかんする崇高なものの判定が、この判断における主語と対象の二義性による「取り違え」によって生じる点から検討する。例えば、「Xは崇高である」という判断は、美的情感的な量評価から判定すれば、「Xは端的に大である」と言い換えられる。この崇高なものにかんする判定は、経験的直観の対象にかんして、崇高という述語が付与されているようにみえる。しかし、その内実は、真に述語づけられている主語の対象が感性的直観の対象としての自然物ではなく、このように判定する主体の超感性的な能力に属する。言い換えれば、この判断の主語が二義的に使用され理解されることから生じる「取り違え」によって、経験的にみた場合には、主語のXaは荒々しい恐るべき自然の「無形式な対象」が崇高なものとみなされるが、超越論的に反省する場合には、主語のXbとは本来主体の超感性的基体を意味する。要するに、真に崇高なものは、対象ではなく対象を鑑賞する主体とその精神に他ならない。より正確にいえば、それは人間の道徳性に帰着する。

第二に、こうした「取り違え」が『純粋理性批判』と『判断力批判』とでは異なる働きをもつことに十分注意する必要がある。この崇高なものの判定の場合には、超越論的弁証論の場合のように「取り違え」によって、誤謬に導かれるわけではない。なぜなら、『判断力批判』の場合には美感的判断であって、『純粋理性批判』の場合のように認識判断ではなく、課せられたものを与えられたものとみなす誤りに陥ることはないからである。崇高なものの認識判断であれば、「取り違え」によって認識の対象に無限性を帰することになるのであるから、このような判断は、「世界は空間にかんして無限である」という第一の二律背反の反定立の主張、つまり「超越論的仮象」の誤謬を犯したことになる。

ところが、崇高なものの判断におけるこの「取り違え」、つまりXbをXaと取り違えたことは、「超越論的意図」の下で正しく理解すれば、言い換えれば、XaがXbであることを反省的に自覚すれば、この「取り違え」によって生じる崇高なものの判断が、本来感性的な自然の対象ないし「自然概念の領域」から超感性的な主観の能力ないし「自由概念の領域」への「移行」(Übergang)の働きを果たしていることが明らかである。(23)

第三に、崇高の感情と「描出」(Darstellung)との関係についても留意しなければならない。「描出」(exhibitio)とは、概念に対応する直観を付与することであり、これは判断力による感性化を意味する。『判断力批判』の第五九節では、それが「図式的」(schematisch)と「象徴的」(symbolisch)とに区分されており、前者がカテゴリーによる規定的判断力の適用に基づくのに対して、後者は「合目的性」という反省的判断力の主観的原理に依拠する間接的な描出の働きに依拠する、と説明されている。ところで、前者の図式的な描出による自然の客観的認識の場合には、どのような意味でも「端的に大きなもの」、つまり「無限なもの」ないし「総体性」という理念の対象は認識不可能であった。なぜなら、そのような理念の対象、「無限なもの」は超感性的なもの、言い換えれば、物自体だからである。したがって理論認識にかんするかぎり、無限なもののカテゴリーによる「描出」は不可能である。ところが、美感的判定の場合には、「Xは崇高である」という判断によって、このXの二義性により人間は、美的次元では無限なものを「取り違え」によって間接的に描出することができる。ここにもまた、美感的反省的判断力における「取り違え」の固有の機能を指摘することができる。

以上の二つの「取り違え」概念のあいだには、上記のようなさまざまな相違点があるにもかかわらず、それが反省的判断力を含む広義の理性の機能と不可分であり、本来主観的なものを客観的なものとみなすように理性を促す点で、ともに詐取的な性格を保持している、と言ってよい。しかし、カントの場合、理論認識の場合にかんするかぎり、「取り違え」の働きはどこまでも否定的にみられていた。そこで最後に、この概念が理論認識の場面でも崇高のものの判定の場合に劣らず、たんなる虚偽の意識や自己欺瞞へと導くわけではない積極的な役割を果たしうる可能性を簡単に追求してみたいと思う。

後期のウィトゲンシュタインのアスペクト論とカントの「図式論」における構想力の機能との関連については、かつて指摘されたことがある。(24) だが、ここで指摘したいのはこの点にあるわけではない。

第一に確認したいことは、カントにおける崇高なものの判断では、ウィトゲンシュタインのある種の

「アスペクトの変換」の場合と同様に、「事態は変わる」(196h.)が、[25] しかしアスペクトの「変換は、それぞれの別個の認識は呼び起こさない驚きを呼び起こす」(199b.)という点である。

第二に、「姿(1)の中に他の姿(2)を捜し、そして遂に、その姿(2)を見いだす人は、そのことによって姿(1)を新しい仕方で見るのである」(199c.)[26]。このアスペクトの変換は、ある対象の姿を別の新しい姿にさせるという点で、上述の「取り違え」の場合と同様の機能を果たしている、と言ってよい。

第三に、「アスペクトの変換」は、崇高なものの判断の場合と同様に、対象から判断主体に向かう一種の転換を含意する。真に崇高なものは、人間を圧倒する自然の対象などではなく、人間自身の超感性的な使命としての道徳性であったことを想起すべきである。[27] 両者の場合、判断の基準と根拠は、主体ないし主観の側に帰属するのである。

第四に、あるものをあるものとして見ることは、個人的・共同体的な次元で見る人間が生活する文化的・社会的・歴史的文脈に依拠し、さまざまな価値や信念などを前提していることを看過してはならない。これらの価値観や信念体系が社会および歴史のなかで一定の支配的な役割を果たす場合には、それらは、やはりある種の詐取的な機能をもつ、と言うことができる。

第五に、しかし、このことは、この種のアスペクトの変換が、崇高なものの「取り違え」の場合と同様に、決して誤謬や虚偽の意識へともたらすわけではない。したがって、両者の機能は、必ずしも欺瞞や虚偽の意識、さらにポストコロニアルなイデオロギーと結びつくわけではない。[28] この現実認識は、今日のポストコロニアルな状況の理解にとって不可欠の前提的な了解として、是非とも確認しておくべきことである。

ここでは、カントの崇高論を手がかりとして「崇高なものとすり替え」との関係を考察してきた。簡潔にいえば、崇高感情の仮象的な性格を明らかにすることによって、同時にそれが批判的な機能をもつことも解明することができた。

崇高なものは、力や偉大さのような支配的な特徴をもつとともに、支配に反対するという批判的な機能を有することは、つとにT・W・アドルノが指摘したとおりである。[29] さらに、「崇高のすり替え」にかんするかぎり、これは通俗化された詐取概念のような「虚偽意識」とは異質で複合的な意味群が存在することも明らかになった。実際、文化的諸事象から国家レベルの事態にまでいたるあらゆる全体性と究極的な断言や自己正当化の言説に対して、崇高なものは、繰り返し批判的に問い直すことを求める。従来指摘されたように、「文化移植」(transculturation)は、ヨーロッパや日本による植民地主義のプロセスで支配と被支配という不均衡な関係を生み出し、ポストコロニアルな状況でもまた、同様の状況を再生産している側面を否定できない。他方、「文化移植」は、今日では「互恵的」(reciprocal)な関係を生み出し、支配と被支配、差別と被差別、普遍主義と地域主義などの単純な二分法を揺るがし、文化的・政治的・経済的などの諸領域で交互依存や主体の相互構築などの新たな状況が進行している。この視座は、上述のようにカントの「世界市民主義」の思想に存在する。言い換えれば、こうしたポストコロニアルな状況を的確に把握し、事態の両面性を批判的に吟味する視点が批判哲学には存在するのである。

7 結論

以上の考察によって、カントの世界市民主義の思想が、いまなお現実社会の批判的原理として機能しうることを明らかにした。今日、カントを含めて西洋の哲学者・思想家にはヨーロッパ中心主義的思想傾向が存在することを指摘するのは容易である。また、それが今日の「ポストコロニアル理性」を支える原理にもなっているという批判も、ただちに全面的に否定することはできない。カントの哲学思想がたんにテクスト解釈上の研究対象としてではなく、むしろ今日の社会生活のなかで生きているかぎり、それに対する肯定的評価だけでなく、否定的な批判もまた、免れえない「人間理性の運命」である。しかしこのことは、スピヴァクのカント批判の妥当性をただちに証拠立てるものではない。カントがドイツ人として語り、スピヴァクがベンガル出身のアメリカ市民として語り、著者が日本人として語るかぎり、免れない文化的・社会的・歴史的な諸制約が存在する。このことは、相互批判の共通了解の前提として十分自覚すべき「人間の条件」である。

最後に、「哲学者の義務」について簡単に触れて、本章を締めくくることにする。カントは、『判断力批判』では「哲学者にとっての義務は……上述の仮象がどれだけ有益なものであろうとも、その仮象の正体をあばくことである」(V, 462)、と明言している。スピヴァクの主張とは異なり、カントは認識可能なものともっぱら思考可能なものとの間の矛盾を実践的に解決することをめざしていた。仮象がどんなに有益であれ、哲学者は、その正体を暴露する追及の手を緩めてはならない。それは多義性をもつ世界市民主義の概念についても、決して例外ではない。コスモポリタンの条件は、たしかに普遍的な人権の実現にあると言うことができる[30]。したがって、J・トムリンソンの表現を借用すれば、「コスモポリタニズムの可能性は、ローカリズムの鉄壁の論理によって排除されるのではなく、遠くの他者を象徴的な意味で「重要な他者」として意識するために、相互関係にかかわる領域を拡大することをめざした文化的プロジェクトの中に収斂していく[31]」という議論のめざす方向性は、基本的に正しいと思われる[32]。

しかし、他方では、つねに歴史的・社会的に多様な文化と価値観のなかで、この規定や主張が個人の人権や特定の集団、民族、国家の権利を実現するよりも、抑圧や他者の排除として機能しうる点を見逃してはならない。ヨーロッパ的価値観の不当な強制ではないと主張する見解には、必ずしも普遍妥当性をもつものだけに限らず、その内実は、普遍性の仮象で偽装された特殊性にすぎないものも少なくない。カントの理性批判が「ポストコロニアル理性批判」として、スピヴァクとは逆に積極的な意義をもちうるとすれば、こうした仮象の正体をあばく機能を有しているはずである。また、カントの世界市民主義の思想は、多様な文化の差異を否定することなく、したがってこうした多元性と矛盾することのない「正義」に適う普遍性をもつものでなければならない。

こうしてみると、カントは、哲学者の義務を彼なりの文脈で自覚し、しかも哲学するあらゆる人間に対して、そして後世の人間に対して、人間が「理性」と呼ばれる働きをもつかぎり、理性批判の継続的遂行を委ねていた、と理解することができる。著者のみるところ、この見解は、哲学研究者にとどまらない哲学者の義務と使命を示唆する見解であり、ジャンニ・ヴァッティモが主張するように、「哲学の仕事は」、「その言説にはらまれている矛盾を明るみに出したり、その言説をいっそう首尾一貫したものにすることにある[33]」と言い換えることができる。この課題は、「哲学者の仕事」を遂行する理性の働きそのものへの問い直しを促す。そこで次章では、この問いに取り組むことにしたい。

注

（1） カントでは、Weltbürger, Weltbürgerrecht, ius cosmopoliticum などの用語に比べて、今日一般に使われるような Kosmopolit, Kosmopolitismus という表現はきわめて少ない。しかし、本章では、「世界市民」および「世界市民主義」などは、今日のカント文献と同様に、これらの表記上の相違にかかわらず、同義的に使用する。

（2） 例えば、現代におけるコスモポリタニズムの諸潮流については、カントと関連する潮流を含めて五つの流れがあるとみられる。第一にカント的伝統、第二に功利主義、第三にマルクス主義、第四に批判理論、第五にポストモダンの諸潮流である。これについては、以下の文献を参照。Peter Sutch, Kantians and Cosmopolitanism, in: *Kantian Review*, Vol. 4, 2000, p. 100. またトマス・ポッゲは、一九九〇年代以降二〇一〇年代に入っても一貫して「正義論」との関連から「コスモポリタニズム」の多義的な意味と相互関係について独自の見解を展開している。もっとも、その基本的含意は、「法的コスモポリタニズム（legal cosmopolitanism）」と「道徳的コスモポリタニズム（moral cosmopolitanism）」との関係に重点を置いている。トマス・ポッゲ『世界的貧困と人権』（立岩真也監訳、生活書院、二〇一〇年、第七章「コスモポリタニズムと主権」二六五頁以下参照）。それどころか、哲学的なコスモポリタニズムと社会科学的なコスモポリティズィールンクとを区別しようとする立場もある。Ulrich Beck, *Der kosmopolitische Blick oder: Krieg ist Frieden*, Frankfurt a. M. 2004, S. 31ff.

（3） 例えば、U・ベックも指摘するように、ナチスはユダヤ人について語り、それによってコスモポリタンを考えており、スターリン主義者はコスモポリタンについて語り、それによってユダヤ人を考えていた事実を想起されたい。Beck, *a.a.O.*, S. 9. コスモポリタニズムの思想を考察する場合、この概念が「他者」として排除の対象にされてきた歴史的事実を想起することは、必要不可欠である。ちなみに、近代以降の日本社会では「在日コリアン」がこの概念にほぼ該当する。詳しくは、次の文献を参照。徐京植『ディアスポラ紀行』（岩波新書、二〇〇五年）。

(4) Sharon Anderson-Gold, Progress and Prophecy. The Case for a Cosmopolitan History, in: J. Rohbeck und H. Nagel-Docekal (Hrsg.), *Geschichtsphilosophie und Kulturkritik*, Darmstadt 2003, S. 265. この主張の前提にある進歩思想には、著者は俄かに賛同することはできないが、基本的主旨には賛成である。なお、D・ヘルドとA・マッグルーは、明確にEUの進むべき方向性としてアメリカの単独主義に対抗して、それに代わりうるローカルからグローバルなレベルでの民主制を基礎とした多層連結型のグローバル・ガヴァナンスがコスモポリタンのあり方であると規定している。もっとも、二人の著者は、カントとの関係については言及していない。しかし、コスモポリタンの概念を単独主義的世界国家のような普遍主義ではなく、いわば共通規範を基礎にした多国間主義を主張する点でも彼らとカントの見解とは一致している。David Held and Anthony McGrew, *Globalization/Anti-Globalization*, Oxford 2002, Chap. 9. ちなみに著者は、国際紛争における国連決議の無力さや恣意性を認識しつつも、それにもかかわらず国際法の役割は否定することはできない、と考えている。

(5) 『ボストン・レヴュー』一〇・一一月、「パトリオティズムかコスモポリタニズムか」特集。以下、この論争と主要な論点については、次の文献を参照。Martha C. Nussbaum with Respondents; edited by Joshua Cohen, *For Love of Country: Debating the Limits of Patriotism*, Beacon Press, 1996, 2 ed. For love of country ?, 2002.

(6) Gayatri Chakravorty Spivak, *A Critique of Postcolonial Reason*, Harvard University Press, 1999.

(7) 本来ならば、「パトリオティズムとコスモポリタニズム」の論争にも立ち入り、さらにそこでのヌスバウムの議論の不十分性を補足する下記の優れた論考にも触れるべきであるが、本書では紙幅の制約上省略する。Martha C. Nussbaum, Kant and Stoic Cosmopolitanism, in: *The Journal of Political Philosophy*, Vol. 5, No. 1, 1997, pp. 1-25.

(8) Pauline Kleingeld, Kant's Cosmopolitan Law: World Citizenship for a Global Order, in: *Kantian Review*, Vol. 2, 1998, p. 73.

(9) Otfried Höffe, *Königliche Völker. Zu Kants kosmopolitischer Rechts- und Friedenstheorie*, Frankfurt a. M. 2001, S. 260ff.

(10) ヘッフェは、カントが伝統思想から継承したコスモポリタニズムの思想には主として三つの概念があることを指摘している。Höffe, *a.a.O.* S. 28ff. なお、これについては、別の見方も可能である。

（11）カントの倫理的普遍主義とコスモポリタニズムとは切り離すべきであり、後者はもっぱら法的レベルで解釈すべきであるとする見解は、同時に、国際法と世界市民法とを重ね合わせて理解し、後者の強制力を実定法的に解釈する傾向にある。Vgl. Kleingeld, *ibid.*, p. 101. 他方、両者を関係づけて解釈する立場は、理性法として理性を強制するという解釈を採る傾向がある。Jörg P. Müller, Das Weltbürgerrecht（§62）und Beschluss, in: O. Höffe（Hrsg.）, *Immanuel Kant Metaphysische Anfangsgründe der Rechtslehre*, Berlin 1999, S. 269. なお、著者は、理性法と実定法との両方のレベルで法の強制力について考えている。

（12）Klaus Dicke, "Das Weltbürgerrecht soll auf Bedingungen der allgemeinen Hospitalität eingeschränkt sein," in: K. Dicke und Klaus-Michael Kodalle（Hrsg.）, *Republik und Weltbürgerrecht*, Weimar/Köln/Wien 1998, S. 117.

（13）Pauline Kleingeld, Kant's Cosmopolitan Patriotism, in: *Kant-Studien* Bd. 94. 2003, S. 301f. なお、次の文献にも同様の二区分がみられるが、著者の Flikschuh の見解は、その区別の根拠が明確でなく、制度的コスモポリタニズムと道徳的コスモポリタニズムとを区別した上で前者を優先させる主張の根拠もまた、明らかではない。Katrin Flikschul, *Kant and modern political philosophy*, Cambridge 2000, p. 198ff. たしかに、カントの場合、「市民」は、厳密に言えば法的秩序に基づく「国家市民 Staatsbürger = citoyen」であり、「これは能動的国民と、受動的国民とに二区分される」（VI, 314）。能動的国民は、「国家そのものを管理し、組織化し、特定の法の制定に参与する権利」（VI, 315）をもつ。また、世界市民的見地における、「自然が解決を迫る人類最大の問題は、普遍的に法を司る市民社会を実現することである」（VIII, 22）。歴史における世界市民的状態の実現は、たしかに政治的・法的課題である。しかし、実際には、各国家内での市民社会の実現のためには、諸国家間の相互の自由を濫用しないために、国際連盟を結ぶべきであると言われる。この文脈では、カントはもっぱら歴史における法的制度化のプロセスを語っている。他方では、すべての人間は、「超感性的な［道徳的］世界の市民である」（『永遠平和論』VIII, 350. Anm.）と主張している。すべての人間は、唯一の道徳的共同体の構成員であり、したがって国民性、言語、宗教、習慣などの相違に関係なく、他者に対する道徳的義務をもつ。この文脈では、もっぱら道徳的意味での世界市民が語られている。

(14) Dicke, *a.a.O.*, S. 118f.

(15) Dicke, *a.a.O.*, S. 121.

(16) 二十一世紀に入り、経済の領域をはじめさまざまなレベルで「グローバル化現象」が進行するなかで、十八世紀の時代に提起されたカントのコスモポリタニズム、世界市民の思想は、改めて多様な歴史的・社会的文脈で吟味・検討することを「われわれ」に迫っているように思われる。このことは、カントに批判的な論者でも俄かに否定することは困難である。まずカント研究の領域では馴染みのない「ポストコロニアル」および「ポストコロニアル理性」の概念の確定作業として、コロニアル一般には立ち入らず、ここではスピヴァクが使用する「ポストコロニアル」に議論を限定する。著者の真意は植民地以後、その意味でのポストコロニアルな時代状況における理性の働きを探究することにある。しかし、著者のみるかぎり、その規定は明確ではなく、加えて「ポストモダン」の場合と同様に、ここでもポストは、たんに時間的に「以後」の意味だけでなく、「脱ないし超」を含意すると思われるだけに、それだけにこの概念自体が曖昧であることは否めない。実際、このポストの二義性については、少なくとも本書では明示的に語られてはいないのである。

(17) 主要な論点の説明としては、第一に、「未開の（roh）」という形容詞の示唆するところに注意すべきである。第二に、自然の崇高の判定のさいに陥る「有益な仮象」（V, 462）とも言いうる事態は、「文化的に開化された者だけが、これらの特別の誤謬に陥ることがあるのであり、またそれらを正すことができる」（Spivak, *ibid.*, p. 14）。言い換えれば、無限の深遠が崇高なものであるよりも恐ろしいものであると判定するような野蛮な人間によって犯される過ちは、文化自体によって正されなければならない。第三に、こうした野蛮な人間は、道徳に対する感情の構造を含んだ素質ないしプログラムをもつ主体をいまだ達成したことも、また所有したこともない。「野蛮な〔未開の〕人間は、いまだ三批判書のなかで分類され展望されている主体ではない」（p. 14）。目的論的判断力の批判の「自然目的」と「自然の目的」との相違にかんする説明では、「ニュー・オランダ人またはティエラ・デル・フエゴの住民が、『判断力批判』の世界においては発話や判断の主体ではありえない」（Spivak, *ibid.*, p. 26）とみられている。このようにしてカントでは、他者の排除が行われている。第四に、カントでは、排除される他者の理性は、他方では未開発の理性として密かに前提されているのである。

(18) 例えば、そのようなカント批判の実例としては、次の文献を参照されたい。M. Kappeler, *Rassismus. Über die Genese einer europäischen Bewußtseinsform.* Frankfurt a. M. 1994, S. 90, 94-95. このような批判に対するカント擁護の反論の仕方については、K. Väyrynen, Weltbürgerrecht und Kolonialismus bei Kant, in: *Kant und die Berliner Aufklärung*, Berlin/New York 2001, Bd. 4, S. 302-309.

(19) Väyrynen, *a.a.O.*, S. 303.

(20) ここで著者は、Marc Crépon の見解を念頭においている。Marc Crépon, *L'Imposture du Choc des Civilisations*, Paris 2002.

(21) この Subreption は、論理学の用語の「論過」(subreptio)に由来する概念であり、また『純粋理性批判』の本来の執筆動機となった二律背反論の生成と構造をめぐる議論とも不可分であるが、本章ではこの論点には立ち入ることはできない。例えば、一七七〇年の『教授就任論文』での「取り違えの公理」(axioma subrepticium)の概念を参照。

(22) Vgl. Hermann Lübbe, *Politische Philosophie in Deutschland. Studien zu ihrer Geschichte*, Basel 1963, Einleitung.

(23) 自然美と芸術美の判定の場合にも、当然のことながら「移行」問題が主要課題となるが、崇高の感情が美を想定している点に、美と崇高との区別と前者の根源性を主張する見方もある。Vgl. Birgit Recki, Ästhetische Einstellung und moralische Haltung, in: Gerhard und Herold (Hrsg.), *Die Perspektiven der Vernunft im Gefühl des Erhabenen* 1992, S. 168ff.

(24) 野家啓一『科学の解釈学』(新曜社、一九九三年、二六一頁)。

(25) Ludwig Wittgenstein, *Philosophische Untersuchungen*, STW, S. 522. ただし、パラグラフの表示は、ブラックウェル版を参照した。

(26) Wittgenstein, *a.a.O.*, S. 528.

(27) Vgl. Bjørn K. Myskja, *The Sublime in Kant and Beckett*, Berlin/NewYork 2002, p. 114.

(28) この点にかんする著者の見解は、「単なる見誤り」は「アスペクトの交代ではない」と主張する解釈と対立するわけではない。

（29） Vgl. Theodor Adorno, *Ästhetische Theorie*, Frankfurt a. M. 1970, S. 293.

（30） Anderson-Gold, *a.a.O.*, S. 268f.

（31） John Tomlinson, *Globalization and Culture*, Cambrige 1999.

（32） トムリンソンによるコスモポリタニズムと多元主義との関係把握、「他者のいない世界」の理解に立ち入る余裕はないので、ここでは省略する。なお、今日の全地球規模での貧困や抑圧、搾取等の問題の多くは、政治・経済・文化状況がナショナルな枠組みとそれを超えたものとの対立によるという捉え方では理解できない。ローカルな構造とインターナショナルな状況とが共犯関係にあり、また土着の努力や営みが悪しきグローバリズムを打破する可能性がある点にかんするスピヴァクの指摘は、概ね妥当である。第二次世界大戦敗戦以前の軍国主義下の日本にみられた「近代の超克」の思想にも、日本のアジア植民地政策による歪んだローカリズムのグローバル化志向があったとみることができる。

（33） ジャンニ・ヴァッティモ『哲学者の使命と責任』（上村忠男訳、法政大学出版局、二〇一一年、七三頁）。ただし、原書は二〇〇〇年刊行であり、本章執筆の二年前にあたる。

第六章　理性批判の二つの機能
——ポストモダニズム以後の批判哲学の可能性——

1　問題提起——理性批判の氾濫か欠乏か

周知のように近年の科学技術の発達は、個別科学の高度化・専門化をもたらしただけでなく、学問間の相互浸透を促進し、自然科学・社会科学・人文科学の境界を曖昧化している。今後、学際的な研究がますます盛んになることは必然的である。また、インターネットのグローバルな規模での発達は、知識の伝達の普遍化をもたらすとともに私的空間と公共的空間との境界線をますます解消しつつある。これらの事態は、知識ないし科学と公共性のあり方を根本的に変化させてきた。哲学の領域でもまた、このことは決して例外ではない。哲学の重要な機能の一つとして、とりわけ近代以降、知識の批判を挙げることができる。(1)ところが、今日このような批判機能の有効性そのものが問い直されている、と言わねばならない。残念ながら、学問・政治・経済などの文化全体にかんして、人間の理性の批判的機能は縮減しているのが実情である。この事実は、震災・原発事故の対応のプロセスからいっそう顕著になった。このように現代社会では、知のシステムが根本的に批判・吟味されるべきであるにもかかわらず、批判機能が発揮されるべき場や準拠点は、ますます見いだしがたくなっている。

このような認識に基づいて本章では、第一に広義の合理性に対する批判的反省、西洋哲学の伝統的用語で表現すれば、いわゆる理性批判が今日直面しているアポリアないしパラドクスを解明する。そこではアーペルの超越論的遂行論やハーバマースの批判的解釈学による討議的理性やコミュニケーション的理性の批判的試みの制限が明らかにされるはずである。[2] 他方、ローティによる解釈学的プラグマティズムの問題点もまた、解明されなければならない。[3] 第二に、本章では、多元主義的な「公共性」（Öffentlichkeit）および「再帰性」（Reflexivität）の概念を手がかりにして、広義の知的批判の営みの可能性を探究する。それによって従来のシステム論や構造論的立場からでは正当に扱うことができなかった、行為主体とルールや規範との新たな関係が拓かれるであろう。第三に、著者は、カントの理性批判のいわば脱構築の試みを行うことで、この試みに上述の二つの考察の観点を導入する。このことによって、これらに対する一種の間接証明を行う。それによってチャールズ・テイラーによるカント批判の不十分性も明らかとなるであろう。[4] 同時に、本章の試みによって、ヒラリー・パトナムのいわゆる「転向」以降のカント主義と私見との相違も明らかになるはずである。[5]

以上のような戦略に基づくカント的な理性（カントの理性ではない）批判の再解釈の営みは、次のような観点の下で遂行可能である。第一に、本章では、カントの理性批判には性格を異にする二つの機能、つまり狭義の理性の批判的機能と反省的判断力の批判的機能とが存在する事実を指摘する。第二に、本章では、理性批判の二つの機能を対比的に考察することによって、批判哲学のうちに超越論哲学的思考と解釈学的思考との二側面が併存することを明らかにする。そのための手がかりとして、『判断力批判』で使用された「論議」(Disputieren)と「論争」(Streiten)を表わす二つの術語の相違点と、その相違を生じる批判機能の差異を明らかにする。本章の第三の狙いは、この二つの批判機能によって確保される「公共性」の意味の相違を明らかにすることにある。従来のカント批判やカントの内在的研究の領域でも、「公共性」の問題は、ハーバマースの『公共性の構造転換』にみられるように、実践哲学、とりわけ法哲学や政治哲学などでは頻繁に論じられてきたが、理論哲学および美学の領域では正面から論じられることはほとんどなかった。(6) その数少ない例外が、アーレントによる反省的判断力の政治的判断力への読み換えの試みであった。(7) しかし本章では、反省的判断力によって基礎づけられる趣味の働きを「趣味の主観主義化」と批判したガーダマーや、(8) それとは対照的にカントの共通感覚の共同体的機能を高く評価したアーレントとも異なる、いわば第三の観点から、「公共性」を拓く批判的機能の意義を考察し、それを「思考の方向を定める」働きとして解釈する。

したがって本章の第四の狙いは、反省的判断力に基づく「方向を定める」働きの含意を明らかにすることにある。この「思考の方向を定める」ことは、アーレントがハンス・ヨナスとの対話・論争の中でカントの反省的判断力の意義を評価したさいに表明した考え、つまり「手すりなき思考」(thinking without banister, Denken ohne Geländer)の時代にふさわしい批判的な思考である。(9) 本章では、この「思考の方向を定める」働きの意義を次の観点に即して、明らかにしたい。すなわち、①多元主義的(pluralistisch)な性格。②公共的(öffentich)な性格ないし「公共性」としての性格。③選択的(selektiv)な性格。④全体的見通し的（überschaulich）な性格。⑤暫定的（transitorisch）ないし仮説的性格。⑥再帰的（reflexiv）な性格。以上の性格づけの解明である。[10] 以上の考察の成果を踏まえて、著者は、このような理性を「情感豊かな理性」と呼ぶべきであることを提案する。

2　理性批判のアポリア

カントは、「批判」（Kritik）という概念を初めて哲学的術語として用いて、哲学的探究の方法的概念へと高めた。カント以降、ヘーゲル、マルクス、フッサール、サルトル、アーペルやハーバマースなどは、その合理性の批判ないし理性批判の方法および内実の相違にもかかわらず、何らかの意味で理性の批判の営みが基礎づけ可能である、と考えた点ですべて共通している。

とりわけ二十世紀に入ると「理性」は、ホルクハイマー／アドルノの『啓蒙の弁証法』にみられるように、道具的理性とみなされることによって文化批判は不可避的に道具的理性の批判として展開される運命となった。他方、フロイト学派の系譜に属するひとびとは、過度に切り詰められ歪められた「理性」概念の再構築を試みたハーバマースの「コミュニケーション的理性」に対して、人間が主体として理性と理性的な批判能力を有する根拠を否定する。[11] また、理性と言語との関係をめぐっては、今日では理性に対する言語の根源性、言語による存在の規定性ないし言語の規範性などに対する批判的営みは、哲学的活動がもっぱら言語批判にのみ成立するという主張を生みだした。その一方で、ウィトゲンシュタインやハイデガーの功績に依拠した言語分析の営みをロゴス中心主義として断罪する立場も現れている。これらの事実は、すでに周知のとおりである。[12] だが著者の主張したいことは、ここにあるわけではない。したがって、ここで著者は、一切の理性批判の無効やシニシズムを主張したいわけでもない。むしろ著者は、それらを批判すべき『シニカル理性批判』が不可欠であると考える。[13]

ここで確認すべきは、以下の諸点にある。すなわち、何らかの意味で合理性の批判ないし理性の批判が求められるとしても、あらゆる歴史的・社会的コンテクストを離れた純粋な理性の批判は不可能である。したがって理性の批判機能自身がこれらのコンテクストのうちでのみ作用しうるという点である。さらに、厳密な意味での自律的な理性ないし理性の主体による自己吟味という理性批判は不可能である。このことは、理性批判の機能自身が、単独の理性ないし理性的主体によるのではなく、多数の人間による討議ないし「論争」に依拠する。その場合の批判的主体は、あらゆる立場を離れた公平・中立な裁判官としての純粋な理性ではありえず、むしろ身体をもち感情に彩られた特定の立場に依拠した人々の行為に基づく。だが理性の営みは、それ自身暴力的な性格を有する。一般的な理解によれば、暴力は対話・議論・論議や論争、要するに理性に対立し、これらを否定し破壊する行為とみられてきた。もちろん、この理解そのものは誤りではない。しかし理性は、それが普遍主義的な性格をもつかぎり、暴力的な強制力を発揮することは不可避である。後述のように、理性的な言語そのものが拘束的であり、暴力的な機能、たとえば異質な他者を排除することを忘れてはならない。[14] これは、アーペルによる超越論的遂行論やハーバマースによるコミュニケーション的行為の理論の限界とみることができる。[15]

以上のような認識が誤りでないとすれば、理性批判の方途は閉ざされているとみるべきではあるまいか。たしかに全体を見通す純粋な意識ないし理性の働きには、もはや依拠することはできない。しかし、他者の意見に耳を傾け、多数の人の理性の声を聞こうとする心構えがあるかぎり、人間には何らかの意味で理性の批判的機能が働きうると考えるべきではなかろうか。[16] 実は、近代哲学の思索の展開のなかで、純粋理性批判によって普遍主義的な理性の自律のテーゼを打ち立てたカントの批判哲学のうちに、この二つの理性の機能が存在していたのである。そこで本章では、従来看過されてきたカントの理性批判の二つの機能を対比的に考察することによって、後者の理性批判の意義を照らし出してみたい。

3 理性の声と「論議」の可能性

批判期のカントの思想には、「論議すること（Disputieren）」と「論争すること（Streiten）」との二種類の「議論」の仕方が指摘できる。しかしカントの体系的観点からみて、両者の相違がどのような意味をもちうるかという点については、これまでの研究史では注意されてこなかった。[17] 総じてカントでも「論争すること」は、前批判期から最晩年まで頻繁に使用されていた一般的な用語であり、相互に対立する（Widerstreiten, Widersprechen）ことを意味した。他方、「論議すること」は、カントの全著作中七箇所で使用されているだけである。では、この事実はなにを意味するのであろうか。[18]

この二種類の「議論」については、ともに判断相互の対立を通じて判断の一致をめざすという点では共通である。他方、両者の相違については、「論議」が理性的判断にみられる客観的概念に基づく「証明による決定」をめざすのに対して、「論争」は、カテゴリーのような普遍的かつ必然的な概念に依拠することなく、自分の趣味に基づいて判断することを意味する。[19] 「論議」は、普遍的な概念や原則に依拠した、いわば「強制による判断の一致」を意味する。そのかぎりで「論議」は、特殊的なものを普遍的なものの下に包摂する規定的判断力の働きを前提する。他方、「論争」は、包摂すべき普遍的な概念や法則を欠いて、むしろそれを見いだそうとする反省的判断力の働きに基づく。「論議」は、普遍的な概念の適用とその規則に基づいて、その判断の正しさを主張する。このような「論議」の妥当性の要求を批判的に吟味したのは、他ならぬ『純粋理性批判』の理性批判の営みであり、その公共的空間としての「理性の法廷」という場所であった。だが、このような立場にどのような公共性と公共的空間が開かれ、自由な「論議」の場所が保障されうるのであろうか。

『純粋理性批判』における理性と批判機能の性格づけにかんするカントの主要論点は、およそ以下の三点に要約できる。第一に、「批判の自由」に理性の現存さえも基づく。第二に、理性は独裁者的威信をもつのではなく、理性の発言はいつでも「自由な市民の一致した意見に他ならない」。第三に、市民の各人は、自分の疑念を、それどころか「自分の拒否権を躊躇せず表明」できなければならない[20]。

ここで注意すべきは、理性の批判がすべての自由な市民に開かれている、と明言されていることである。すなわち、批判の場の「公開性」が主張されている。すべての市民が見聞できる権限が主張されている。「理性（Vernunft）」とは、もともと「互いの語りかけに耳を傾け、声を聞くこと（vernehmen）」を意味したことを想起すれば、カントのこの主張は少しも奇異ではない。他者の語りかけに耳を傾け、他者の言葉を受けとめることは、元来相互的な「議論」を進めるために不可欠の前提であった[21]。実際に『哲学における最近の尊大な語調』（一七九六年）では、「内的経験と感情とは……あらゆるひとに対してはっきりと語りかけ、また学問的認識を可能にするような、理性の声 Stimme der Vernunft（dictamen rationis）によってのみ引き起こされる」(VIII, 402)、とも言われている。[22] ここで注(20)の引用文に戻ると、そこではまた、すべての自由な市民の前で裁判が行われるだけでなく、裁判に参与しうる、つまり投票権ないし拒否権をもつと言われている。ここでは、理性の法廷という場が公共的空間であり、公共性に不可欠の公開性もまた、明確に確保されているように思われる。

4 対話と聴講

それにしてもなぜカントは、この「討議」「対話」の思想をディアレクティークと呼ばなかったのであろうか。この疑問に対しては、『純粋理性批判』の方法論や『論理学』本論などでわずかに使用されている「講述的」「聴取的」「聴講的」(akroamatisch, Akroamatik) という概念が解明の手がかりを与えてくれる。ドイツの伝統的な学校論理学の「教授法」を表わす意味でのアクロアマーテッシュな方法は、生徒に対して教授が一方的に講述し伝達するやり方であった。カントは、このやり方に反対して、プラトン的対話法が「対話では教師も生徒もなく、教師と生徒は思想の共同性 (in commercio der Gedanken) のうちにある」(XVI, 808) とみている。つまりカントは、本来的意味での「対話」を「弁証論」としてのディアレクティークのうちにではなく、教師と生徒の間の共同性 (commercium) のうちに成り立つような耳を傾け聞くことだけでなく、同時に疑問を提示して反論することもできる「討議」を意味するものと考えたわけである。しかし、著者のみるかぎり、この考え方には次のような制限が存在する。

『純粋理性批判』や『論理学』でも、カントはこの用語をたんに数学的認識と哲学的認識との区別にだけ使用している。[23] そのためにこの用語は、哲学的認識が著者の言う「論議」に属するのか、それとも「論争」に属するのかという両者の区別にかんする問いにまで達していない。akroamatisch と深く関連性をもち、しかもそれと対比的な用語は、「質問的」（erotematisch）との関係にある。『人倫の形而上学・徳論』第五〇節では、講義方法ないし教授法の区分に関連して、全著作中で唯一両者の区別が詳しく説明されている。ここでは、講義の仕方がまず「聴講的」であるか、それとも「質問的」であるかに区分される。

これは、著者の推測によれば、伝統的区分にしたがったものである。前者は、もっぱら教師以外のすべての他の受講生は、たんなる聴取者ないし聴講生（Zuhörer）である。後者の場合、教師は自分の生徒に教えようとする事柄を問い質す。この「質問的［講義］方法」は、さらに教師がそれを生徒の理性に問い質す方法であるか、それともたんに生徒の記憶力に問い質す方法であるかの二つに区分される。前者は、「対話的な教え方（dialogische Lehrart）」と呼ばれ、後者が「教理問答的な教え方（katechetische Lehrart）」と言われる。カントが重視するのは前者である。その理由は、「誰かが他者の理性に対して何かを問い質そうとする場合、対話的な仕方以外では、つまり教師と生徒とが相互に問いかつ答えるという仕方以外には行われえない」からである。こうして「教師は、生徒の思想の産婆役である」とともに、「教師は教えることによって自分も学ぶ」（VI, 478）ことができる。

ところで、ここでまず注目すべきは、この説明の最後の部分で「論理学は、たんに規定的判断のための規則を与えるだけでなく、人を思想へと導くための先導的判断のための規則も与える」ことであり、またそれは「数学者に対してすら発見のための指示になりうる」と主張されている事実である。ここには講義形態という制限された形ではあるが、ソクラテス以来の「対話」の精神が不十分ながら継承されている。

「対話」は相互的な質疑応答の関係のなかでのみ成り立つ。それによって生徒だけでなく、教師の側でも自ら学ぶことができる。そのさいカントは、人間の理性に対する規定的判断とともに反省的判断とその発見的働きに着目している。これは重要な着眼である。しかし、ここでは「対話」は、もっぱら講義方法のあり方の中での意義に限定され、どこまでも教師と生徒との関係に制限されている。本来の意味での「対話」は、『純粋理性批判』で言及した「自由な市民」の間でこそ、ふさわしいあり方ではないか。そこで再度、考察の対象を『純粋理性批判』に戻して、この問題をさらに考えてみたい。

5　超越論的公共性の可能性

ここでは、まずカントにおける理性の解釈学的位置価を確認しておきたい。周知のようにディルタイは、カントの「純粋理性の批判」を「歴史的理性批判」の試みとして批判的に継承し、そのための精神科学の方法にかんする基本姿勢を「著者が自分を理解した以上に、よりよく理解するという規則」(V, 355) として定式化した。カントもまた、弁証論で「著者が自分自身を理解しているよりも、それ以上によく理解するということは決して珍しいことではない」(B 370)、と述べている。すでに指摘したように、この「理解の規則」の出典を探究したディルタイ学派のオットー・ボルノウは、シュライアーマッハー、A・ベック、ヘルバルト、フィヒテに遡り、最後にカントのこの文章に逢着した。しかしボルノウは、「カントにこの定式の真の起源があったのかどうかは不確かであると言わざるをえない(24)」、と困惑を隠さない。カントをもっぱら超越論哲学の代表的人物とみる通常の哲学史理解に依拠するかぎり、それも当然であろう。

しかし、これまでの論述内容に即してみれば、理性の解釈学的性格は否定できない。本節で引用した『純粋理性批判』B370の文章の直前の段落では、「われわれの認識力は、たんに総合的統一にしたがって現象を綴り（buchstabieren）、それを経験として解読する（lesen）ことができる」（B 370）、と明言されている。悟性は、規定的判断力によって自分の普遍的概念であるカテゴリーの下に特殊的な直観を包摂して、経験の世界を時間的に条件づけられた規則に強制的に従わせる。他方、理性は経験の世界、つまり自然の世界をそのような構成的な規則にしたがう以外には「解読する」コードをもたないことを教示する。理性の批判は、この規則に反するならば、自然の世界の解読作業は果てしなき自己矛盾に陥ることを示したのである。理性は、このように自然の世界を解読する規則の使用と経験を解読する言語の意味理解とにかかわるわけである。

一方、悟性は、経験可能な直観の対象に限定されるが、理性は、経験の世界の解釈にかぎらず、経験の世界、自然の世界を超えた領域に対しても、意見の一致を追求する。キリスト教の信仰上の論争にかんしても、カントは、『たんなる理性の限界内の宗教』で「純粋理性を解釈者（Ausleger）として呼ぶのでなければ、そこに普遍的な意見の一致（allgemeine Einstimmung）をもたらすことは絶対に不可能である」（VI, 130）、と考えている。もっとも、ここでの「普遍的な意見の一致」を求めて論争する者は、どこまでも「学識者層」（ein gelehrtes Publicum）に限定されていることを忘れてはならない。ハーバマースの公共性概念の区分にしたがうならば、これは、「文芸的公共性」での公共的議論に属する、と言ってよい[25]。しかし厳密に言えば、ここでは一般大衆はカントの念頭にはなかった、とみるべきであろう。

では上述の理性の批判は、この「普遍的な意見の一致」、「自由な市民の一致した意見」を保障し、論争による公開の場を保障できたのであろうか。そこでの「普遍的な意見の一致」とは、個人的な意見、個人的な特殊的な意見を超えた普遍的理性の立場から基礎づけられていた。このことは、上述の引用文から明らかなように、カントの終始一貫して変わらぬ考え方であった。カントは、もともと哲学上の「果てしなき闘争」の戦場を理性の法廷という法的な裁きの場によって公正な判決を下し、それによって哲学における永遠平和の実現を意図した。理性の法廷とは、理性の「正当な要求にかんしては理性を保護するが、これに反してすべての根拠のない越権を、強権の命令によってではなく、理性の永遠普遍の法則にしたがって拒絶することができる」(A XII) ことをめざす。このようにカントにとって批判とは、「理性能力一般の批判」のことであり、したがって形而上学一般の可能性ないし不可能性の決定、また形而上学の源泉および範囲と限界との規定のことであった[26]。しかも、これらすべては原理に基づいて行われる、と強調されている。

したがってカントに従えば、理性の法廷は、もともと「純粋理性のすべての争い (alle Streitigkeiten) を裁く真の法廷」であって、理性は、理性の永遠普遍の法則にしたがって裁判官として争いを裁くだけでなく、その裁きのさいに依拠する法を自ら課する、つまり立法することができる。これによって理性は、「われわれに法的状態の平安を与える」。このようにカントは考えたわけである。ここでは理性は、裁く側と裁かれる側、そして裁くさいの法の立法者、つまり裁判官・被告・立法者の三役を演じている。公平性と中立性もまた、この立場から基礎づけられる。だが、このようなあり方は、現実の法廷の実態とは明らかに異質である。それは、どこまでも理性の働きの擬人化によるメタフォーリッシュな説明にすぎない。そうであるとすれば、上述の「普遍的な意見の一致」とは、多数の一般市民ないし学者たちによる「議論」や「論争」を経た意見の一致ではなく、普遍的な理性による理性自身との一致を意味するにとどまる。そこでの「対話」や「論争」は、理性の批判が、理性による理性に対する理性的な能力の批判的吟味であるかぎり、普遍的な理性の基礎づけの枠組みを超えることはできないであろう。(27)

このようなカントの「理性の法廷」や「市民の間の意見の一致」が成立する場を「超越論的公共性」(Transzendentale Öffentlichkeit)と呼んでいる研究者もいる。(28) しかしこの解釈は、次のような制限を免れることができないように思われる。第一に、それは、上述のように本質的に理性の自己内対話にすぎず、そのメタフォーリッシュな説明が上述のような興味深い内容を含むとしても、そのかぎりむしろ「公共性」を閉ざす性質をもつ。第二に、それは、どこまでも他者の解釈に向かうのではなく、理性の自己解釈か、理性ないし認識主観の客観としての現象世界の説明にとどまる。第三に、裁判官は、現実には特定の立場と関心とをともなう身体や感情をもった主体である。それは、人間であるかぎり、誤審を犯さない保障はないからである。第四に、人間理性は、つねに特定の歴史的・社会的な状況の下で発言し対話し論争している。市民の間の意見の表明、言語表現とその解釈や一致のあり方もまた、歴史的・社会的な制約を超えることはできない。

こうしてみると、理性の立場の交換による自己と他者との対話の可能性を開こうとする企図もまた、根本的に同一の誤りに陥っている、と言わなければならない。「わたし」から「われわれ」への転換は、自己と他者との共同性を確保するよりも、むしろ自己と他者との現実的な差異を覆い隠し、抽象的自己関係に解消してしまう危険を免れない。理性と規定的判断力および普遍的な概念に依拠して確保された「公共性」においては、結局のところ個人は全体性に回収されざるをえず、「論争」や討論の場とそこへの参加の平等な機会は、奪われる結果となるであろう。

さらにこのような普遍的規範による理性の裁きには、人間の言語行為のもつ暴力性が最も突出した仕方であらわとなる。カントにかぎらず、プラトン以来フロイトを含めた西洋の哲学者・思想家は、総じて「暴力のない理性をめざしており、この理性が理性のない暴力を支配下に置き、あるいはそれに形を与える」[29]ことを試みてきた、と言ってよい。理性の法廷によって秩序づけられた平和な公共的空間は、異他的な思想的秩序や秩序相互間の紛争を鎮圧し懲罰する最も強力な暴力的機能によって実現されたものであった。これは、物理的・身体的暴力とは異なり、これと区別する意味で「超越論的暴力」と呼ぶこともできよう。現代の平和学の定礎者と呼ばれるガルトゥングの定式化に従って言えば、後者は「直接的暴力」とは区別される「構造的暴力」に属する。[30]理性は、普遍的な原理としてのカテゴリーによってたんに自然を拘束し支配するだけでなく、同時にそれを認識する人間もまた、拘束し支配するのである。こうしてみると純粋悟性概念の客観的妥当性を証明するカテゴリーの超越論的演繹とは、理性のこの二重の意味での暴力性の正当化の試みでもあった。ちなみに、このような正当化の試みは、今日では、「熟議」(deliberation)という修飾語を付けることによって、内容豊かで耳に心地よく響くので、「熟議民主主義」のように無条件に肯定的・積極的に語られる機会が増えている。しかし、この語もまた、両義的であることに留意すべきである。慎重さ(deliberation)は、同時に「緩慢さ」(deliberation)でもあり、「思案」(deliberation)の末に、必ずしも手続き的にも配分的にも優れた結論に達することを保証するわけではない。このことは、この手続きが上述のカント的な制約を克服したことを意味するものではないという点に帰着する。

ではカントによるこうした制約から自由な「公共性」を拓く試みは不可能であろうか。また、『純粋理性批判』中で先に指摘した解釈学的要素は、超越論的立場のうちに完全に解消されてしまったのであろうか。これが次に考察すべき課題である。

6　共通感覚と公共性

本節では上述の疑問に答えるために、カント固有の「共通感覚」（sensus communis）と「公共性」との関係を明らかにしよう。そのさい、注意すべきは、普遍的な理性の立場とは異なり、他者は、どのような意味でも同一性や全体性に回収されることはできないという事実にある。これは、カテゴリーに即した表現をすれば、数多性の原理とこの原理に依拠した多元主義（Pluralismus）の考え方を意味する。それはまた、他者理解の解釈学の立場が要請されている、と言ってよい。

第一に、カント固有の「趣味」（Geschmack）の特徴は、趣味による判断が「個人的な判断（Privatur-teil）」ではなく、「一般に妥当する gemeingültige（publike 公共的）判断」（第八節）である点にある。したがって「異なる判断主体相互の間の合意」を敢えて要求する。

第二に、このことは、「趣味」の働きがある種の「共同体的感覚」（gemeinschaftlicher Sinn）を意味する。このことは、「共同体的感覚」が理性の自己内対話のような本質的にモノローギッシュな働きではなく、つねに他者との共同性のうちで働くことを示唆する。そこで「趣味判断は、自己中心的（egoistisch）とみなされてはならず、その内的本性からみて、……必然的に多元主義的（pluralistisch）とみなされなければならない」（第二九節総注）。『人間学』での説明によって補足すれば、「多元主義」（Pluralismus）とは、「世界全体を自分のうちに包含する者ではなく、たんなる一世界市民（Weltbürger）であることをみずから認め、振舞う考え方」（VII, 130）を言う。

第三に、「趣味」は「感情の伝達可能性をアプリオリに判定する能力である」（第四〇節）。趣味による判断は、感情を普遍的に伝達可能にする。

第四に、趣味のアンチノミーの解決は、「論議すること」と「論争すること」との区別によって実現される。趣味にかんする事柄は、証明根拠としての規定された概念によって決定することはできないが、しかし十分に正しく論争することはできる。つまり、普遍的な概念によって断定的な証明は存在せず、もっぱら論争を通してわれわれは他のすべてのひとの同意を求めるのである。

第五に、趣味判断は、つねに客観にかんする個別的な判断である。したがってわれわれは、いまここで、そのつど個々の物に対して判断する。第六に、趣味は、もっぱら自律のみを要求する。「他者の判断を自分自身の判断の根拠とすることは、他律である」（第三二節）。このことには、そのつど判断主体が自分の判断に対して責任を負うべきであることが含意されている。

この場合、カントは明確に説明しているわけではないが、「責任」は、つねに自己があることに対して他者に責任を負うという三つのファクターが前提されている、と理解することが求められる。趣味判断は、これらの判断内容を他者にも要求しているわけである。

以上の「趣味」および「共通感覚」の概念の意味をさらに考察してみたい。ここには当時の「趣味」および「共通感覚」のある種の転換がみられる。これについてカントはこう説明している。当時の「共通感覚」、つまり「共通（gemeine）の人間悟性は、たんに健全な〔gesunden〕（まだ開化されていない）悟性」

と言われ、このgemeinという語は、「卑俗なもの（das vulgare）」と同義的に使用されているが、この語は、「共通」ないし「共同の」という意味ももつ。カント固有の「共通感覚」は、後者の意味を強調することによって「共同体的感覚」と呼ばれる性格をもつことになる。その理由は、「この判定能力は、自分の反省のうちで他のあらゆるひとの表象の仕方を思想のうちで（アプリオリに）顧慮する。それは、いわば総体的な人間理性と自分の判断とを照らし合わせるためである」（第四〇節）。

「公共的」（publicum, öffentlich）とは、一般にすべてのひとに対して開かれた、すべてのひとが見て、聞き、つまり知覚しうる事態を指す。これは、文字どおり「個人的な、閉ざされた事態」とは対照的である。カントでもこの意味は生きており、とりわけ「すべてのひとの前にある」「すべてのひとの前で生じる」ことである。また、すべての人が使用できるために決められている。これは、offen und publicusの意味をもつ。さらに、大規模な市民社会にかかわるという意味である。これは、gemeinを超えて媒介されたpublicusの第二の意味である。[31] この考えは、『啓蒙とはなにか』で使用された「理性の公共的使用」（der öffentliche Gebrauch der Vernunft）や「公法」（Öffentliches Recht）などの概念に端的に現れている。この開かれた考え方によって判断の「公平」（unparteiisch）であることも可能となる。

ところで「公平性」とは、論争を正しく調停するための原理である。それは、第一に恣意の禁止であり、第二に、他者の発言に耳を傾けるという命令を含む、とみてよい。[32] 公平性の欠如は、利己的・自己中心的であり、公平な態度を可能にする知識や情報が欠けていることも意味する。したがって「公共性」は、「公開性」（Publizität）とも不可分であり、前者を構成する重要な要件をなしている。「公開性」は、当時すでに政治的行為にかんする用法として使用されていたが、カントは、「公開性の禁止は、民衆の改善の前進を妨げる」(VII, 89) 政策として批判していた。カントは、『人倫の形而上学』ではこの「公開性」概念を哲学的原理にまで高めている。また、カントにとって「公共性」(Publicum) は、しばしば「世界」と呼ばれているが、その内実は、上述のような「学者層」、「学者の世界」、今風に言えば、「専門家集団」を意味した。いずれにしても重要なことは、カントが言論や出版の自由の禁止は、たんに「公開性」の禁止を意味するだけでなく、同時に「思考の自由」を奪うことを意味する、と洞察していた事実にある。[33] カントは、「人間からその思想を公共的に伝達する自由を奪う外的権力は、同時にその者の思考する自由をも奪う」という重要な点を見据えていたのである。

以上から明らかなように「公共的」な場所は、批判者によって、しかも複数の批判者(美的趣味であれば、複数の鑑賞者)によって構成される空間である。異なる意見をもつ複数の他者の現前なくして「公共性」は成立不可能である。また、カントの言う伝達可能性は、たんなる感情の自己表現につきるものでもなかった。恐れや喜びを表現するためには、必ずしも他者と言語の存在を必要とはしない。身ぶりや手振りで間に合うはずである。ところが美的感情は、それ自身が他者と批判者の存在と、それを伝達すべき言語の存在を要求するような、公共的性格をもつのである。こうしてみると、「アーレントにとってカントは公共的なものにかんする着想全体に形を与えてくれた」[34] というロナルド・ベイナーの指摘は、きわめて正鵠を射た見解であることが分かる。また「共通感覚」は、趣味判断として機能するかぎり、言語表現とともに「気分づけられた」人間のあり方を表わしている。美的空間にかぎらず、公共的空間は、自己と他者との間、「中間空間」を形成し、そこでの相互の理解を要求する。「共通感覚」は、この空間のうちで「公平性」を確保するために、他者との適切な距離を取ろうとすることができる。それによって「思考の方向を定める」ことも可能になるであろう。

7　再帰性と思考の方向を定める働き

『純粋理性批判』の第二版刊行直前に、カントは『思考において方向を定めるとはいかなることか』（一七八六年）と題する論文を執筆した。著者は、この論文でカントが提起した「思考の方向を定める感情」という概念をカント自身の説明の仕方とは異なり、むしろ新たに上述のように定式化し直した上述の「共通感覚」と解する。第二に、それによって一義的な確実性をもたない世界のうちで「論争」を通して、他者理解や合意形成をめざして「方向を定める（sich orientieren）」ことの意義を指摘したい。カント自身の「思考において方向を定めること」の意図と「方向を定める感情」の意味については、すでに言及したことがあるので、ここでは立ち入らずに省略する。(35)

カントの第二の理性批判の機能、すなわち反省的判断力による「共通感覚」の働きは、無前提に依拠しうる原理なき時代に生きるわれわれの「思考の方向を定める」ための一つの手がかりを提供している。ここで著者は、「思考の方向を定める」ことの含意を次のように整理する。

第一に、「思考の方向を定める」ことは、人間の判断や言語行為を含む多種多様な行為をいま・ここでそのつど決定するために、ある種の全体的な見通しを立てることができなければならない。特定の状況のなかでも、ある判断を下し行為を行うためには、状況に対する全体的な見通しないし概観が必要である。「方向を定める」ことは、つねに他者と共有する空間のなかで働く「公共的」な性格をもつとともに、それを見通す働きを要求する。akroamatisch, dialektisch な議論は、まさにこのような場で本来の意義が発揮されるべきものであろう。それはまた、普遍的規則と規定的判断力を駆使した理性の暴力的な働きではなく、反省的判断力と共通感覚に基づく非基礎づけ主義的な方向づけの立場を採用するかぎり、たんなる事実的合意とは異なる規範的合意の可能性もまた、拓かれるであろう。それによって理性の暴力は、その暴力性を縮減することが可能となる。このことは、「社会的合理性」や「社会的承認」と呼ばれる事態を合理的な合意形成の積極的な手がかりとみなす発想に対する再考を促している。

第二に、上述の公共的空間は、どこまでも特定の立場から解釈された全体にすぎない。したがってこの全体とは、一つの「地平」(Horizont) とみることができる。しかし、それは、カント的に言えば、知的・美的・道徳的行為を導く統制的原理である。それは、諸行為が遂行され、他者と議論する公共的空間自身がつねに新たに拓かれる動的な性格を有する。したがってこの全体は、完結した見通しの効く透明な理性の対象概念ではなく、どこまでも仮説的・動的な理念である。そこでは、多元的な判断基準・価値や文化の差異をただちに強制するような性格の原理が働くのではなく、これらの差異をゆるやかに包み込む動的な全体という性格をもつ。それは反省的判断力の働きに依拠するかぎり、多様な部分と全体との解釈学的循環の構造をもつ、と言ってよい。「方向を定める」ことは、このような「暫定的」(transitorisch) な性格をもつ。

第三に、この働きは、身体をもち感情に彩られた多種多様な多数の判断や行為の選択肢の中から特定少数の判断や行為を選択する。そのためには、他の多くのことを斥けなければならない。この意味でこの働きは、「選択的」(selektiv) である。それはまた、どこまでも合理的に熟慮された選択でなければならない。

しかし、人間は、必ずしも理想的な選択の条件の下で選択できるわけではない。したがって、この選択もまた、「暫定的」な性格を免れない。さらに選択された合意の形成とそのための手続きについても、同様の事情にある。それでも人間は、自己の行為とその結果に対する責任を免れることはできないのである。

第四に、この働きは、ある立場から一つの判断や行為の地平を投企し、この地平のうちで人は立場を変更することができる。個々人の判断が可能であるためには、判断の基準が存在しなければならず、それは自己のうちにあるとともに判断の共同体のうちにも含まれる。両者は、相互に影響を及ぼし間主観的な判断基準の根拠となり、この根拠自身もまた修正を蒙ることにある。このような意味で「方向を定める」ことは、「再帰的」（reflexiv）である。自分の立場を確保するような地平は、この立場から投企されており、また、この立場とともに動いていく。「方向を定める」ことは、一方で行為の目標を前提する。あらかじめ立てられた目標に到達するために、「方向を定める」からである。他方で、それは目標を初めて拓くことができる。このことは、たんに個人的なレベルにとどまらず、共同体的なレベルでも、グローバルな規模でも、どこでも生じうる。[36] 実際、ここでの「目標」（goal）は、かつてアーレントが「目的」（end）と区別した意味とほぼ同じ事態を指している。[37]

人間は、知的営みをはじめさまざまな行為によって生活形式を作り出し、それらを変更してきた。他方、人間の判断や行為は、自身の知識を含めた諸々の生活形式によって深く制約されている。より正確に言えば、人間は見渡しがたい複雑な社会システムのうちに取り込まれて生きている。人間の行為や振舞いは、すべてさまざまな規則・習慣・規範に基づき、それらに制約されて成立するからである。このことは、議論や論争などの言語行為が文法規則を前提することなくして成立しえないのと同様である。しかし、これらの議論や論争を媒介として人間の生きるさまざまなシステムもまた、多様に変更を蒙る。アンソニー・ギデンズの表現を借用すれば、これは「構造の二重性」と言うこともできよう。なぜなら、構造は行為の媒介の手段となり、同時に行為の結果ともなるからである(38)。人間は、自身の行為を遂行し、それを理性的に反省する能力をもつ。このようにして人間は、条件づけられた生活世界のなかで、個人的・共同体的な再帰性の営みによって、社会システムを変換することが可能となるであろう。

8　結論──「手すりなき思考」の時代に

現代人は、二十一世紀に入って科学技術の高度な発達の恩恵をますます受けている。その一方で、東日本大震災・福島原発事故にみられるように、きわめて深刻な危機と混迷の時代に直面している。人類全体が頼るべき確実な価値観は大きく揺らぎ失われつつあり、新たに登場した価値多元主義や文化多元主義の主張は、かえって相対主義化の傾向を強め、相対主義的な多元主義は、新たな独断論と排外主義をもたらしつつあるのが現状である。しかしだからといって、人間は、単純にふたたび客観主義ないし普遍主義を標榜することもできない。このような状況のなかで、ニヒリズムやシニシズムに身を委ねるのでないならば、なんらかの仕方で「思考の方向を定める」試みを継続する道が選択肢の一つとして残されている、とみてよい。この観点からみれば、「持続可能性の哲学への道」もまた、一人ひとりの人間がいま・ここで生きる場で「情感豊かな理性」を働かせ、「思考の方向を定める」ことによって拓かれるはずである。

以上のようなカントによる反省的判断力の批判としての理性の批判機能は、第一の理性批判としての純粋理性批判や、コールバーグおよびロールズなどの見解にみられる「一般化された他者」という困難に陥ることを避ける可能性を示唆している。[39] 換言すれば、本章第二節で示唆したように、それはC・テイラーによるカント批判に対する反論の手がかりをも提示するものである。この批判的機能に定位することによって、「具体的な他者」と対面し対峙しつつ、合意困難な他者を排斥することなく、「論争」を介して理解と合意形成が可能な共同体のなかで「公共性」の重要性と、解釈学的含意をもつ「思考の方向を定める」ことの意義の一端もまた明らかにすることができた。同時に、それが再帰性の働きとも不可分であることを示すことによって、客観主義や普遍主義と相対主義、行為主体なき構造主義と主観主義的決断主義との裂け目を媒介するための一つの手がかりを見いだしえたように思われる。そこで次章では、本章の考察の成果を踏まえて「普遍主義と相対主義の狭間」に位置する諸課題に取り組むことにする。

注

(1) ロック以降、カントにいたるまで哲学の主要課題が認識批判、理性批判にあったことは周知のとおりである。その後のディルタイによる「歴史的理性批判」の試み、その影響下で思索を展開したハイデガーおよびウィトゲンシュタインによる言語批判の試みの重要性や二十世紀思想に対する影響については、贅言を費やすまでもないであろう。A・ヴェルマーは、モダニズムとポストモダニズムとの関係を考察する場合、三つの形態の理性批判のあり方を区別することが必要である、と指摘している。第一は、主体とその理性の心理学的批判。第二は、道具的ないし同一的理性とその主体の哲学的・心理学的・社会学的批判。第三は、言語的理性の批判である。本章の考察は、ヴェルマーの区分にしたがうならば、主として第二、第三の理性批判のあり方に向けられている、と言ってよい。しかし本章で言及されるように、今日「理性」概念の内実が、つまりその内包と外延とが、そして

「理性批判」の機能とその有効性とが根本的に揺らいでおり、理性批判の前提条件そのものが問い直されている。この点にかんする自覚を欠くならば、ヴェルマーの区分にしたがうことは、あまり意味のない試みとなる。Cf. Albrecht Wellmer, *The Persistence of Modernity*, Cambridge 1991, pp. 57ff.

（2）現代ドイツを代表する両哲学者の思想の意義と制限にかんしては、現代哲学の論争状況にかかわる大問題であるので、本章で立ち入る余裕はない。しかし、カントの再解釈ないしカント哲学の改釈に限定して言えば、カントの方法的個人主義、意識中心主義と不可分な理性批判などに対する批判の不十分性は、本章で明らかにされるであろう。なお、特にK－O・アーペルの「討議共同体」の構想が構造上、「世俗化された教会」という概念と親近性をもち、そこから異質な他者、たとえば悪人の存在を排除するという帰結をもたらすという制限については、すでに触れたことがあるのでここでは立ち入らない。これについては拙著『遠近法主義の哲学』（一九九六年、弘文堂）第四章を参照されたい。この問題と関連して、両哲学者の普遍主義的性格や言語のもつ権力性や理性の暴力性に対する認識の欠如ないし不十分性についても、彼らの依拠するカントの再解釈などが『純粋理性批判』と『実践理性批判』の理性概念のみを射程に置いている制限の帰結でもあることが明らかにされるであろう。なお、本章での『判断力批判』の非超越論的思想を重視するカント解釈の観点は、J－F・リオタールのカント論とも共通性を有するが、本章は、リオタールなどのポストモダニストとも、アーペルやハーバマースとも異なる「第三の道」を探究する試みである。

（3）R・ローティの諸著作にみられる多元主義的な文化批判の論点は、刺激的で啓発的ないし警告的な議論が少なくない。しかし本章の主題との関係でローティの制限を指摘するとすれば、彼が主張するリベラルで多元主義的なあり方は、それが公共的空間の存在を確保しようとしないため、可謬主義的な立場を否定し、その結果、絶対主義を帰結する危険を免れない点にある。この点にかんするかぎり、著者の認識は、R・バーンスタインの見解とほぼ一致する。リチャード・バーンスタイン『手すりなき思考』（谷徹・谷優訳、産業図書、四四五頁）参照。本章の主題は、結果的にローティの陥った誤謬を間接的に証明する意味をもつ、と言うこともできよう。

（4）コミュニタリアニズムの代表的な政治哲学者のC・テイラーは、ヘーゲル的な論理に依拠しながらカントが文化多元主義的要素を見いだしえず、また公共的空間とそこでの文化的差異を看過した、と厳しいカント批判を展開している。Cf. Charles Taylor, *Multiculturalism*, Princeton 1994.（テイラー他著『マルチカルチュラリズム』佐々木毅他訳、岩波書店）。*Philosophical Arguments*, Cambridge 1995. しかし、これらのカント批判が正鵠を射ていないことは、本章のうちで明らかにされるであろう。なお、本章での著者の立場は、カント主義的な傾向をもつJ・ロールズの見解や、ノージックのようなリバタリアニズムの立場を擁護するものでもない。後者の制限については、最終節で立ち入るはずである。

（5） 形而上学的・外在的実在論から内在的実在論に転換した以降のヒラリー・パトナムのカント解釈の立場は、本章での多元主義的見解と重なる部分があることはたしかである。『理性・真理・歴史』での主要テーマの一つである「いかなる事実も価値負荷的であり、かつわれわれの価値のいずれもがなんらかの事実に負荷を加える」という主張にも基本的に賛成である。Cf. Hilary Putnam, *Reason, Truth and History*, Cambridge 1981.（前掲訳書、野本和幸他訳、法政大学出版局、第六章および第九章を参照。）しかし、パトナムの考察対象は、依然として『純粋理性批判』と『実践理性批判』での理性の働きに限定されており、『判断力批判』とそこでの反省的判断力の批判機能に言及していないため、上述のパトナムの主張の解釈学的含意や、たんなる多数決主義に堕することのない、合理性をもつ規範的な合意形成および公共性の可能性にかんする考察が不十分であるように思われる。

（6） Vgl. Jürgen Habermas, *Strukturwandel der Öffentlichkeit*, 1962. 2. Aufl. Frankfurt a. M. 1990.『公共性の構造転換』（第二版：細谷貞雄・山田正行訳、未來社）。ハーバマースは、文芸や文化批評に限定されていた公共性から政治的公共性への市民的公共性の展開過程を分析することを意図しており、また総じて美や芸術の理論をアドルノなどのように重視してこなかったことも、その主因として指摘することができよう。なお、Öffentlichkeit は、近年「公共圏」という訳語がかなり採用されており、第二版「一九九〇年新版への序論」では「公共圏」と訳されている。しかし本章では従来の「公共性」という訳語を採用しておく。

（7） Cf. Hannah Arendt, *Lectures on Kant's Political Philosophy*.Edited and with an Interpretive Essay by Ronald Beiner, Chicago 1982.（『カント政治哲学の講義』浜田義文監訳、法政大学出版局、参照。）また、この書物の編者による次の文献も参考になる。Cf. Ronald Beiner, *Political Judgment*, London 1983.（『政治的判断力』浜田義文監訳、牧野英二他訳、法政大学出版局。）

(8) Vgl. Hans-G. Gadamer, *Wahrheit und Methode*, 1960, 5. Aufl. Tübingen Bd. 1, S. 48ff.（『真理と方法 I』轡田・麻生他訳、法政大学出版局、六〇頁以下。）

(9) Arendt, *ibid.*, p. 115.（前掲訳書、一七四頁）を参照。

(10) Vgl. Werner Stegmaier, Wahrheit und Orientierung, in: V. Gerhardt und N. Herold (Hrsg.), *Perspektiven des Perspektivismus*, Würzburg 1992, S. 287-307. これらの論点にかんしては、上記の研究文献と共通するところが少くない。しかし、カント解釈の基本前提をはじめ、多くの点で本章の見解と立場を異にすることは、おのずから明らかにされるであろう。

(11) Vgl. Samuel Weber, *Rückkehr zu Freud, Jacques Lacans Entstellung der Psychoanalyse*, Frankfurt a. M. 1978.

(12) ここではデリダの「ロゴス中心主義」(logocentrisme) 批判に立ち入る余裕はない。しかし、彼の批判の対象とされたハイデガーやガーダマーをはじめとする西洋の哲学者に向けられた「ロゴス中心主義」「音声中心主義」「自民族中心主義」などの主張が、今日どれだけ妥当性を有するか、また巷に流布している用法が彼自身の意図したこととどの程度一致するかは、当然検討されてよい問題である。本章は、間接的ながらこの問題に対する一つの回答の試みとしての意味をもつ、とみることができる。

(13) 批判哲学を「独断論的に」研究したり、音声中心主義の批判を声高に「真面目に」主張する皮肉な逆説的事態は、しばしばみられることである。『シニカル理性批判』の中でスローターダイクは、批判的精神がシニシズムに転化・変容し、啓蒙的理性が批判的機能を喪失していくプロセスを見事に描き出している。Vgl. Peter Sloterdijk, *Kritik der zynischen Vernunft*, Frankfurt a. M. 1983.（『シニカル理性批判』高田珠樹訳、ミネルヴァ書房）。それに比較すれば、テリー・イーグルトンのポストモダニズムに対する批判は、図式的な非難に陥りがちで、スローターダイクほど問題を掘り下げることに成功していないように思われる（Cf. Terry Eagleton, *The Illusions of Postmodernism*, Oxford 1996.『ポストモダニズムの幻想』（森田典正訳、大月書店）。その理由の一つには、イーグルトン自身の過去のポストモダン的思想に対する積極的評価を否定しようとする自己反省の過剰反応によるものとも推測されるが、そのために彼は、スローターダイクが慎重に避けようとした普遍主義的主張を「独断論的に」強調する危険性に陥っているように思われる。

(14) Vgl. Hent de Vries, *Religion and Violence. Philosophical Perspectives from Kant to Derrida*, Baltimore/London, 2002 pp. 293ff. Bernhard Waldenfels, Grenzen der Legitimierung und die Frage nach der Gewalt, in: *Der Stachel des Fremden*, Frankfurt a. M. 1990.（『理性と暴力』第1章「正当化の限界と暴力への問い」村田純一訳、現象学・解釈学研究会編、世界書院。）

(15) 前掲拙著、第四章を参照。

(16) 鷲田清一『「聴く」ことの力　臨床哲学試論』（ＴＢＳブリタニカ、一九九九年）は、こうした試みの一つの実例であろう。本章で積極的に使用する「理性」は、本文の論述から明らかなように普遍的な純粋理性を意味するのではなく、身体や感情を含む個体および共同体の成員としての人間におけるさまざまな合理性の総称として理解している。ウィトゲンシュタインの表現を借用すれば、これらは「ある種の「家族的類似性」をもつさまざまな合理性（形式合理性、実質合理性、道具的合理性、手続き的合理性、コミュニケーション的合理性など）の集積と呼ぶことができる」（Cf. Martin Jay, *Fin-de-siècle Socialism and Other Essays*, New York 1988.『世紀末社会主義』今村仁司他訳、法政大学出版局、二六三頁）。

(17) もっともカントでは、両者にかんして後述のような異質な用法を採用するのは、『判断力批判』第一部の趣味のアンチノミーの解決の中だけである。

(18) 「論議すること」は、『プロレゴーメナ』一箇所（IV, 404）、『判断力批判』の上述の関連部分五箇所、『哲学における永遠平和条約の近い締結の告示』（VII, 414）で使用されている。だが、本文で指摘した意味での用法は『判断力批判』に限られている。なお、この言葉それ自身は、古来の決まり文句としての disputatio に由来し、ムロンゴヴィウス（一七八四／八五年）による『人間学の講義』（XXV, 1326）などに散見されている。

(19) 「というのも、論争することと論議することとは、諸判断相互の間の対立を介してこれらの一致を生み出そうと試みる点では同じであるが、しかし論議することは、このことを証明根拠としての規定された諸概念にしたがって実現しようと望み、したがって客観的諸概念を判断の根拠として想定する点では異なっているからである」（V, 338）。

(20) 「いうまでもなくこうした自由には、自分の思想を自分自身では解決できない自分の懐疑を公共的に批判に晒しても、そのために不穏な危険な市民であると非難されることのないような自由も属する。このことは、すでに人間理性の根源的権利のうちにあり、この人間理性は各人が、そこではそれぞれ投票権をもっているような、それ自身これまた普遍的人間理性であるもの以外には、どのような裁判官も認めないのである」（B 780）。

（21）「理性」（Vernunft）は、古高ドイツ語の Virnunft に由来する。この言葉は、das Vernehmen = erfassen, erfahren, hören, begreifen などを意味した。なお、ヘルダーは、vernomen を gelernt「学んだ」の意味で使用した。これは、当時の啓蒙思想家の使用した Vernunft の用法とはややズレている。なお、十八世紀のフランス啓蒙思想家の代表的人物のひとり、ドルバックは主著『自然の体系』（一七七〇年）の序文の最後で「理性の声を聞こう」とする姿勢と、序論では「自然の叫び」に耳を傾けることの必要性を強調している。カントもまた、『判断力批判』の中で「自然がわれわれに語りかけ、またいっそう高次の意味をもっているようにみえる言語をそれ自身のうちに含む」（V, 302）と述べている。ここには、不十分ながらも理性と自然との両者の間のコミュニケーションの可能性が示唆されている、と言ってよい。

（22）カントにおける「理性の声」と「対話」および「聴講」との関係については、次の文献が参考になる。Vgl. Manfred Riedel, *Urteilskraft und Vernunft*, Frankfurt a. M. 1989, S. 23ff.　もっとも、ここでリーデルは、本章の本文で指摘したようなカントの限界や不十分性にはまったく言及しておらず、論文の主題もやや拡散し、論述も散漫になっている。

（23）すなわち、「直観的原則と論弁的原則：Axiome und Akroame」（IX, *Logik*, 110）と対比されていることから明らかなように、「後者は、たんに概念によってのみ表現される」（*ibid.*）という二つの認識の種別化を行っているだけである。

（24）Otto F. Bollnow, *Studien zur Hermeneutik*, Bd. 1. Freiburg/Müinchen, 1982.（『解釈学研究』西村皓・森田孝監訳、玉川大学出版部、五一頁。）

（25）Vgl. Habermas, *ibid.*（前掲訳書、iv、七二頁以下参照。）これは、パース以来の表現にしたがえば、「研究者共同体」が、また今日風の言い方をすれば、「専門家集団」がほぼそれに対応する。この問題は、いわゆる真理の合意説のカテゴリーを逸脱する問題を孕んでおり、ハーバマースの「市民的公共性」の問題圏には収まらない射程をもつことは明らかである。科学理論の真理性にかんしても、専門家集団内部での合意形成が困難な場合が少なくなく、倫理的な問題にかんしてはきわめて困難であることは、贅言を費やすまでもない。まして高度に発達し専門化した自然科学における真理性にかんして一般市民の普遍的合意を実現することは、実際にはほぼ不可能であろう。ここに合意と信頼との不可分の関係が生じてくる。この関係は、基本的にはカントの時代にも存在していた、とみてよい。

(26) カントは、『純粋理性批判』の中でさまざまな表現で「理性の法廷」を説明している。第一版の序文では、「この法廷こそ純粋理性の批判そのものにほかならない」(A vi) と言いつつ、「ここで批判というのは書物や体系の批判を意味するのではなく、理性能力一般の批判を意味する」(*ibid.*) と読者に注意を促している。「理性の法廷」の含意やその有効性をめぐっては、従来カント研究者の間でさまざまな解釈が提示されてきたが、ここではこの問題には立ち入らない。なお、カント研究者の中でも「法廷モデル」の硬直した論理と帰結を回避するために、諸々の試みがなされているが、その示唆的な文献としては次の論文を挙げることができる。Vgl. Werner Kutschmann, Erfinder und Entdecker oder Richter der Natur?, in: *Zeitschrift für philosophische Forschung*, Bd. 43, 1989, S. 32ff. また本章の試みは、これらの「純粋理性の批判」としての理性能力一般の批判を意味する「法廷」とは異なる意味で、今日指摘されているさまざまなカント批判を受けとめた上で、今日なお理性批判が必要であり、かつ焦眉の急の課題であることを明らかにするものである。

(27) ちなみに、『純粋理性批判』では「論議」と「論争」とは区別されていないが、アンチノミーでの定立と反定立との対立としての争いは、超越論的方法論の表現によれば、「論戦」(Polemik) に対応する、とみてよい。この言葉は、もともと戦争を意味するギリシア語 (pólemos) に由来し、十八世紀にフランス語の同義語 (polémique) を継承した言葉であり、口頭や書物による政治的・学問的な鋭い攻撃、意見の争い、論争、論駁、議論などを意味した。『純粋理性批判』ではこの語の名詞形は二箇所、形容詞が四箇所、動詞が一箇所使用されているが、他の著作では名詞形はまったく使用されておらず、他の用法としても合計六箇所使用されているだけである。当時ではなお馴染みの薄い言葉であったことは推測されるが、それ以外に内容的にみて的確な表現とも思われるこの言葉をカントが積極的に使用しなかった理由は定かではない。なお、ハーバマースは、「カントは

《räsonnieren》（論議する）と《Räsonnement》（論議）という単語を素朴に、啓蒙思潮の用語法に従って用いている」（前掲訳書、七八頁）と批評しているが、その根拠は明らかではない。『純粋理性批判』では、この言葉はまったく使用されておらず、他の批判書でも『実践理性批判』で唯一使用されているだけであり、これもハーバマースの該当箇所の批判には当てはまらない。

(28) Vgl. Klaus Blesenkemper, *»Publice age« — Studien zum Öffentlichkeitsbegriff bei Kant*, Frankfurt a. M. 1987, S. 123ff. ブレーゼンケムパーは、エルンスト・マンハイムとヴォルフラム・ホグレーベにおける「超越論的公共性」の概念を批判的に吟味して、その不十分性をカントの三種類の「公共性」、すなわち理論的・法理的・倫理的に区分している。しかし、彼の試みは、理論的公共性にかんするかぎり、本章で言及した「理性の法廷」を超越論哲学によって基礎づけようとする解釈にとどまっている。Vgl. Ernst Manheim, *Die Träger der öffentlichen Meinung*, Wien 1923. Wolfram Hogrebe, *Archäologische Bedeutungspostulate*, Freiburg/München 1977.

(29) Waldenfels, *a.a.O.*（前掲訳書、七頁。）

(30) Johan Galtung, *Peace By Peaceful Means*, SAGE, 1996. ヨハン・ガルトゥング＋藤田明史編著『ガルトゥング平和学入門』（法律文化社、二〇〇三年、一〇三—一一八頁）を参照。

(31) Vgl. Blesenkemper, *a.a.O.*, S. 23f.

(32) Vgl. Otfried Höffe, *Politische Gerechtigkeit*, Frankfurt a. M. 1987.（『政治的正義』北尾宏之他訳、法政大学出版局、三八以下参照。）

(33) 『思考において方向を定めるとはいかなることか』（一七八六年）では、次のように思考の自由と執筆、言論および出版の自由との不可分な関係を「公開性」の重要性に着目してきわめて的確に指摘している。「しかし、われわれは自分の思想を他者に伝達し、また他者もその思想をわれわれに伝達するような、そうした他者との共同性のなかで思考することがなければ、われわれはどれほどよく、またどれほど正しく思考するであろうか」（VIII, 144）。カントのこの指摘は、残念ながら今日の日本ではなおそのままいささかの訂正もなく妥当する。例えば、情報公開法が制定されても、依然として「知る権利」が条文に盛り込まれていないことを挙げるだけで十分であろう。

(34) Arendt, *ibid.*, p. 141.(前掲訳書、二一二頁。)
(35) 前掲拙著『遠近法主義の哲学』、第三章、特に六三頁以下参照。
(36) Vgl. Stegmaier, *a.a.O.* S. 294ff. シュテークマイアーは、「方向を定めること」を基本的に個人的レベルに限定して考察している。本章は、考察の視野を共同体的レベルまで拡大することによって、その制限を補足するという意味をもつ。したがって、「再帰性」概念もまた、同様に個人的および共同体的という二重の観点からの考察が求められるわけである。
(37) Cf. Arendt, *The Promise of Politics*, New York 2005.(『政治の約束』高橋勇夫訳、筑摩書房、二〇〇八年、二二八—二三〇頁を参照。)
(38) Cf. Anthony Giddens, *The Consequences of Modernity*, 1990.(『近代とはいかなる時代か?』松尾精文他訳、而立書房。) Cf. Ulrich Beck, Anthony Giddens and Scott Lash, *Reflexive Modernization*, 1994.(『再帰的近代化』松尾精文他訳、而立書房。)本文では、ギデンズの「再帰性」概念の基本構造に沿う論述を行ったが、本章の趣旨は、むしろスコット・ラッシュの「再帰性」理解に近い。「再帰性」概念は、近年では一種の流行語になっており、使用する哲学者・思想家によってその概念の内実は多様である。本章では、差し当たりウルリッヒ・ベックの簡潔な説明にしたがって、「社会の近代化が進めば進むほど、行為の担い手(主体)は、みずからの存在の社会的諸条件に省察をくわえ、こうした省察によってその条件を換える能力を獲得していくようになる」(前掲訳書、三一八頁)という事態としてこの概念を理解しておく。厳密に言えば、再帰的近代化の主体、媒体、その帰結、動力源などをめぐって諸々の解釈が成り立つが、特にその主体を個人的・共同体的・制度的側面のどこに力点を置くかによっても、この概念の理解の仕方は異なっている。本章では、前二者に注目して考察したが、ラッシュは、「認知的再帰性」と「美的再帰性」とを区分しており、その文化批判的機能をアドルノとの関連にも言及して考察している。また、ラッシュは、「批判理論に関する啓蒙主義思想の伝統——カントからマルクス、ハーバーマスにいたる——では、批判は、普遍的なもの——たとえこの場合の普遍的なものが、至上命令であれ、プロレタリアートであれ、コミュニケーション的合理性であれ——による個別的なものにたいする批判であった。対照的に、ニーチェと同じようにアドルノにとっても、批判とは、むしろ個別的なものによる普遍的なものにたいする批判」(同訳書、二四九頁以下)であった、と指摘する。認知的次元にかんするかぎり、カントに対する批判も妥当である。また、美的再帰性の概念の「その祖型は、『判断力批判』で示されたカントの美学にある」(同訳書、三八四頁)という指摘にも、著者は賛成である。さらに「美的再帰性と解釈学との結びつきは欠かせないものである」(同箇所)、という洞察もまた、本章の基本的な解釈の観点と同一である。しかし、ラッシュは、これらの洞察をカントとの関連から具体的にまったく立ち入っていない。本章は、その欠陥を補う意味をもつといってよい。

なお、フランクフルト学派に属するインゲボルク・マウスは、今日の再封建化しつつある「反啓蒙の時代」に、その批判的原理としてカントの超越論哲学を手がかりとして「カントの再帰的制度化理論」を「道徳的再帰性および「政治的制度化の再帰性」と解することによって、ルーマン的なシステム論の批判とハーバマースの正統化構想のもつ不十分性を補おうと試みている(Vgl. Ingeborg Maus, *Zur Aufklärung der Demokratietheorie*, Frankfurt a. M. 1992, S. 249ff.(『啓蒙の民主制理論』浜田義文・牧野英二監訳、法政大学出版局、二一五頁以下参照)。この意欲的で斬新な試みに対しては基本的意図には賛成であるが、著者の狙いとその実現のための方法論との関係などについて、上述の本章の観点からみるかぎり、幾つかの問題があるように思われる。ただし、本章では、この問題を検討する余裕はないので、機会を改めて論じることにしたい。

(39) Cf. Martin Jay (ed.), *Habermas and The American Frankfurt School* 1997.(『ハーバーマスとアメリカ・フランクフルト学派』竹内真澄監訳、青木書店、第五章、特に一八四頁以下参照。)

第七章　普遍主義と相対主義の狭間

――超越論哲学と解釈学――

1　問題提起

最初に、本章でこの課題を扱う著者の狙いについて、簡単に説明しておく。現代社会の生活実践の現場で顕在化している普遍主義と相対主義との対立構造は、近代以降の哲学史の展開のなかでは、とりわけドイツの哲学思想の発展史および論争史と不可分である。今日、地域や職場など生活の現場での意見・価値観・規範の相違、環境問題をめぐる論争、原子力発電の是非や自然エネルギー問題をめぐる持続可能な社会の選択にかかわるコンフリクト（利益相反）の基礎には、これらの歴史的な背景や経緯がある。そこで著者は、この対立構造の根源まで遡ってそれらを根本的に吟味・検討することが急務である、と考える。

相対主義をめぐる論争は、歴史的にみれば、英米圏では、二十世紀後半以降、主として道徳的相対主義や認知的相対主義による絶対主義に対する妥当性要求を主張した時期を経てきた。また普遍主義については、共同体主義との対立関係が先鋭化して以降、相対主義と普遍主義との関係理解は、ますます複雑化している。特に英米圏での議論の特徴として、ヨーロッパにおける歴史主義的相対主義や哲学的・倫理学的・美学的・宗教的諸価値の「相対性」をめぐる議論は背景に退いてきた。それはまた、伝統的な議論を軽視して、課題や論争の歴史的経緯が軽視され、「正義論」を含めて議論の精緻さに集中する傾向があり、理論のための理論になる傾きがあった。それだけに、グローバル化の進行した不可視のリスクに生活実践の方向づけを見失い、人間らしく生きるための地平を喪失しつつある今日、改めて源泉にまで立ち戻って、問題の所在と論点の確認作業が求められている。たしかに、グローバルな正義と道徳的普遍主義との関係については、トマス・ポッゲの主張を無視することはできない、と著者は考えている。(1) ただし、この議論は第十二章に譲り、本章では、原理的な課題の確認から議論を開始する。

ところで、普遍主義と相対主義との対立構造の解明のために、今日の哲学的状況の下で「超越論哲学と解釈学」というテーマを手がかりにして考察する場合、カントとディルタイという哲学史上の古典哲学に属する二人の哲学者の思想を比較考量することが不可避の手続きとなる。このテーマは、従来の哲学史の常識からみて、「超越論哲学対解釈学」と理解されるのが通例である。言うまでもなく、カントはフィヒテやシェリングなどの超越論哲学の嚆矢たる存在であり、他方ディルタイは解釈学的哲学の定礎者のひとりとみなされてきたからである。また、ディルタイ解釈の立場からみるならば、カントとの関係は、後述のような意味で「超越論哲学から解釈学」への発展のプロセスと理解されるからである。

このような見方は、カントとディルタイにかんしていささかでも知識を有する人々にとっては哲学史的な常識に属することであり、少しも目新しいものではない。また、著者の関心もここにあるわけではない。

ここで著者が主張したいことは、ディルタイにとってはいうまでもなく、カントにとっても「超越論哲学と解釈学」というテーマが、その思想内容を特徴づける論題となっており、したがってディルタイとカントという通常相対立しあうと解釈されている二人の哲学者についても、等しくこのテーマが妥当するという点にある。

端的に言えば、本章は、カントおよびディルタイにとって「超越論哲学と解釈学」というテーマの考察によって、二人の哲学者にはともに「超越論哲学対解釈学」という解釈の観点、さらに「超越論哲学から解釈学」という二重の解釈の観点が可能であることを明らかにする。このような解釈の観点が可能になれば、従来両者をもっぱら対立関係とみなしてきた哲学史的思考方法にいささかなりとも揺さぶりをかけることが可能となる。また、このことによって、本章の本来の狙いである普遍主義と相対主義との錯綜した対立構造を解明するために、資するところがあるであろう。

しかしカントとディルタイの関係をこのような観点から解釈することは、いささか無謀な試みであるように思われる。そこで著者は、予想される誤解を慎重に避ける努力が必要となる。そこでまず、第一に問うべき課題は、カントの超越論哲学を解釈学と積極的に関係づけ、そのうちに解釈学的思想を看取することが可能であるか、という疑問である。第二の課題は、今日カントと解釈学との関係をディルタイと関連づけて考察することが果たして積極的意義を有する妥当な問題設定であるか、という疑問である。本章の主題は、これらの疑問に対する解答の試みである。

ところでガーダマーは、「カントと哲学的解釈学」と題する論文の中でこれらの疑問に対する解答ともみなしうる見解を提示している。(2) 第一に、ガーダマーの論文の主旨は、カントとハイデガーとの関係に集約されている。端的に言えば、ガーダマーは、もっぱらハイデガーの前期思想の形成過程でカントが果たした役割という観点から、カントと哲学的解釈学との関係を考察する。それは、カントの形而上学が現存在の被投的企投としての人間の有限性に対する自覚を促す意義をもつからであった。そこではカントとディルタイとの関係は、まったく顧慮されておらず、ディルタイとハイデガーとの関係についても、簡単に一瞥を加えるにとどまっている。それは、ディルタイによる生の概念のうちに究極的根拠づけを探究した試みを従来の精神ないし意識と呼ばれたものに対する哲学的思索の深まりとして評価しつつ、他方では、ハイデガーがこのような生の概念の地盤に依拠することなく、存在論的な立場からの洞察によってディルタイの立場を超えて、内的統一性のうちで現存在の存在体制を把握することができた点を指摘している。

ここから著者は、ハイデガーのディルタイ評価だけでなく、同時にガーダマーによる消極的なディルタイ解釈の視点もまた、十分に看取することができる。さらに著者は、ガーダマーによるカント評価の特徴もまた、明確に指摘することができる。ガーダマーもまた、従来のほとんどすべての哲学史家と同様に、カントと解釈学との関係を純粋理性批判および実践理性批判という、理性批判の思考様式に限定して両者を対立的に解しているからである。これは、ガーダマーによるカントの判断力批判に対する不当なほどの軽視と裏腹の関係にある。この点については後述する予定であるから、ここでは立ち入らないことにしたい。

以上のように「カントと哲学的解釈学」というテーマにかんしてガーダマーは、カントの批判哲学を解釈学的伝統とはまったく異質で相対立する思想的系譜に属するものとみなしており、カント哲学をもっぱら人間の有限性の自覚的表現という一点でのみハイデガーの解釈学と交差するものとみなした。著者のみるところ、このような理解に依拠するかぎり、カントとディルタイとの内的連関に立ち入るような論点を期待することは、当然のことながら不可能である。

しかし著者が指摘したいことは、これだけにとどまらない。ここで著者が主張したいのは、ディルタイ研究者たちもまた、カントとの関係にかんするかぎり、基本的にはガーダマーの解釈図式から大きく外れてはいないのではないかという疑問である。さらに言えば、ディルタイ自身もまた、カントのうちに解釈学的観点を見いだすことができなかったのではあるまいか、という疑念である。ここで著者は、このような哲学史研究上のいわば暗黙の前提ともなっている理解に対する再吟味の必要性を強調しておきたい。本章の主題は、これらの従来看過されてきた論点を明るみに出し、その問題の所在を確認することによって哲学史的な偏向をいささかなりとも正すことにある。

2　ディルタイによるカント批判の射程

著者はまず、ディルタイ自身の証言に即してカントに対する評価と批判を試みる。さらに著者は、ディルタイにおける「超越論哲学と解釈学」との関係を確認しておくことが必要である、と考える。そこで本章では、ディルタイ中期の代表作であり、その中心概念としての「心的生」(das Seelenleben) の全体性を確証しようとした、とも言える有名な『精神科学序説』第一巻の一文を参照する。

「ロック、ヒューム、カントが構成した認識主体の血管を流れているのは、本物の血ではなく、たんなる思考活動としての理性の薄められた液体にすぎない。しかし、私は全体的人間を歴史的、心理学的に研究してきたので、認識とその諸概念（外的世界、時間、実体、原因のような）を説明するさいにも、たとえ認識がこれらの概念をたんに知覚、表象、思考という素材からのみ生み出すように見えたとしても、多様な力を備えたこの全体的人間を、つまり意志し、感じ、表象する存在者を、その説明の根底におくようになった」（I, XIII）。

ここでディルタイは、カントによって代表される近代哲学の合理性の思考に対する非合理主義的反発の声を挙げている、と理解されてはならない。ディルタイの主眼は、N・テーテンスを媒介としてカントによって確立された心的能力の三分法、つまり認識作用（表象作用）・価値づけ（感情作用）・行為（意志）という三要素に分解された人間の経験の諸相をひとつの全体的人間へと立ち返って考察することの必要性を唱えた点にある。認識主観と認識の営みもまた、それらが含意される根源的な生の関係へと立ち戻ることが求められる。このことはカントにおける認識の究極的根拠づけの条件である超越論的統覚に代わって、いやそれ以上に認識の必然的な出発点であってもはやそれ以上遡及しえない基本的な事実として生そのものの根源性が主張されるのである。

以上の議論を踏まえて、カント哲学の前提条件に対するディルタイの批判を生の概念の意義に即して整理するならば、次のような諸点に集約することができる。第一は、現象と物自体との区別の克服という点である。生はたんなる現象以上のもの、「汲みつくしがたいもの」（Das Unergründliche）であり、「究め尽くしがたいもの」だからである。第二に、それと関連して主観・客観の二元論の克服という点が指摘できる。自己と世界との生における不可分の統一性が主張されているからである。第三に、自然と自由との二元性の克服である。これは上述のように、認識と道徳的意欲との統一という観点のうちに窺うことができる。換言すれば、それは英知界を除去しようとするものである。なぜなら思惟は生の背後に遡ることができないからである。第四に、感性的直観形式としての時間というカントの把握に対する生一般の根本構造としての時間性という批判的転換が挙げられる。第五に、こうしてカントにおける意識の命題は、体験の命題に置き換えられねばならない(3)。

このようにみるならば、ディルタイは終始一貫して反カント主義の立場を採っていたように思われる。だが、これは正しい理解ではない。事態はむしろ逆である。なぜなら、ディルタイ自身は若年の教授資格論文執筆の時代から晩年の断片にいたるまで、カント哲学の基本問題と超越論哲学とに強い関心を寄せ、カントの業績をいっそう拡大・深化させようと意図していたからである。それは「私には、カントの哲学の基本問題は、すべての時代に妥当するものと思われる」(V, 12) とか、「われわれはこの超越論哲学の仕事を継承しなければならない」(VIII, 14) という証言からも、明白である。周知のように、ディルタイの『歴史的理性批判』の構想自身がカントのいわゆる理性批判の試みとの連関のうちで生じたものである。「カントの業績の偉大さは、数学的および自然科学的認識を厳密に分析したという点にあった。とはいえ問題は、カント自身が試みなかった歴史の認識論というようなものが、カントの概念の範囲内で可能かどうか、ということにある」(VII, 191)。

このようにディルタイは、カントの『純粋理性批判』の試みと類比的にカントがやり残した歴史的理性の批判という、精神科学的経験が可能であるための諸制約を問おうとする。もちろんディルタイにとって歴史的理性とその批判の営みは、カントのように、どのような意味でも純粋な超歴史的な理性とその批判を遂行するのではなく、つねに時代や諸々の環境に制約される有限なものにとどまる。したがってそれは、歴史的・社会的な経験と学問的な経験のプロセスの中で吟味され批判されると同時に、他方では、理性の歴史的な依存関係から独立に批判しうるという機能を保持するのである。

しかしこうしたディルタイの研究方法は、やはりカントの『純粋理性批判』によって発見された普遍的な悟性の思考形式としてのカテゴリーとは異質な生のカテゴリーの発見と不可分であった。カントのカテゴリーは、たんに認識の形式的構成原理であるにすぎない。形式と質料との対立を克服しようとするディルタイにとっては、そのような形式的なものではなく「実在的なカテゴリー」(die realen Kategorien)が問われなければならない。「実在的なカテゴリーは「カントのように」理性のうちに基礎づけられるのでは決してなく、むしろ生の連関そのもののうちに基礎づけられている」(XIX, 361)。カントのカテゴリーが外的な自然のカテゴリーにとどまるのに対して、生のカテゴリーは、「現実把握の最高の立場」である「最上位のカテゴリー」を意味する。これによって自己自身の生と他者の生とを理解することが可能となる。するとここでもまた、ディルタイは、カントの超越論哲学的問題設定から出発しながら、その枠組みから逸脱し、異質な方向に転換しているように思われる(4)。

ではこのようなディルタイのカントに対するいわばアンビヴァレントな態度はどのように理解されるべきであろうか。次に、この課題が問われなければならない。

3　ボルノウ説とマックリール説の間

この疑問に対する解答の手がかりないし考察の出発点は、O・ボルノウの見解のうちに見いだされるように思われる(5)。ボルノウによれば、生の哲学の理念のうちにはディルタイの思考の経験論的傾向と超越論的傾向との両者が折り重なっている。しかもこの二重の起源に対応して、生そのものの概念についても別の発端をもつものが、それぞれのそのもとの意味がディルタイ特有の仕方で拡大されて、この生の理念のうちに取り込まれている。

まず経験論的発端が拡大されて、哲学の対象としての生、言い換えれば、経験論的に狭められた経験概念によってみられた現実ではない生の概念が生じた。これはディルタイ固有の経験主義および実証主義に対する一つの評価と批判の仕方が現れている、と言えよう。また、超越論哲学的な発端が拡大されて、哲学する者自身と一致する豊かな精神的な諸業績を生み出す力としての生、つまり合理主義的に狭められた主観概念ではない生の概念が生じたのである。このような超越論哲学に対する評価の仕方がどのような妥当性をもつかという点については、後に詳しく立ち入る予定である。さらに、これらが生の理念に取り込まれることによって、生は二重の意味を所有する。言い換えれば、生は、哲学することの対象であり、しかも同時に主体なのである。「ここでは生が生をとらえる」(VII, 136) というディルタイ思想の基本線が、明確に描かれている。生の解釈学という生の哲学の理念は、このようなコンテクストのうちで展開されたのであった。

さらにボルノウは、ディルタイがカントなどの超越論哲学の継承者であると信じていた。また彼は、ディルタイの生の哲学の概念も超越論哲学と同じ意味に解しうるほどであった、と指摘する。しかし他方、ボルノウは、このような立場が理性によるたんなる認識主観の代わりに、今や生が創造的能力のすべてをかけて登場したというひとつの決定的な視点について、さらに拡大された事実を補足するのである。

以上のボルノウ説は、ディルタイとカントとの関係理解にとってひとつの見通しを与えるものとして有益な示唆を与えている。また、彼の主張は、生の理念の成立にとって超越論哲学が経験論哲学とともに、またそれ以上に重要な役割を果たしていることを明らかにするものとして興味深い内容を含む。さらにディルタイと超越論哲学との密接な関係に立ち入ることによって、ディルタイの生の哲学成立の思想史的背景がいわば再現され、説得的に解明されている。しかしながら本章の主題からみるとき、ボルノウの考察は、なお幾つかの点で不十分であるように思われる。まずボルノウ説は、カントの超越論哲学とそれ以外のドイツの超越論哲学との明確な区別に立ち入っていない。そのためディルタイに対するカントの真の影響関係が明らかでなく、少なくとも結果的にそれが隠されている。そこではディルタイ自身の超越論哲学理解の立ち入った考察が欠けている。これらの問題は、本章の主題の考察や解明にとってひとつの障害となっている。なぜならボルノウの見解もまた、カントとディルタイとの関係をもっぱら「超越論哲学から解釈学への発展」という単線的な思考図式の下で解釈しているからである。

さらにこの問題は、今日のディルタイ研究における一つの焦点へと読者を導くように思われる。それは、ディルタイにおける超越論哲学から心理学へ、そして解釈学への移行という思想展開をどのように理解すべきか、という論争点である。この問題をめぐって著者は、対照的な三つのディルタイ解釈の視点を指摘することができる。第一は、古くはディートリヒ・ビショフの『W・ディルタイの歴史的生の哲学』[6]、そして近年ではペーター・クラウサーの『有限的理性批判』の見解である[7]。クラウサーは、ディルタイのカント解釈の出発点を『純粋理性批判』に定位して、ディルタイの関心がカントにおける認識の妥当性の問題に向けられていた、と主張する。そしてディルタイのカント批判の成果として、権利問題の原理的困難性を指摘して、むしろディルタイは超越論的認識から経験的認識論へと向かった、とみなした。第二に、これとまったく対立する見解は、ハンス・イナイヒェンの『ディルタイのカント批判』のうちにみられる。[8] イナイヒェンは、クラウサーとは逆にカントの権利問題が依然として『歴史的理性批判』の判定規準をなしていることを指摘して、ディルタイのカント批判の帰結、すなわち超越論哲学から心理学への移行は、ディルタイのカント研究の成果ではありえず、むしろカントの提起した妥当性問題を蔑ろにしたことを意味する、と解する。さらにイナイヒェンによれば、ディルタイは早くから認識論よりもむしろカント倫理学、とりわけ『実践理性批判』との批判的対決のなかでみずからの思想構築を進めてきたのである。

第三のディルタイ解釈の立場に移ろう。それはルードルフ・マックリールの解釈である。マックリールは、ディルタイによるカント批判の成果に関連して「ディルタイの生涯にわたる企ては、カントの『純粋理性批判』を補完しようとする努力である」[9]、と主張する。この主張は、一見すると上述のクラウサーの見解やガーダマーの解釈と共通しているようにみえる。ところがマックリールは、この「補完」の試みをクラウサーのように『純粋理性批判』に関係づけるのではなく、またイナイヒェンのように『実践理性批判』に定位するのでもなく、『判断力批判』の美感的判断力の批判の試みのうちに見いだそうとする。ここにマックリールの解釈の大きな特徴がある、と言ってよい。

ところでディルタイは、カントの超越論哲学を他のドイツの超越論哲学とどの程度区別しているのであろうか。また、このような問題は本章の考察にとってどのような導きの糸を与えうるであろうか。この課題を探究するために著者は、マックリールの『ディルタイ』における研究の成果に着目したい。

マックリールは、後期のディルタイが超越論哲学という概念を二つの意味で使用している事実を指摘する[10]。第一に、ディルタイは、超越論的という概念を「超個人的なものにその基礎をもつようなあらゆる規定」（VII, 289）とみなしている。他方でディルタイは、超越論哲学が諸々の無制約的な規範や、あらゆる経験がそこから導き出される超越論的自我を立てることを理由として、超越論哲学を攻撃するのである。さらにディルタイは、特にフィヒテが超越論的アプローチに与えた構成的性格を拒否する。そこでマックリールは、ディルタイが「超越論的」という概念のカント的意味とフィヒテ的意味とを区別しているのではないか、という推測を試みる。そこからまた、マックリールは、ディルタイが新カント学派以上にカントそのものに忠実であった、という示唆を導き出す。マックリール説によれば、「ディルタイからすれば、ヴィンデルバント、リッケルトといった新カント派の西南学派は、本当のところは新フィヒテ派なのである[11]」。なぜなら、記述的心理学に関連してディルタイが「超越論的反省」のより包括的な意味の可能性を述べるとき、そこにマックリールはディルタイとカントの『判断力批判』で提示された「自然の技巧」との親密な連関を見いだすからである。

以上のマックリールの解釈は、哲学史的関心からみて二つの論点について重要である。第一は、ディルタイがカントに由来する「超越論的反省」をどのように把握したのか、という問題である。第二に、このテーマに対するマックリールの解釈の妥当性をめぐる問題である。マックリール自身は、第一の問題を「ディルタイが新カント派よりカントそのものに忠実であった」という「示唆」を踏まえて考察している。本章の主題の考察にとって重要で興味深い論点は、内的経験と外的経験との結合にかんする課題である。言い換えれば、それは、心理学と認識論というカント的二元論の克服に対するディルタイの格闘のドラマにかんする問題である。ディルタイは、この二元論を尖鋭化した新カント派批判の論点として、彼らとは異なって、外的経験を内的経験から分離して心的経験を内的感覚、内的知覚に還元しうるとみなすことを斥けている。またディルタイは、外的経験と内的経験とを結びつける経験の第三の形式を示唆することによって、歴史的所産や自然の産物をともに人間にとって意義をもつものとして認識可能にする。これは心的経験の概念を超越論的に拡張することを意味する。マックリールは、このように説明する。[12] さらにマックリールは、「ディルタイの著作の多くは、超越論的枠組み（a transcendental framework）によって外界に法則的秩序を立法するというカントの考えに類似したことを、心理学的に行う努力として解釈するのがもっとも妥当である[13]」、とすら主張するのである。

ここで先に指摘した第二の論点、すなわちマックリールの解釈の妥当性について、カント解釈に限定するならば、本章では、次の論点を喚起しておくことが重要である。第一に、ディルタイのカント解釈の理論は、ビショフの表現を借用すれば、「超越論哲学の拡張」の遂行ないし「コペルニクス的転回という、カント的思考の批判的基礎をみずから拡張した[14]」というよりも、むしろカント哲学の脱超越論化の方向をめざしているように思われる。たしかに法則的秩序の立法という意図は、カントの超越論哲学の基本思想に沿うものであるが、それを「記述的分析的心理学」的に遂行することは、カントに即していえば、理性による「規定」（Bestimmen）ではなく、「反省」（Reflexion, Überlegung）の働きに属するからである。第二に、この反省の営みは、後述のように、カントにとっても解釈学的含意をもつものである。したがってカントの歩みの的確な測定にとっては言うまでもなく、ディルタイが歩んだ道程を正確に照らし出すためにも、もっぱら「超越論的」概念と「超越論哲学の拡張」という観点からカントとディルタイを関連づける作業は、問題の所在を隠蔽する危険から免れない。マックリールは、超越論的反省の原理と記述的分析的心理学との両立可能性を強調するあまり、この点について行きすぎた見解を展開する結果となっている。実際、ディルタイについては言うまでもなく、またカントにかんしても哲学史の常識的理解とは異なって、解釈学的思考様式に近づいていったのである。この問題については、さらに詳しく立ち入るはずである。

たしかに上記のマックリールによるディルタイ研究の成果は、本章の主題にとって多くの有益な示唆を与えている。それは第一に、『判断力批判』の超越論的反省という表現とディルタイの反省的経験という概念との親近性に着眼することによって、従来のディルタイとカントとの関係理解とは異質な観点を提示したことである。第二に、それによってディルタイの『判断力批判』に対する評価の真意を汲み取ることが可能になるからである。ディルタイは、一八九八年以降に行われた哲学体系にかんする一連の講義の中で、「カントは『判断力批判』で最高点に到達した。カントは自然と自由をまったく新しい種類の内在的目的論の概念の下で一緒に考えているが、この目的論によって認識と当為の命令、現実と価値のあらゆる糸が結びあわされている(15)」、と述べている。ここでディルタイは、明らかにカントの合目的性概念に着目している。

しかしこの批評のみでは、それがどのような意味で最高点であるのかは判然としておらず、またカントの反省的判断力による理論哲学と実践哲学との、自然の世界と道徳的自由の世界との体系的統一の試みをどの程度積極的に評価したのかも定かではない。さらに言えば、カントの合目的性という原理のもつ解釈学的含意をディルタイがどこまで自覚的に捉えることができたのかという点についても、明確ではない。第三の論点に進もう。おそらく本章の主題にとってもっとも重要なマックリールの指摘は、ディルタイの「歴史的理性批判」というタイトルのもつ問題性にかんする疑問にある。マックリール自身は、R・アロンの問題提起に示唆を受けつつ、さらに論点を展開させて、ディルタイの生涯にわたる着想を基本的に「歴史的判断力批判」の試みにある、と解釈する。そしてこのように解することによって、カントの美感的判断力の批判における構想力の認識論的使用が、ディルタイの詩的想像力の使用のなかで、歴史を理解するための模範としてさらに展開されていることを看取している。

この指摘は、次の理由から見て、重要な論点を含んでいる。第一に、本章の主題である「超越論哲学と解釈学」というテーマがカントとディルタイの両者に等しく妥当しうる可能性を示唆している。第二に、ディルタイの解釈学の展開は、カントの理性批判の営みから反省的判断力批判の営みへの展開とあたかもパラレルに対応しているかのようにみられている。もっともマックリール自身は、カントの美感的判断力および目的論的判断力の反省的性格をディルタイの歴史的判断力の反省的本性と重ねあわせることによって、個々の歴史的データの記述がこれらのデータ自身の類型的構造を示唆する点に関心を寄せている。マックリールの狙いは、『判断力批判』と関係づけることによって、ディルタイの心理学的想像力理論と歴史的解釈学とをカント的に媒介することだからである。端的に言えば、カントはどこまでもディルタイ解釈のひとつの媒介にすぎない。しかしこのような解釈の観点の下にとどまるならば、カントの判断力批判のうちで展開された解釈学的試みの含意を十分明らかにすることはできない、と著者は考える。そこで著者は、マックリールの解釈から離れて、批判期思想に限定して著者独自の解釈の観点からカントにおける「超越論哲学から解釈学」への展開の具体相に立ち入っていきたい。

4　批判哲学の解釈学的含意

周知のようにディルタイは、精神諸科学の方法にかんする基本姿勢を「著者が自分を理解した以上に、よりよく理解するという規則」（V, 355）として定式化した。この「規則」といわれる語句もまた、ディルタイの解釈学的方法にかんする多くの思想と同様に、およそシュライアーマッハーに帰せられている。だが著者は、この「規則」と言われる語句がシュライエルマッハーに先だって、すでにカントが『純粋理性批判』のなかで提示している事実を改めて確認しておきたい。

カントは超越論的弁証論の第一章「理念一般」のなかで、プラトンのイデア批判を意図してこう述べている。「ただ私が注意しておきたいのは、普通の会話でも、また著作でも、著者が自身の対象について述べている思想を比較することによって、著者が自分自身を理解しているよりも、それ以上によく理解するということが決して珍しいことではない、ということである」（B 370）。ここには明らかに、シュライアーマッハーに帰せられてきたあの「規則」が、カントの理性批判の論述の真っ直中で提示されている。この事実はどのように理解されるべきであろうか。差し当たり想定されることは、第一に、この事実を「不可解な事実」として無視するという立場である。第二は、この事実をもってただちに、第一批判における超越論哲学の思想のうちに解釈学の立場を看取する解釈である。前者は、カントをもっぱら超越論哲学の定礎者とみなす研究者が暗黙のうちに採用する立場である。これにはカント研究者のみならず、解釈学者もまた属するとみてよい。他方で著者は、現在まで後者について説得的に展開した見解を見いだすことができない。

慧眼の士ボルノウは、すでに指摘したように、この「規則」の最初の出典を探究するプロセスで、シュライアーマッハー、A・ベック、ヘルバルト、フィヒテに遡り、最後にカントのこの文章に逢着した。ところがボルノウは、この文章の存在を目の当りにして「しかしカントにこの定式の真の起源があったのかどうかは不確かであるといわざるをえない[16]」、と主張している。ボルノウは、この「規則」をカント以前に遡って確認することができなかった事実を認めつつ、その起源をカントに帰することを認めようとしない。そして次のように推測する。「この語は、出所の確かな証明しうる文献の世界のなかに姿を表わすに先だって、長い間流布してきたのかもしれない[17]」、と。おそらくボルノウによるこの推測はさほど外れてはいないであろう。著者もまた、この「規則」の最初の出典がカントに帰せられるとは考えていないからである。

問題はそこにあるわけではない。肝要なことは、カントがこのような主張によって解釈学的方法をどの程度遂行しているのか、という点にある。この疑問に対してはボルノウの見解は、必ずしも定かではない。ボルノウの理由づけは、次の一点に集約されている。「この言い回しの言語的文体がすでにカントを起源とすることに反対を表明しているように私には思われる。この文体は軽妙な機知に富んだ表現法という点で、それ以外の理性批判言語の無器用な真面目さとはあまりにもかけはなれすぎているのである[18]」、と。ボルノウの解釈は、簡単にいえば、この「規則」の表明をカントの批判哲学の思想のうちに正当に位置づけることができない、というものであった。

ここではボルノウ説の妥当性について立ち入って吟味する余裕はないので、以下の諸点を確認するだけにとどめる。端的に言えば、著者の立場は、上述の二つの解釈の立場の「狭間」ないし「あいだ」に位置する、と言ってよい。具体的に言えば、第一批判のうちにも解釈学的含意を看取しうる。しかしカントは第一批判のうちでこの「規則」を貫徹してはいない。また、第二批判にかんしても同様の事情にある。さらに、他方で第三批判では自覚的に解釈学的観点が導入されているのである。

ところでディルタイ以降、自然諸科学と精神諸科学との対立関係に対応する仕方で「説明」(Erklären) と「理解」(Verstehen) との原理的な区別が導入された。この区別を著者は、第三批判のうちに明瞭に見いだすことができる。それは、判断力の機能にかんして言えば、規定的判断力と反省的判断力との区別に対応する。前者は、第一批判におけるカテゴリーの適用のうちに典型的に示されるように、自然に対する法則的認識を与える。後者は、第三批判の第一部門では美感的判断力の批判の営みによって、趣味判断の主観的普遍妥当性を基礎づけ、また第二部門では目的論的判断力の批判的営為によって生物学的認識のみならず、人間の行為における歴史的・社会的意味の解釈をも可能にしている。

さらに著者は、反省的判断力の原理と、部分と全体とのいわゆる解釈学的循環との親密な関係を指摘したい。ディルタイの場合、解釈学的循環とは、周知のように「理解」における部分と全体との相互規定の働きを意味した。「理解」は、循環のプロセスに存するのであるから「部分から全体の意味を捉えようとし、逆に全体の意味から部分を明確にしようとする」(VII, 227) ことが不可避となる。他方カントの場合、反省的判断力のアプリオリな原理は、「自然の合目的性」の概念である。カントに即して言えば、部分と全体との解釈学的循環の問題は、直観の多様と自然の合目的性の理念との関係を意味する。多様としての諸部分は、全体の理念のうちではじめて合目的的統一を獲得しうるのであり、それによってこのような意義が与えられる。この問題は、美感的判断力の批判における趣味判断の可能性にかかわるだけでなく、自然の有機的存在者に対する認識にも関与する。さらに自然の合目的性の理念は、このような自然認識の領域にとどまらず、人間の行為の意味解釈や歴史における規則変化の統制的原理としても展開されている。これについては後に触れるつもりである。

最後に著者が指摘しておきたいのは、「表現」(Ausdruck)と「描出」(Darstellung)との関係である。周知のように、晩年のディルタイは、「精神諸科学は体験と表現と理解の関係に基づいている」(VII, 131)、という確信に達した。人間の生の表現は、体験の表現であり、われわれの到達しえない生の表出である。またそれは、生の創造的形成力を表出する。精神諸科学の領域では、このような表現の理解が求められなければならない。ところがカントには、このような「表現することによって体験を確定する」という考えは見いだされない。しかしながら第三批判では「自然の技巧」の産物としての自然美および天才の技巧による芸術作品の「描出」とその解釈という思想が展開されている。第二部門では、この思想は、やはり「自然の技巧」の産物としての有機体の認識から、さらに人間の歴史的・社会的行為の理解にまで拡大されている、とみることができる。[19]

以上のように著者は、四つの論点に即してカントの批判哲学のうちに解釈学的含意を見いだしてきた。そこで次に、カント自身が「生の感情」(Lebensgefühl, Gefühl des Lebens)とも呼んだ、美的快・不快の感情と共通感覚との関連から解釈学的含意の具体的展開を追跡してみたい。[20]

5　生の感情と共通感覚

周知のように「生」の概念は、ディルタイにとって終始哲学的思索の基幹概念であった。ではカントの場合はどうであろうか。すでに触れたように、まず理論哲学にかんしては『自然科学の形而上学的原理』のなかで「生（Leben）とは、ある内的な原理から行為へと規定する実体の能力をいうのであり、有限な実体についてはみずからを変化へと規定する能力をいう」（IV, 544 Anm.）、と説明されている。また、『実践理性批判』でも「生とは、欲求能力の法則に従って行為する存在者の能力である」（V, 9 Anm.）、とカントは述べている。『判断力批判』ではまず「快・不快の感情と名づけられた主観の生の感情」（V, 204）が指摘され、次に「楽しみは、人間の総体的な生（des gesamten Lebens）の、したがってまた身体的な健在の、すなわち健康の促進の感情において成立する」（V, 330f.）と言われる。また、カントは「生がわれわれにとってどのような価値（Wert）をもつか」（V, 434 Anm.）を幸福との関係から問い返している。さらに「生は身体的器官の感情を欠くならば、自己のたんなる現存の意識であっても、健在・不健在の感情、すなわち生の諸力（Lebenskräfte）の促進ないし阻止の感情ではない」こと。そしてその理由にかんして「心性はそれ自身だけではまったくの生（生の原理そのもの）であり、また障害ないし促進は、この心性の外に、しかし人間自身のうちに、したがって身体との結合において求められなければならないからである」（V, 277f.）、と説明されている。

こうしてみると批判期のカントでは「生」は、自発性と受容性との両者を含む複合的な概念である、と言ってよい。また、この概念は、カント固有の人間把握に即するならば、およそ三つの意味を有するように思われる。第一は「動物的な生」（ein tierisches Leben）であり、第二は「人間的な生」（ein menschliches Leben）である。そして第三は、「精神的な生」（ein geistiges Leben）である。第一の生の働きによって「楽しみと苦痛」(Vergnügen und Schmerz) の感情が与えられ、第二のそれによって、趣味による「満足感」(Wohlgefallen) を、そして第三のそれによって理性による「満足感」を感じることができる (Vgl. XV, 367)。この三区分は、『宗教論』での「生物 (ein Lebendes) としての人間の動物性の素質」、「生物であると同時に理性的な存在者としての人間の人間性の素質」、「理性的であると同時に引責能力のある存在者としての人間の人格性の素質」(VI, 26) に対応する。ここでは「生」の含意が三つの段階によって受容性から自発性へと高められ、美的趣味としての快・不快の感情は、生の中間段階に位置づけられていることを確認できればよい。

ところで本章の当面の主題は、美的な快・不快の感情と生との関係にあった。ここでまず注意すべきは、上述のようにこの生の感情が身体と心性との複雑な関係性をもつとみられていたことである。また、快・不快の感情が『人間学』では「内面的感官」(inwendiger Sinn, sensus interior) と呼ばれ、「内的感官」(innerer Sinn, sensus internus) と区別されていることである (Vgl. VII, 153)。いうまでもなく、後者はたんなる知覚能力であるが、前者を『判断力批判』における快・不快の感情と同一視してよいかどうかは、吟味されてよいことである。これについては後述する。さらに留意したいことは、「身体感覚の感官」(Sinne der Körperempfindung) が「生命感覚の感官」(Bitalempfindung, sensus vagus 不定感官) と「器官感覚の感官」(die der Organempfindung, sensus fixus 固定感官) とに分類されている点である。後者はいわゆる五感を含み、前者には崇高なものを表象するさいの身体を満たすゾクッとする感じなどが属する。「それらの感覚は、身体中どこでも生のあるところにはゆきわたっている」(VII, 154)。ここでは「生命感覚の感官」が崇高の感情と密接不可分であることを窺わせている。『判断力批判』ではもっぱら美的快・不快の感情が「生の感情」と呼ばれたのに対して、崇高の感情は「精神感情」(Geistesgefühl)と名づけられている。この表現は、一方で崇高が身体と関係することによって「自己保存」にかかわる感情であり、他方崇高は、美的感情以上に、道徳感情および道徳性とのかかわりを示唆する感情とみられていた。

ここでカントおよびディルタイ、そしてアーレントやマックリールが見逃してきた感情の働きについて、若干補足しておきたい。それは「吐き気」(der Ekel)にかんする問題である。メニングハウスは、人間の実存に深くかかわる「吐き気」について、的確な考察を展開した。近代以降現代にいたる「吐き気」の周到な思想史的な考察は、他に類をみない試みである。だが、メニングハウスは、カントの生命感情である美的感情の範囲内で「吐き気」の意義と役割を論じ、P・ブルデューとは異なり、それを社会学的・社会心理学的観点から扱うことを拒否する。しかし、著者は、「吐き気」を美学的なカテゴリーに限定すべきではない、と考える。カントおよびディルタイの「生の感情」は、本来、「共同体的感覚」であるかぎり、美と崇高の感情だけに限定して理解すべきではない。メニングハウスも適切に指摘するように、カントおよびその前後の時代、とりわけ現代社会は、人間、社会、そして自然の「醜さ」に直面している。これらの醜悪な現実に対して「吐き気」の感情を抱くことは、むしろ「共同体的感覚」として必要な働きである。「共同体的感覚」と「吐き気」にかかわる議論は、「自己保存」をはじめ上述の議論とも深くかかわる論点であり、普遍主義と相対主義の「狭間」で働く「共同体的感覚」にとって不可欠の働きであり、生の地平で出会う不可避の課題である。だが、これらは、本章の考察を超える課題なので、以上の論点を確認するだけにとどめて、論点をふたたび本章の主題に戻すことにする。(21)

ところで、以上の生の概念にかんする説明は、カントの哲学を再度ディルタイ哲学に接近させるように思われる。例えば、「心的生の構造連関」を扱った『記述的分析的心理学のイデーン』（一八九四年）でも、合目的性をもつ心的生の構成要素の連関によって生の充実や衝動の満足、そして幸福に対して影響が及ぼされ、この合目的性が個体と種の保存に役立つことが指摘されているからである。(22)

これらの記述は、カントの生の第一と第二の意味に妥当するように思われる。実際、快・不快の感情が人間の生にとって重要な意義をもち、また、この感情が合目的性と不可分であり、「生の価値」すら、感情との関係のうちで評価されるからである。さらに、ディルタイは、「共感（Sympathie）」（V, 241ff.）の働きについても言及している。しかしこのような親近性ないし類似性は、きわめて限定されたものである。上述のように、生の概念の内容理解の違いは言うまでもなく、合目的性の含意についても両哲学者の「間」には重大な相違がある。例えば、カントは美にかんする合目的性を主観的・形式的とみなし、有機体にかんする合目的性は客観的合目的性とみなした。他方ディルタイでは「心的生の構造連関」のうちに存する合目的性は、主観的内的であって、それは内的経験によって与えられうる、とみられる。ディルタイの立場からみれば、生物学的認識の前提としての客観的な内的合目的性は、仮説的にとどまるであろう。さらに「人生の価値」の判定の根拠についても、両者の「間」には根本的な差異があることも明らかである。

マックリールは、「生の感情」のなかでカントとディルタイとの共通性にかんして両者がともに生が意識を介して接近しうること、また生物学的な過程の研究を通じてのみ導きだしうることを指摘している。(23)他方、カントの生の概念の不十分性としてマックリールは、この概念が「抽象的な主観的な原理」にとどまっている点を指摘する。また、ディルタイにとって「人間の歴史はディルタイの生の連結の真の具体性」であったのに対して、カントでは「このような発展という歴史的意味が——認識論でも、生の概念でも——欠けている」[24]、と批判している。カントの歴史観の解釈にかんしては後述することにして、ここでは生の概念に対する批判に一瞥を加えておく。

マックリールによるこのカント批判の前提には、美的感情の把握の仕方が不可分に結びついている。端的に言えば、マックリールは、『判断力批判』の美的感情を『人間学』の「内面的感官」と同一視している[25]。しかし、このような解釈は妥当であろうか。美的な快・不快の感情の働きをなす「共通感覚」(sensus communis)とは、『判断力批判』のうちで確立された狭義の「共通感覚」にかんするかぎり、「美感的共通感覚」(sensus communis ästheticus)を意味する。それは、いわゆる「常識」(Gemeinsinn)としての「論理的共通感覚」(sensus communis logicus)とは明確に区別されている。それはまた、構想力と悟性との自由な戯れという心性の調和的状態の結果として「主観的普遍性」を要求しうる、理想的な規範を意味する。「共通感覚」とは、したがって快・不快の美的感情は、感官にも、悟性にも、そして理性に基づくものでもなく、構想力と悟性との偶然的な一致という複合的働きに依拠する感情にほかならない。それは、「われわれ自身を他のすべての人々の立場に置き移すことによって」、すべての他者に対する「普遍的賛同」を要求する感情であり、快の普遍的伝達可能性を主張しうるかぎり、「私的感情(Privatgefühl)ではなく、共同体的な感情(ein gemeinschaftliches Gefühl)」(V, 239)を意味する。「共通感覚」とは、カント自身が指摘するように優れた意味で「共同体的感覚」(gemeinschaftlicher Sinn)に他ならない。この「感覚」に基づく「視野の広い考え方」に着目したアーレントが、それを「代表的思考」とみなして、美感的判断力を「人間の精神的能力のうちでもっとも政治的なものである」[26]と解釈したのも、決して故なきことではなかった。アーレントこそ、近代に共通感覚が世界とは無関係の内部的な能力になったことを指摘し、その克服の手がかりをカントのうちに見いだした哲学者だからである。「共通感覚」と「生の感情」とは、決して同一の「内面的感官」とみなされることができないのである。

こうしてみると、先の「カントにとって生は抽象的な主観的原理にとどまる」というマックリールの批判もまた、少なからず修正を余儀なくされる、とみるべきである。かつてガーダマーは、『真理と方法』のなかで『判断力批判』における哲学的美学の基礎づけと「共通感覚論」の試みに対して美学を主観主義化するものであると批判した[27]。ところが、著者は、アーレントのカント解釈と、マックリールのディルタイ解釈のうちに、それとは異質な思考の方向性を看取することができる。著者は、カントの生の感情の解釈学的含意を決して看過してはならない、と考える。

また、以上の本章の考察を踏まえるならば、従来の大方の哲学史家の把握とは異なり、カントとディルタイとの関係は、たんに「超越論哲学対解釈学」という単純な把握図式では理解不可能であるだけでなく、この二人の哲学者のうちに「超越論哲学から解釈学へ」と解しうる思想展開を看取しうることも明らかにされた。

6 結論――カントの歴史的理性批判の試み

最後に、カントの場合、歴史に対する哲学的反省ないし歴史認識がどのような性格をもち、それがカントの哲学体系のなかでどのような位置を占めうるのか、という問題について簡単に触れておく。それとともに、カントのうちにみられる「歴史的理性批判」の試みに一瞥を加えておきたい。

周知のように、かつてディルタイが批判したように、たしかにカントは三批判書に続く『歴史的理性批判』という書物を書き残してはいない[28]。また、従来の哲学史の通説によれば、歴史哲学の体系化の試みは、ヘーゲルに帰せられており、したがってカントのうちにそうした企図を見いだすことは困難である。しかしK・フィッシャーも指摘するように、カント自身歴史哲学の体系的視点をすでに提示している、とみることができる[29]。それは、歴史の起源(『世界市民的見地における普遍史の理念』)と歴史の現段階(『啓蒙とはなにか』)、そして歴史の目的ないし未来にかんする問い(『万物の終わり』)という三つの観点にある。ではカントにとって歴史への問いは、どのような意義を有するのであろうか。

カントにとって歴史に対する哲学的探究とは、歴史の意味に対する問いを意味した。それは歴史とはなにか、歴史とは何であったかと問うのではなく、歴史はいかにあるべきか、と問うものである。それは人間社会の知的探究をめざすのではなく、人類の将来にかかわる優れた実践的な関心に根差した問いである。ここには、世代間倫理を先取りした思想が看取できる。したがってカントの歴史哲学は、歴史を見る立場から考察するのではなく、歴史を形成する立場に基づく学であった。それゆえカントの歴史哲学は、いわゆる歴史科学とは異なり、理論哲学に属するのではなく、実践哲学に属する。とはいえそれは、道徳形而上学およびその基礎づけの学とは異なり、道徳法則の可能性およびその義務の諸相をアプリオリに考察するのではなく、現象としての歴史的事象との関係によってその適用可能性を考察するかぎり、純粋哲学に属するのではなく、実践哲学の応用的部門に属する、とみるべきである。

さらに言えば、カントの歴史哲学的認識は、歴史を「最高善」(das höchste Gut)の実践的理念に従って意味づける営みであるかぎり、歴史を「説明する」理論ではなく、それを「理解する」試みである。第三批判における歴史と文化との関係をめぐる論述のうちに、著者は「自由の歴史」の自覚的な表現と歴史理解の営みとを看取することができる。しかし他方、カントの歴史哲学的思考のうちには、ヘーゲルの「理性の狡智」の先駆とも言われる「自然の意図」に基づく「自然の歴史」の見方があり、カントの道徳的自由論との矛盾を指摘する多くの非難は、およそこの点に向けられたもの、とみることができる。[30]

この問題は、カントにおける歴史哲学的問いが狭義の歴史的理性の批判に向かうのではなく、むしろ歴史的な反省的判断力の批判に対する探究へと向かうよう促している。すると、上述のマックリールの解釈は、このコンテクストで改めて検討すべき重要な問題提起であるように思われる。この問題はまた、A・C・ダントーの「物語理論」やH・アーレントの歴史家による歴史の物語の意義を照射することになるはずである。[31]

この課題はまた、本章の冒頭で指摘したように、歴史のなかで生きる一人ひとりの人生観や世界観、さまざまな価値観をめぐる普遍主義的言説と相対主義的言説との「形而上学の戦場」にすべての人間を連れ戻すことになるであろう。この課題については、章を改めて考察する。

注

（1）英米圏における相対主義と絶対主義との論争状況については、つとに下記の文献などでも紹介されているので、本章では、立ち入らないことにする。J・W・メイランド、M・クラウス編『相対主義の可能性』（常俊宗三郎、戸田省二郎、加茂直樹訳、産業図書、一九八九年）。また、同様に普遍主義をめぐる価値論争とも呼びうる状況分析については、D・ラスマセン編『普遍主義対共同体主義』（菊池理夫・山口晃・有賀誠訳、日本経済評論社、一九九八年）などでも、紹介されている。さらに、グローバルな正義と道徳的普遍主義との関係については、トマス・ポッゲ『世界的貧困と人権』（立岩真也監訳、生活書院、二〇一〇年、「第四章　道徳的普遍主義とグローバルな経済正義」、一五五頁以下）を参照。

（2）Vgl. H.-G. Gadamer, Kant und die philosophische Hermeneutik, in: *Kant-Studien*, Bd. 66, 1975, S. 395-404.

（3）Vgl. D. Bischoff, *W. Diltheys Lebensphilosophie*, Leipzig 1935, S. 7.

（4）Vgl. Bischoff, *a.a.O.*

（5）O. F. Bollnow, *Dilthey — Eine Einführung in seine Philosophie*, Stuttgart, 2. Aufl., 1955.『ディルタイ』（未來社、麻生建訳、五六頁以下）を参照。

（6）Vgl. Bischoff, *a.a.O.*

（7）Vgl. P. Krausser, *Kritik der endlichen Vernunft*, Frankfurt a. M. 1968, S. 97, 178.

（8）Vgl. H. Ineichen, Diltheys Kant-Kritik, in: *Dilthey-Jahrbuch*, Bd. 2, 1984, S. 51-64.

（9）Vgl. R. Makkreel, *Dilthey — Philosopher of the Human Studies*, Princeton and London, 1975.『ディルタイ』（大野篤一郎他訳、法政大学出版局）。

（10）Makkreel, *ibid.*, p. 223.（同訳書、二五八頁。）

（11）Makkreel, *ibid.*（同訳書、同箇所。）

（12）Vgl. Makkreel, *ibid.*, p. 222f.（同訳書、二五七頁）を参照。

（13）Makkreel, *ibid.*, p. 223.（同訳書、二五七頁。）

（14）Bischoff, *a.a.O.*, S. 6f.

（15）Bischoff, *a.a.O.*, S. 52. また、マックリール『ディルタイ』（同訳書、二五九頁）を参照。

（16）O. F. Bollnow, *Studien zur Hermeneutik*, Bd. 1. Freiburg/ Müinchen, 1982.（『解釈学研究』西村皓、森田孝監訳、玉川大学出版局、五一頁。）

（17）Bollnow, *a.a.O.*（同訳書、同箇所。）なお、ディルタイ全集第一四巻の編者、マルティン・レディカーは、『純粋理性批判』と同年に刊行されたヘルダーの神学研究にかんする書簡に同趣旨の考えがみられ、これが上記の

「規則」のもっとも一般的な起源である、とみている。Vgl. XIV liv., 1966. しかし、ここではこの問題に立ち入る余裕はない。

(18) Bollnow, *a.a.O.*（同訳書、同箇所。）

(19) カントの『判断力批判』における「説明」と「理解」の区別と関係、「描出」と批判哲学全体における「自然の技巧」の位置づけなどについては、拙論「カントの美学と目的論の思想――『判断力批判』における「自然の技巧」の射程」（坂部・有福・牧野編『カント全集』別巻、岩波書店、二〇〇六年、一八七―二〇五頁）を参照。

(20) 最新のディルタイの内在的研究文献でも、カントの『判断力批判』とディルタイの歴史的理性批判および歴史の解釈学との関係に着目する研究は、『判断力批判』の第一部門の美感的判断力批判における「共通感覚」にかんする議論や美的経験に限定されており、アーレントとの関連に立ち入った論考は依然として見られない。例えば、ドイツ語圏および英語圏の代表的なディルタイ研究者の編集・執筆による次の文献を参照されたい。Hans-Ulrich Lessing/Rudolf A. Makkreel/Riccardo Pozzo（Hrsg.）, *Recent Contributions to Dilthey's Philosophy of the Human Sciences*. Stuttgart 2011, pp. 83-103.

(21) ヴィンフリート・メニングハウス『吐き気　ある強烈な感覚の理論と歴史』（竹峰義和・知野ゆり・由比俊行訳、法政大学出版局、二〇一〇年、一九九―二〇〇頁）参照。

(22) 中期ディルタイの心的構造連関にかんしては、大野篤一郎「ディルタイの記述的分析的心理学における生の構造」（『哲学論叢』大阪大学文学部哲学哲学史第二講座編、第七号、一九八〇年十月、一三頁）を参照。

(23) Vgl. R. Makkreel, The Feeling of Life: Some Kantian Sources of Life-Philosophy, in: *Dilthey-Jahrbuch*, Bd. 3, 1985, S. 103.

(24) R. Makkreel, *a.a.O.*

(25) R. Makkreel, *a.a.O.*, S. 102.

(26) H. Arendt, Thinking and moral considerations: a lecture, in: *Social Research*, 38（3）, p. 446.

(27) Vgl. H.-G. Gadamer, *Wahrheit und Methode*, 5. Aufl., Tübingen 1986, S. 45-47.（『真理と方法I』轡田・三島他訳、法政大学出版局、五八―五九頁。）

(28) Vgl. Dilthey, *Gesammelte Schriften*, Bd. 7, S. 115, 192.

(29) Vgl. K. Fischer, *Geschichte der neuern Philosophie*, 5. Aufl., Heidelberg 1910, Bd. 5, S. 239f.

(30) 本章では、この問題に立ち入ることはできない。詳細については以下の拙著を参照されたい。拙著『遠近法主義の哲学』弘文堂、一九九六年、一八六頁以下。

(31) Vgl. A. C. Danto, *Analytical Philosophy of History*, 1965, pp. 142, 174, 233ff. Arendt, *Lectures on Kant's Political Philosophy*, Chicago 1982, pp. 56ff.（浜田義文監訳『カント政治哲学の講義』法政大学出版局、八四頁以下。）

第八章　ディルタイと歴史的理性批判の射程

――ディルタイ哲学の現代的意義――

1　問題提起

本章の課題は、「歴史の進歩」や明るい未来を描けない世界中の多くの人間にとって、明確な解答を与えがたい難問である。特に「ポスト3・11」のリスク化した日本社会に生きる人々は、歴史の行く末に対して肯定的に語る意味を見いだせないのが実情であろう。この事態は、哲学の「存在根拠」と「持続可能性」そのものを問い直すことを促しているように思われる。そこで本題に立ち入る前に、本章の問題提起と考察方法について、若干の予備的説明を加えておく。

かつてディルタイは、古代ギリシア以来の伝統的な哲学の根本的問いである「人間とはなにか」に対して、「人間とはなにかについては、歴史のみが人間に教示する」（VII, 226）と答えた。他方、こうした伝統的哲学に反旗を翻したアーレントは、『人間の条件』の中でこの問いに代えて「人間の条件とはなにか」

という問いを立て、労働（labor）・仕事（work）と区別された活動（action）に依拠した「自由な政治」のうちにその最終的解答を見いだそうとした。また、アーレントの同時代人でチェコスロヴァキア人のヤン・パトチカは、晩年の主著『歴史哲学についての異端的論考』（一九七五年）の中で、アーレントの『人間の条件』に触れ、「実践的で活動的な生活の分析を、現象学的に引き継ぐように試みる必要がある」[1]、と表明している。「プラハの春」を軍事介入によって弾圧した旧ソ連軍の犠牲者の一人となった彼は、この論考で「歴史に意味はあるか」と繰り返し問い、「意味喪失の経験は、あらゆる意味は人間に中心を持ち、生に対して相対的ではないのか、という問いに導く。もしもそうであるならば、我々はニヒリズムに直面することになる」[2]という悲痛な自問自答を表明している。この問いは、パトチカがアーレントを引き合いに出して問い続けた、「歴史」とその意味への問いを読者に反復させている。この問いは、日本社会で厳しい現実に直面して真摯に生きようとする人間には、とりわけ震災・原発事故の被災者・避難者にとっても共通の不可避の課題である。本章では、これらの問題意識に基づいて、改めて原理的な次元からこの課題の理論的な基礎を問い直すことを意図する。

第一の課題は、ディルタイ自身が当時すでに取り組んでいた学問論（Wissenschaftslehre）としての哲学と人生論としての哲学との二元論にかかわる問題である。かつてH・プレスナーは、ディルタイの歴史的理性批判の試みについて、「たんなる学問論としての哲学と自由な人生論としての哲学との二元論を克服しようと努めた[3]」試みを高く評価した。この評価は、今日依然として少しも色あせていない。日本では、これまでグローバルな規模でも経験したことのない急速な少子高齢化社会を迎えて、とりわけ高齢者にとって定年退職後の二十年間以上の人生をどのように生きるべきかという第二の人生の意味が問い直されている。また、若者には高齢者の老後の生活を保障する年金制度に対する不公平観や不信感が急速に高まり、それとも関連して青少年の間に生き甲斐の喪失の結果ともみられる不可解な殺人事件などの特異な社会現象が頻発している。さらに人間が誕生から死にいたるまで医療技術によって管理される今日、古来、生・生命・人生の意味を根本的かつ総合的に考察してきた哲学・倫理学の役割は、ますます高まっている。

ところが、こうしたきわめて重要な社会的要請を担っている哲学・倫理学などの哲学的諸学問の教育研究の現場は、応用倫理学・臨床哲学等の一部の領域を除けば、充実しているどころか、教育研究の場そのものが衰退し消滅の危機にさらされているのが実情である。本章は、これらの課題に正面から答えることを意図しているわけではない。しかし、現在哲学研究と哲学教育に携わっている人間は、このような状況を的確に把握して、さまざまな立場と方法に基づいて、生・生命・人生の意味を根本的に問い直すことが求められている。本章は、ディルタイ思想とその「生の哲学」の再検討を通じて、これらの課題に取り組むための基礎的作業の試みでもある。

第二の課題は、ディルタイ自身が「歴史的理性批判」と呼んだ試みと「生の哲学」、とりわけ「心的生」(Seelenleben) およびその「体験」(Erlebnis) との関係を再検討することにある。周知のようにディルタイの思想は、従来「生の哲学」と呼ばれる思潮に属するとみられてきた。ディルタイを「生の哲学」の代表的人物とみなす見解は、彼を肯定的に評価するにせよ、否定的に批判するにせよ、いずれの立場に立つ場合でも、共通した哲学史的な通説であり、「常識」に属する事柄である。また、二十世紀哲学の一般的な理解によれば、非合理主義的な「生の哲学」は「実存主義」ないし「実存哲学」によって乗り越えられた過去の哲学思想の一形態にすぎないとみられてきた。この点についても、改めて検討する必要のない哲学的確信になっている。

第三の課題は、とりわけガーダマーの『真理と方法』以降ほぼ通説化したディルタイ批判の基本的視点にかんする論点にある。晩年のディルタイはたしかに哲学的に解釈学的方法を導入したが、依然として自然科学的な客観的な真理観にとらわれており、所詮ハイデガーなどに与えた哲学的解釈学の先駆者としての意義にとどまる、とみるのが一般的な見解である。例えば、ガーダマーは「彼〔ディルタイ〕は生の不確実性や不安定性の克服を、社会への同化や生の体験が与える安定化よりも、〔自然〕科学に期待してしまった」[4]、と批判する。本章の課題からみて、重要な意味をもつガーダマーによるディルタイ批判の要点は、次の四点に整理可能である。第一に、ディルタイの哲学は、本質的に「生の哲学」にとどまる。第二に、ディルタイによる「歴史的理性の批判」の企ては、カントの『純粋理性批判』を補完する試みにすぎない。第三に、ディルタイの精神科学における「経験」は、自然科学における経験とは根本的に異なった「歴史的経験」であるが、これがどのようにして科学となりうるのかという問いに回答を与えていない。第四に、個人の経験とその認識は、どのようにして歴史的経験へと高まることができるかという問いに答えていない。だが、こうしたガーダマーによるディルタイ批判は、果たしてどれだけの妥当性を有するのだろうか。今日では、通説化されたこの見解は、もはや再検討・再吟味する必要のないほど自明の「真理と方法」であるように思われてきた。

しかし、「ディルタイ・ルネサンス」と呼ばれる近年のディルタイ研究の成果は、次のような諸点を明らかにした。第一に、こうした見方がたんに一面的であるだけでなく、第二に、ディルタイ思想の重要な意義を見逃しており、第三に、今日の哲学的思索にとっても有意義な示唆を与えた事実を覆い隠してきた。

実際、「ディルタイ・ルネサンス」のグローバルな展開は、十数年前から刊行を開始した日本語版ディルタイ全集以外に、早くから刊行された英語版の著作集やフランス語版、イタリア語版、ロシア語版の著作集やオランダ語訳、スペイン語やポルトガル語の主要な著作の刊行など広範多岐にわたる一次文献の翻訳からも、その一端を窺うことができる。そこで本章では、数年前に約百年の歳月をかけて完結したドイツ語版全集（全二十六巻）の遺稿類から浮かび上がってきたディルタイ像に光を当ててみたい[5]。また、そのことによって著者は、従来のディルタイ評価や批判の一面性を指摘し、従来のディルタイ解釈によって隠されてきた重要な意義を再評価し、今日の哲学的思索とディルタイ哲学との積極的な関係を解明してみたい。本章では、それによって従来の解釈では十分解明されなかった、知のあり方をトータルに捉え直そうとした「歴史的理性批判」の営みの射程を測定することも可能になるであろう。

結論を先取りして言えば、ディルタイの哲学的思索の営みは、非合理主義的な生の哲学とは異なり、たんに精神科学の基礎づけの学にとどまらず、自然科学を含むあらゆる知の可能性の条件を問う壮大な試みであった。また、こうした学問論、科学論の試みは、人生論とも不可分であり、優れて実践的な意図のもとで歴史的社会的現実をさまざまな生の「自己省察」という心理学的分析から解釈学的な方法によって明らかにしようとした弛みない努力の成果であった。そして、ディルタイの思索の営みは、今日、多くの哲学者・思想家によってさまざまに継承され、いっそう豊かな意味づけを与えられ、さらなる展開を遂げている。さらに言えば、現代人は、例外なく、これらの課題やそれらの錯綜した複雑化した状況のなかで、生活することを強いられている。そうした意味で、上記の諸課題は、いまでも乗り越えられていない普遍的課題である。そこで、上記のガーダマーによるディルタイ批判とそれに依拠したハーバマースのディルタイ批判を手がかりに、これらの課題に取り組むことにしたい。

2　ディルタイ像の変遷と論争点の移行

ディルタイ哲学の評価や歴史的および今日的意義を再検討する場合に、確認しておくべき幾つかの論点がある。端的に言えば、ディルタイの生前および没後にわたりその思想や解釈・評価をめぐって大きな変遷があったという点である。第一に指摘すべき論点は、ディルタイは哲学者というよりも歴史家であった、という評価についてである。『シュライアーマッハーの生涯』（第一巻、一八七〇年）以来、ディルタイは精神科学の重要な歴史家とみなされてきたが、体系的な哲学者としてはみられていなかった。この伝統的な評価と深く結びついてきたディルタイ像は、大方の予想を超えてその後も実に大きな影響を与えてきた。例えば、ハンナ・アーレントは、ディルタイ思想全体の紹介を英語で初めて試みた書物、ハーバート・ホッジス『ヴィルヘルム・ディルタイ　序論』(6)に対する書評「哲学者および歴史家としてのディルタイ」(7)のなかで、ディルタイは哲学者というよりは歴史家である、と述べている。また『人間の条件』のなかではディルタイを「生の哲学者」に属する思想家から除外している。そして「近代の生の哲学の最大の代表者は、生命と存在とを同等視しているかぎり、マルクスとニーチェとベルクソンである(8)」、と主張している。しかし、これらのディルタイに対する見解はどこまで妥当であろうか。また、アーレントのこのディルタイ評価は、どのような意味をもち、どのような課題を投げかけているのだろうか。

第二に、周知のようにディルタイの第一の哲学的主著『精神科学序説』（第一巻、一八八三年）の刊行年に、ヴィンデルバントは『プレルーディエン』のなかで「歴史的理性批判は大いに称賛されるべき試みであるが、それはあくまで一つの批判にすぎず、また批判であるかぎり、この試みには規範が必要である」[9]と厳しく批判している。ヴィンデルバントは、ディルタイの発生的心理学には普遍妥当性を基礎づける規範が欠けているという批判の刃を突きつけたのである。また、彼の弟子のハインリッヒ・リッカートは、ディルタイ没九年後に『生の哲学』（一九二〇年）のなかでディルタイなどの生の哲学が現代の哲学における流行思想であると解釈しており、その批判を試みている。ちなみに、この書物のサブタイトルは「現代における哲学的な流行思想の叙述および批判」と名付けられている。著者のリッカートは、生そのものが流行概念であり、ディルタイの生の哲学は生物学主義であると批判している。そしてリッカートもまた、アーレントと同じく「ディルタイは哲学者であるよりもむしろ歴史家である」という主張を展開したのである[10]。

アーレントやリッカートによるディルタイの評価は、両者の理由づけの相違を差し当たり度外視すれば、両者とも共通であり、こうした評価そのものは、両者にかぎらぬ長い間のディルタイ評価のカノンであった。本章では、こうしたディルタイ解釈上の通説的な見解を個別的に検討することを意図するものではない。むしろ、著者は、これらの歴史家としての批判的評価とは異質な意味で、今日歴史哲学者としてではなく、歴史の物語理論の先駆的な意義をディルタイ思想に見いだすことができると指摘したいのである[11]。

第三に、ディルタイを解釈学との関係から把握する見方は、次のような経緯に依拠している。それは、死後十年以上経過して一九二四年に刊行されたディルタイ全集第五巻（タイトル『精神的世界　生の哲学序論』前半　精神科学の基礎づけのための諸論考[12]』の編者ゲオルク・ミッシュによる浩瀚な「序論」（Vorbericht des

Herausgebers）が、「心理学から解釈学へ von der Psychologie zur Hermeneutik」（V, IX）というディルタイの思索の解釈の発展図式を確立したことが大きく影響している。また、その前年に『ヨルク・フォン・ヴァルテンブルク伯との往復書簡』が刊行され、この書物によって「歴史的理性批判」がディルタイの哲学的思索の中心課題であることが認識されるにいたった[13]。

ドイツ語版全集・第一巻に収録された『精神科学序説』第一巻では、ディルタイ自身は、カントの純粋理性批判の試みと類比的なタイトルから推測されるような誤解を解くための努力を怠っていたわけではない。ちなみに、『精神科学序説』第二巻は未公刊の完成稿が全集・第十九巻に収録されてほぼ百年後の一九八三年にようやく日の目をみた。それによってようやく読者は、この書物の全体像を正確に把握することが可能となった。この文献学的な特殊状況もまた、ディルタイの思索を正確に把握することを困難にさせてきた大きな要因であった。第十九巻の編者が看破したように、『精神科学序説』の主題的論述は、その第二巻にある。

また、ディルタイは決して歴史哲学者と解釈されてもならない。なぜなら、『精神科学序説』第一巻でディルタイが明確に批判しているように、歴史哲学とは、次のような学問を意味したからである。それは歴史的全体を統一性として認識しようとする企てである。それゆえ、歴史的経過や諸変化を一つの定式によって把握して唯一の原理へと還元しようとする。さらに、歴史の意味ないし歴史的な経過の価値および目標を有機的に分節化しようとするのである[14]。

要するに、ディルタイは歴史哲学的な探究を企図したのではなく、精神諸科学の認識論的な基礎づけを試みたのである。しかしこの試みの内実と方法は、心理学的な基礎づけから解釈学的な方法の試みへと徐々に変容を遂げたものの、ディルタイは、最晩年にいたるまで「歴史的理性批判」の試みを捨てることはなかった。ここでは彼の試みの一断面を今日の哲学的文脈から改めて検討する。

3　ディルタイとポスト形而上学的思考

ここでの狙いは、ディルタイのポスト形而上学的思考の意義を照らし出すことにある。それによって、哲学史におけるディルタイ解釈の変貌がおのずからあらわとなるであろう。このような試みを遂行するために本章では、一九八八年に刊行された『ポストないし脱形而上学的思考』[15]というユルゲン・ハーバマースの論文集で展開されたディルタイ批判を手がかりにして、ディルタイ哲学とポスト形而上学的思考との関係に立ち入ってみたい[16]。

周知のように、この書物でハーバマースが指摘する哲学の伝統的思考との断絶を特徴づけるモティーフは、「脱形而上学的思考」(nachmetaphysisches Denken)、「言語論的転回」(linguistische Wende)、「理性の状況化」(Situierung der Vernunft)、「実践に対する理論の優位の逆転」(Umkehrung des Vorrangs der Theorie vor der Praxis) の四つの論点にあった[17]。そのなかで名前を出して明示的にディルタイの批判を試みたのは、まず第一に、理性の状況化にかんする議論である。「超越論的意識を言語、行為、身体などに「具体化」して考え、理性を社会と歴史へと位置づけて状況化する試み」の一つの流れとして、「ディルタイを経てガーダマーにいたる路線で展開されてきた」(三二頁) と指摘している。しかし、ここではディルタイに対する直接的な議論はみられない。

別の箇所では、ハーバマースは、ディルタイの歴史的理性批判の試みに着目している。「普遍性・超時間性・必然性という形而上学的な属性は超越論的主観性の超世界的な位置づけへと転移されていたが、この位置づけは、最初に、新しい精神の諸前提と衝突した」（五八頁）事実を指摘して、そのことによってディルタイには歴史的理性批判が要請される、とみなす。ハーバマースによれば、「ディルタイは、根源をもたずあらゆる偶発性と自然必然性を免れた総合的な働きがいまや世界のなかに場所を見いだすことができ、それでいてその働きと世界構成の過程との内的結合を放棄する必要がない」（同箇所）という点に、超越論哲学の基本概念を改訂しようとする試みを看取している。要するに、歴史主義と生の哲学は、伝統の媒介、美的経験、個人の身体的・社会的・歴史的実存などに、超越論的主観の古典的概念を破砕せざるをえない認識論的意味を付与した。しかし、「超越論的な総合に代わって現れたのは、「生」の生産性であるが、それは一見すると具体的であるがその実構造を欠いていた」（同箇所）。ハーバマースは、ディルタイをこのように批判するのである。

第二は、脱形而上学的思考にかんする議論である。十九世紀半ば以降、経験科学の権威が哲学に同化を強いることになった点に注目して、ハーバマースは「哲学を自然科学や精神科学に、あるいは論理学や数学に同化しようとする試みのほうも、新たな問題を生み出した」と指摘し、「ディルタイや歴史主義は哲学を哲学史と世界観の類型学へと解体した」（五三頁）と批判している。もっともこの最後の批判の論点は、すでにディルタイとフッサールとの往復書簡から窺われるような「学問的哲学対世界観学の哲学」という解釈図式を踏襲している。

第三は、理論と実践との関係にかんする議論である。ハーバマースは、「哲学が科学というシステムのうちに引き戻されて、他の専門科学と並ぶひとつの学問的な専門科目として確立されるにつれて、哲学は、ますます真理への特権的な通路であることを、理論の救済意味であることを断念しなければならなくなった」（六九頁）という現実を踏まえて、「それでも哲学は、他の科学的分野とは異なり、理論以前の知識や生活世界の非対象的な総体に対しても、それなりの関係を維持している」事実に注意を向けている。すると哲学は、ハーバマースによれば、こうした地点から科学全体を振り返り、諸科学の自己反省を推し進めることができ、それによって科学以前の実践のなかに科学的な理論形成の意味の基底を露呈させるのである。ディルタイからガーダマーに達する哲学的解釈学は、「生成と妥当とのあいだのこうした内的連関を明るみに出してきた」（七〇頁）。このようにして実践に対する理論の古典的な優位は、揺さぶりをかけられたわけである。

ハーバマースによるディルタイに対する評価と批判は、大略以上である。端的に言えば、「言語論的転回」を除く上述の三つのモティーフ、「脱形而上学的思考」「理性の状況化」「実践に対する理論の優位の逆転」に関連したディルタイ評価は、おおむね厳しいものであった。ディルタイの生の概念に対する把握は、批判の視点の相違はあってもリッカート以降ハーバマースにいたっても、依然として否定的であった。もちろん、ハーバマースのディルタイ評価と批判は、リッカート、アーレントと比較すれば、はるかに綿密な考察に裏打ちされ、しかも公平であるように思われる。しかし、上述のようなハーバマースのディルタイの理解の仕方は、どこまで妥当であると言えるであろうか。本章では、ディルタイの「生の体験」や「意識の事実」に論点を絞って、この疑問に対する暫定的な結論を導き出してみることにしたい。

4 意識の事実と現象性の原理

ディルタイの哲学思想を全体的な視野のもとで的確に把握することは、二十一世紀に入り全集の刊行が着実に進行し、多くの研究成果が刊行されてきたにもかかわらず、依然として多くの困難に直面している。このことは否定できない事実である。その理由の一つとしては、ディルタイによる哲学的な概念の用語法が指摘できる。実際、彼は早い段階から晩年にいたるまでカントやヘーゲルの用語を自分独自の思想的表現の手段にすることによって、読者を混乱に陥れてきたからである。第二の理由としては、このような事実と関連してディルタイが自身の思索の成果である論文の刊行をしばしば中断して、一見したところ異質ともみられる研究に向かうことも少なくなかったからである。初期の大著『シュライアーマッハーの生涯』や中期の代表作『精神科学序説』なども、いずれも第一巻で中断しており、そのためディルタイは「第一巻の男」と呼ばれ、晩年にいたり、弟子たちからも「謎の老人」とも呼ばれた事実は、その一端を窺わせるものである。

これらの事態は、ここでの主題である「意識の事実」や「現象性の原理［命題］」、「生の体験」の正確な理解を妨げてきたことにも、注意を促しておきたい。ディルタイの成熟した思想内容に即して解釈すれば、「意識の事実」も「現象性の原理」や「生の体験」も、「意識」「事実」「現象性」「生」「体験」などの概念の把握とともに従来の通説的な理解や解釈・評価とは対照的とも言えるほど異なっていることに気づかれるはずである。さらに「歴史的理性批判」はディルタイ哲学の体系とみるべきか、それともプロジェクトとみるべきかについては、研究者の間でも、さまざまな議論をいまなお呼び起こしている。しかしディルタイは、『精神科学序説』第一巻（一八八三年刊）でカントの「純粋理性批判」の試みと類比的な「歴史的理性批判」の試みを企て、曲折や中断があったとしても最晩年までこのプロジェクトを維持し、発展させようとしたことは否定できない。これはすでに指摘したとおりである。『序説』ではこの試みは「意識の事実」（Tatsachen des Bewußtseins）の分析によって展開されている、と言ってよい。

ここでは「意識の事実」は、自然科学とは区別された精神科学の哲学的原理を構築しようと企図した「歴史的理性批判」の内実を示している。ここでは「意識の事実」の分析によって、精神科学の事実から出発して、こうした事実を歴史的に説明し、人間の認識能力のうちにある精神科学の根拠、言い換えれば、精神科学の事実を可能にする主観的な条件を明らかにしようと企図している。この試みは、「意識の事実」が「確実な知識に対する最終的で唯一の審級」であることを解明しようと意図していた。

しかし、このことはディルタイが「意識の事実」が伝統的な形而上学のように無条件的で絶対的な理論であることを主張した、と理解してはならない。ディルタイは、どこまでも経験を重視し、現実世界に根差して表象主義や主客二元論、意識の内と外の区別と不可避なアポリア、外界の実在性の因果的推論による証明などを斥けようとしてきたからである。『精神科学序説』第一巻では、周知のように理論重視の知性主義や表象主義の批判から開始されていた。「ロック、ヒューム、カントが構成した認識主体の血管を流れているのは、本物の血ではなく、たんなる思考活動としての理性の薄められた液体にすぎない」（I, XVIII）。ところがディルタイは「探究の方法は、現代の抽象的な科学的思考のすべての構成要素を、経験や言語研究や歴史研究が示すような全体的人間本性と結びつけ、これらの構成要素と人間本性との連関を求める」（*ibid.*）ことを洞察していた。

このようにディルタイの哲学的思索の出発点は、全体的人間本性であった。「この全体的人間本性の実在的な生の過程は、意志し、感じ、表象することに即してその多様な側面をもつにすぎない」（*ibid.*）。人間は歴史的現実のなかで生活するかぎり、認識の主体もまた、歴史的で心的な全体的な現実の統一体である。ではディルタイはやはり歴史主義と心理主義が陥る相対主義から免れないのであろうか。ちなみに、クルト・フラッシュは「ディルタイは生の哲学者ではなく、相対主義の危険に直面して驚愕した歴史経験の証人である」[18]、と指摘している。これらの疑問や問題提起に答えることも含めて、執筆後ほぼ百年を経て日の目をみた資料を手がかりに、「意識の事実」と精神科学の基礎づけの作業をさらに考察してみたい。

一九八二年に全集版第十九巻に収録されて初めて刊行された『精神科学序説』第二巻の完成原稿（一八八〇年／九〇年頃執筆。いわゆるブレスラウ完成稿を含む）の第四部の第一編には、第四部「認識の基礎づけ」の第一章は「意識の事実」というタイトルが付され、その第一節は「現象性の原理」（Der Satz der Phänomenalität）と称されている。また、同じ十九巻には、ディルタイ中期の論考である「生と認識。認識論的論理学とカテゴリー論の試み」（一八九二／九三年）が収録されており、そこでは従来それ以降の晩年の成果とされていた「生のカテゴリー」が約三十頁にわたり詳細に展開されている。これらの通説を覆すような新たな遺稿にみられるディルタイの思索の成果は、上述のハーバマースのディルタイ評価にもまだ反映されていないのである。

この第四部では、「意識の事実にかんする学問は経験科学（Erfahrungswissenschaft）である」（XIX, 81）という主張を含む論述内容からみて、たんに精神科学の基礎づけだけでなく、自然科学を含むすべての科学的知識と哲学的知の基礎づけが探究されている、と言ってよい。最初の章の冒頭部分で「現象性の命題」という原理とは、「すべては意識の事実であり、したがって意識の諸条件にしたがう」（XIX, 60）と言われている。さらに「これらすべての対象は、私が関係する人物でさえも、私にとっては意識の事実にすぎない。意識の事実は、そこから客観が成立する唯一の素材である」（XIX, 58）、と明言されている。

ここでまず注意すべきは、この原理がすべての事物を人間の意識に還元する懐疑主義的な現象主義でも、現象と物自体との区別に依拠した現象のカント的な表象主義でもないという点である。また、この意識を超越論的な意識とも、経験的な意識とも理解してはならない。実際、ディルタイは、意識は定義できないと考えており、「意識をそれ以上の分析が不可能な究極の所与として提示できる」（XIX, 59）だけである、と述べている。このような意識に与えられたものを「意識の事実」として、その客観的な確実性のうちで捉える意識のあり方が「覚知」（Innewerden）と呼ばれる働きである。この働きは、意識そのものを客観化しうる内的観察、内省とは異なる。自我の内的観察では、主観のうちに主観と客観との対立構造が見いだされる。ところが、「覚知」（気づき）では、なにかに向かう意識、なにかが与えられている意識の働きに即した、こうした働きに気づくのである。したがって「覚知」では作用と対象とがひとつである、と言ってよい。また、外界や他者と自己との区別も、すでにこの意識の事実のうちでは統一されている、と言えよう。ここでは自己と世界とは根源的に等しく与えられた統一性をなしていることが主張されているのである。「覚知」とは、たんなる意識を超えた働きであり、主観と客観、作用と内容、形式と実質との間のあらゆる反省的な区別に先立つ働きである。

こうしてみると、いわゆる『実在性論考』（一八九〇年）と呼ばれる『外界の実在性についてのわれわれの信念の起源とその信念の正当性とにかんする問いを解決することへの寄与』の第一章では、「現象性の原理」というタイトルが付されて「哲学の最高の命題は現象性の原理である」(V, 90)、と宣言されているのも、納得のいくところであろう。しかし、それにしても「意識の事実」という表現や意志・感情・表象という心の働きの三区分もまた、カント以来の伝統的な概念の呪縛から完全に免れているとは言えないのではないか。そのため、ディルタイがどれだけ伝統的な形而上学的思考法との断絶とその克服を意図しても、その意図や狙いは十分展開できないのではないか。実際、後期の著作になると哲学の最高の原理と言われた「意識の事実」という表現は、姿を消してしまうのである。この事実にかんしては、さまざまな解釈が可能であり、「意識の事実」は晩年まで依然として前提された原理であるとみなすか、それとも「体験」の概念によって無効になった命題であるかについては、ディルタイ研究者の間でも見解の相違がみられる。だが、ここではこの問題に立ち入る余裕はないので、先を急ぐことにしたい。

なお、やはり遺稿『生と認識』でも「思考は生の過程である」こと、「生は構造である。構造は生の連関である。生の反復する経過のうちで生の統一体の分節化(Artikulation)が明瞭な意識にもたらされ、生のカテゴリーが解明される」(XIX, 355)、と生の統一は構造的連関のうちにあることが主張されている。ここではまた、「生の分節化」が説かれており、それによって精神科学の基礎づけの試みは、心理学的なレベルから生物学的レベルへと拡大されている、という解釈も成り立つ。しかし、それでも九五年/六年には(『比較心理学』)、生物学的な基礎づけは放棄されているとみられる。[19] しかしながら、ここでの議論は、人間の生は、歴史的・社会的・文化的に形成され心的構造の他の契機と連関しながら分節化されて発展する、と理解すべきである。したがって上述のリッカートのディルタイ批判は、厳密に言えば、妥当しないと言わなければならないであろう。

5　生の体験

初期のディルタイは、晩年とは異なり体験と理解とを明確に区別しようとしていなかったようである。心的生の全体性を探究するさいに、体験と理解は心の連関を直接的に把握する役割にかんして明確な区別がないと思われる。ところが『解釈学の成立』（一九〇〇年）になると、個性的なものの理解を普遍妥当性にまで高めることの可能性という精神科学に固有の問題に取り組み、自然認識にはない利点として「精神科学の対象は、直接的で内的な現実そのものであり、しかもその現実は内から体験された連関にほかならない」と触れているだけである。

全集第五巻の最後に収録された『詩学への断片』（一九〇七／〇八年）ではディルタイの「体験」のもつ特徴がきわめて生き生きと描出されている。「愛する人の死は、構造的に特別な仕方で苦痛と結びつけられている。ひとつの苦痛が、私が苦痛であると感じているひとつの対象に関連した知覚や表象と、このように構造的に結合していることがひとつの体験なのである」（V, 314）。ここでは「体験」とはそれ自身が内的な構造をもち、この構造のうちでは知覚・把握・感情・思考・意志のもろもろの作用がひとつに結びあわされて、分節化されたひとつの全体をなしていることが語られている。そして、このような体験を把握する概念的な形式が、「生のカテゴリー」の働きであった。この生のカテゴリーは、自然の世界の説明に使用されるカテゴリーとは異なり、歴史的世界の理解においても、重要な役割を果たしていることをこの機会に付け加えておきたい。

これまでの説明からも明らかなように、ディルタイの「体験」は、通常理解されるような主観的な意識状態では決してない。ディルタイにとって「体験」は、意識の志向性でも意識の同一性でもなく、それらの根底にある対象意識の根本的な前提を意味する。つまり「体験」のもつ構造は、統一性と対象との関係だけでなく、唯一性や普遍妥当性という契機もまた、合わせもっているとみられる。さきにディルタイによる「意識の事実」の分析の意図するところをみた。ディルタイにとって「体験」のうちに含まれているものの分析（分節化）が重要な課題となる。体験という出来事が唯一であり、普遍妥当的であることは、外界の実在性を否定するという想定によって反駁され破棄されるのである。なぜなら「そう考えるならば、抵抗しがたい力をもって実在性が私に現前する」（XIX, 43）からである。ディルタイは、外界の存在を証明することが不可能であり、むしろそうした証明は不要である、と述べている。また、こうした外界と意識との関係は、実践的な関係であることも明らかである。

自然科学と精神科学との学問的な区分についても、体験の統一性から派生的に導き出される自然と精神との二元的な区分と同様に、根源的な存在論的な区分とみてはならないことが帰結する。外界と意識との区分は、生の連関のうちで体験されたものを認識主体の態度の相違に依拠させる。『精神科学における歴史的世界の構成』（一九一〇年）によれば、「自然は体験をとおして人間に現に存在してくる」（VII, 93）からである。他方、精神科学は、体験や表現、理解によって成り立つ連関のうちへと認識しながら深く入り込むことによって、たんなる生物学的な生命から「精神」となるプロセスを実現する。したがって精神科学全体は、生による生自身についての学問的な自己意識である、と言ってよい。生は、その体験と表現と理解とからなる連関に基づくかぎり、生の構造連関は、表現構造と理解構造とをもっている。この点からみても、ディルタイの生は、たんに生物学的な生や生命とは異質であることを看過してはならないであろう。

このようにして歴史的な知識の仮説的普遍性もまた、解釈学的にみて可能になった。最晩年の遺稿である『精神科学における歴史的世界の構成の続編の草稿』には、「歴史的理性の批判のためのプラン」という副題が付せられている。だが、こうした構想は、「生の客観態を解釈することによって、われわれの知識は拡張して、体験されている所与以上に及ぶ」（VII, 185）ことができる。理解は、はじめに個人の体験から出発して、自己理解から他者理解、「理解が多くの人々や精神的な想像や共同体へと伸び広がるにつれて、個人の生の地平は広がり、共通なものをつうじて普遍的なものへと導く」（VII, 170）。こうした普遍的な知識によって理解の学問性、科学性は保証されることが可能になる、とディルタイは考えたのである。

6　生の批判的概念

以上のように歴史的理性批判の試みは、歴史的現実の生の自己解釈、自己省察（Selbstbesinnung）の試みでもあった。この「自己省察」もまた、発展史的にみて多義的である。まず「認識論的」（XX, XXXIX 編者序論）であり、次に「歴史的」（XX, 237）であり、「社会の自己省察としての哲学」（XIX, 304.『序説』第二巻の全体計画三部三章）や「人間学的省察」（XX, 236）を意味した。そして歴史的理性批判の射程の拡大・変容とともに解釈学的含意を強めていく。そこでこの試みによって明らかとなったディルタイの「生」の概念を現代的な文脈から位置づけ直すならば、どのように表現できるであろうか。その理解について知の仮説的普遍性の説明を兼ねてさらに立ち入って考察することにしたい。

第一に、生の自己解釈は個体的（individuell）である。なぜなら、この自己解釈はつねに「一つの生き生きしたもの」「生動的なもの」（Lebendigen）から出発するからである。この自己解釈は、あの個体的な生の諸条件の下での一つの個体的な生の統一体（Lebenseinheit）の自己解釈にほかならない。この統一体が一人の人間、他者や特定の社会や集団、人類全体を包摂する「生の独特のシステム」であったとしても、この作用連関は「自己自身に中心をもつ」統一的な主体である。生は内部からのみ把握可能であるという規定は、個体性というモメントによって表されている。

第二に、生の自己解釈はパースペクティヴ（Perspektive）をもつ。なぜなら、諸々の生の統一性は、それぞれが生を限界づける諸構造によってのみ存立することができるからである。また、これらの構造から生の統一体は、それぞれが生の諸条件を解釈する。要するに、諸々の生の統一体は、ある限界づけられたパースペクティヴのうちですでに諸構造、歴史的諸条件を解釈している。「生の地平（Lebenshorizont）」（VII, 177）とは、このようなあり方とみることができる。「この言葉は、ある時代に生きる人間の思考、感情、意欲等と関連する限界づけ（Begrenzung）と理解する」（VII, 177f.）。生は包括的な全体であり、すべてがその関係のなかで理解され、人間は生の背後に遡ることはできないのである。

第三に、生の自己解釈は仮説的（hypothetisch）である。なぜなら、生の諸条件の限界づけられた解釈は、つねに除外され排除された生の諸条件が、そのパースペクティヴには侵入することを予想しなければならないからである。生の諸規定は、つねにある未規定的なものによって制限されているかぎり、こうした規定は上述の意味で仮説的である。つまり、「生の意味についてのわれわれ［人間］の把握は、未規定的なものへと流れ去る」（VII, 233）のである。歴史的生の現実の解釈は、自然主義的意味で客観的ではなくても、このようにして他者への普遍性を仮説的に求めるのである。

第四に、生の自己解釈は再帰的（reflexiv）である。なぜなら、一つの生の意義についての人間の把握の変更は、次のことによってのみ経験することができるからである。つまり、一つの生の統一体は、自己のパースペクティヴの内容から、そのパースペクティヴの立場を分離することによって、あるいは自己を世界から分離することによって、そうした変更が経験可能となるからである。この場合、この分離もまた仮説的であるから、この生の統一体は、自己自身を同時に世界の部分として経験し、同様に生がその世界を規定するように生の世界から規定する。ある個体の生の統一性の自己解釈の再帰性（Reflexivität）は、個体的な生の統一性が生の自己関係性を経験しうる仕方を意味する。自己と外界との作用連関は、こうした人間の生の歴史的現実のあり方を表現している。自己は、他者や世界とそのような「生の交渉」を行うなかで自己を見いだすのである。[21]

第五に、生の自己解釈は不可逆的（irreversibel）である。なぜなら、生の自己解釈はつねに創造的で形態をなしているからであり、生の統一体に対する反省もまた、この生のうちで一つの通路でもあり、それによって生を引き戻して変化させることがないからである。この意味で生の把握は「決して完結しない一つの関係である」（VII, 233）[22]。実際、生はある方向に向かって発展し、ある形態（人格や性格）を形成するよう、つねに自己自身を超えていくという内在的傾向を有する。生はまた、記憶の働きにより生の体験に客観的意味を与える。記憶のなかで自伝を書くひとは「意義あるものとして経験した自己の生の瞬間を紡ぎ出し、取り出して他の瞬間は忘却の淵に沈める。その場合、ある瞬間の意義の錯覚を正したのは未来である」（VII, 200）。歴史的な生の体験の世界はこうした構造をもつ、と解することができる。生の体験・表現・理解という解釈学的原理は、こうした生の構造連関の自己解釈に他ならない[23]。

7　結論——歴史的理性批判の意義

最後に、先に指摘したハーバマースのディルタイ評価とこれまでの考察の成果とを突き合わせることによって、「歴史的理性批判」の試みの射程を測定しそのアクチャリテートをいっそう明らかにしてみたい。

第一に、ディルタイは、生涯をつうじて継続した「歴史的理性批判」の試みのうちで、哲学と経験科学とのある新しい関係性を発展させた。この関係性のうちでは、哲学はその特権的な地位を放棄しなければならず、また哲学は経験科学ときわめて親密に連携して働かなければならない[24]。哲学の形而上学的な原理や超越論的な基礎づけの試みは、もはや存立しえないからである。

第二に、ディルタイは、人間理性からそのアプリオリで抽象的な性格を奪った。このことは、理性の有限で歴史的な性格を強調することによって成し遂げられたのである。それでも、歴史的理性は、経験諸科学の知のあり方とその源泉である生の体験との自己省察の営みによって、歴史主義に不可避であるといわれる相対主義の克服の努力を遂行した。歴史の物語論からも改めて注目されている自伝やオーラル・ヒストリーの意義についても、上述の自己省察に基づき、「この省察だけが歴史的洞察を可能にする」（VII, 200f.）ことにディルタイは気づいていた。

第三に、ディルタイは理論と実践との古典的な関係性を逆転させた。これは、すべての認識の根源が日常生活に基づくべきであることをあらわにして成し遂げられた。その意味では、ディルタイの精神科学理論を「実践哲学の転換」の試みと解釈することは、的を射ていると思われる。[25] それはたんに理論と実践との関係の優位性の転換を意味するだけでなく、両者が根源的に不可分であり、人間の生にとって精神科学も自然科学も不可欠の知であることを意味した。ディルタイは、こうした事態を洞察していたのである。

第四に、ディルタイは主観性の哲学と主客二元論を克服しようとする試みを企てた。この企図は、デカルトやライプニッツ、カント以降の現代の哲学者にもみられる西洋哲学を支配してきた意識哲学を乗り越えようとする意欲的な試みであった。生の批判的概念の考察の成果は、このことを明瞭に示している。

第五に、ディルタイは、自然的な外界と人間的な共同世界との実在性の問題をめぐって、近代の認識論の対立する極端な二つの見解、つまり懐疑論と独断論の批判を展開した。[26] この試みは、今日「実在性」「リアリティー」をテクストやコンテクストのうちにのみ見いだすポストモダンの思想家たちに対する批判的な反省の視座を提供している。視覚重視の近代的思考法に対して触覚の重要性や身体の意義に言及したディルタイの思索からも、なお学ぶべきことは残されている、と言ってよい。[27] 今日、日常生活のさまざまな文脈で語られている「触れ合い」とは、文字どおり身体および触覚の働きに依拠しその重要性を前提にした営みを意味する。

第六に、生の批判的概念の再帰的な自己解釈の試みからも明らかなように、近代的な自律的システムや構造の強靭な固定性、逆に近代的な主体性および自由な行為を強調する解釈をともに克服しうる今日的な含意をディルタイによる「歴史的理性批判」の試みの成果から読み取ることが可能である。

こうしてみると、ディルタイに対するアーレント、リッカートの批判は、もちろん的外れである。加えて、「歴史的経験の歴史性」を洞察できず、「有限な歴史的人間の立場の拘束性」を忘却したと指摘した

「ディルタイでもフッサールでも生の概念の思弁的内容は展開されないままであった」というガーダマーのディルタイ批判[28]や、こうした批判に依拠したハーバマースの評価もまた、妥当性を欠く見解であることは明らかである。しかし、彼らにかぎらず、哲学および哲学史研究者の圧倒的多数は、依然としてハーバマース以上に伝統的なディルタイ解釈のカノンに依拠している。この事実は、すでに冒頭部分で指摘したようにディルタイ解釈上の問題にとどまらず、今日の学問論と人生論との乖離状態を統合しうる哲学的思索を展開する場合に、少なからぬ障害となり、生・生命・人生に対する哲学的考察の方法や視座を狭める危険性を孕んでいるように思われる。

かつて、ヘルベルト・シュネーデルバッハも指摘したように、「ディルタイは、哲学自体の基礎づけとしての理解の根本哲学へと向かう道の第一歩をすでに踏み出していた[29]」のであり、したがって彼の歩んだ道は、ハイデガーの「現存在の解釈学」へと通じている。この点でもまた、シュネーデルバッハの見解は、妥当である。さらに彼は、「哲学者としてのディルタイは、今日まで学問理論家としてのディルタイの陰に隠れてしまっている[30]」、と従来のディルタイ評価の不当性を批判した。この批判は、本章における著者の主張を代弁している、と言ってよい。

本章のこれまでの考察は、シュネーデルバッハの見解がアーレントおよびハーバマースのディルタイ評価および批判に対しても留保なく妥当することを明らかにした。ディルタイの哲学者および歴史家としての正当な評価には、彼の未完のプロジェクトの「歴史的理性批判」の射程をどのように解釈するかという点にかかっている。この課題は、伝統的な歴史哲学の根本的批判に取り組んだディルタイ、歴史哲学を厳しく批判し、全体主義と科学技術批判による「人間の条件」を訴えて新たな政治哲学を構築しようとしたアーレント、そしてアーレントに学びつつ全体主義のソ連軍に哲学者として抵抗したパトチカによる「歴史哲学」の異端的論考など、歴史と政治をめぐる哲学者の再検討を促すことになる。これについては、次章で立ち入ることにする。

以上の考察によって、著者は従来のディルタイ像の変貌の一端を示すことができたと考えている。また、これらの課題の取り組みによって「歴史と生と学問の意味」への問いにいささかでも示唆的な観点を提示することができれば、本章の目的は果たせたことになるであろう。[31] これらは、すべて「持続可能性の哲学への道」を照らし出す課題に属するからである。

注

（1） ヤン・パトチカ『歴史哲学についての異端的論考』（石川達夫訳、みすず書房、二〇〇七年、五三頁）。

（2） 同訳書、一三一頁。

（3） Helmuth Plessner, *Helmuth Plessner Gesammelte Schriften*, Frankfurt a. M. IV, S. 55.

（4） H.-G. Gadamer, *Wahrheit und Methode*, Bd. 1, 1960, S. 243.（『真理と方法Ⅱ』法政大学出版局、轡田収・巻田悦郎訳、二〇〇八年、三八三頁。）

（5） ドイツ語版ディルタイ全集の編集・刊行にあたってきたルーア大学ディルタイ研究所のF・ローディ教授によれば、著者が同研究所滞在中の二〇〇三年八月現在、刊行助成金の減額により、全三十巻の計画が二十六巻までに縮小され、（未完の第二十二巻を除く第二十三巻まで刊行済み）残りの書簡集については別企画で進められることになった。ちなみに、ドイツ語版ディルタイ全集は二〇〇五年に全二十六巻で完結した。また、全三巻の書簡集のうち、第一巻が同じ出版社から二〇一一年に刊行されている。

（6）H. A. Hodges, *Wilhelm Dilthey: An Introduction*, London 1944.

（7）H. Arendt, Dilthey as Philosopher and Historian, in: *Partisan Rewiew*, XII/3, 1945.

（8）Arendt, *The Human Condition*, Chicago 1958. 2nd ed. 1998, p. 313.『人間の条件』（志水速雄訳、ちくま学芸文庫、五一九頁。）

（9）W. Windelband, Kritische oder genetische Methode ?, 1883, in: *Präludien*, 7. Aufl. Bd. 2, Tübingen 1921, S. 120.

（10）H. Rickert, *Die Philosophie des Lebens*, Tübingen 1920, S. 46.

（11）本書第九章「歴史のなかの実存の物語」を参照。

（12）*Wilhelm Dilthey Gesammelte Schriften V. Band. Die Geistige Welt. Einleitung in die Philosophie des Lebens. Erste Hälfte. Abhandlungen zur Grundlegung der Geisteswissenschaften.*『解釈学の成立』、『哲学の本質』、『実在性論考』、『記述的分析的心理学』等所収。

（13）Vgl. M. Jung, *Dilthey zur Einführung*, Hamburg 1996, S. 195-200.

（14）Vgl. Gunter Scholtz, Dilthey, Cassirer und die Gesichtsphilosophie, in: Thomas Leinkauf（Hrg.）, *Dilthey und Cassirer*, Hamburg 2003, S. 128.

（15）Vgl. Jurgen Habermas, *Nachmetaphysisches Denken. Philosophische Aufsätze*, Frankfurt a.M. 1988. 3.Aufl., 1989.

（16）したがって『コミュニケーション的行為の理論』その他の文献は、今回は考察の範囲から除外する。なお、これらの問題については次の文献を参照。Vgl. H. Johach, Lebensphilosophie und Kritische Theorie. Zur Dilthey-Rezeption der Frankfurter Schule, in: *Dilthey-Jahrbuch*, Bd. 5, 1988, S. 200-239.

（17）Vgl. Habermas, *a.a.O.*, 3. Aufl., S. 14. 以下、本文中には訳書（藤沢賢一郎他訳、未來社）の頁数を明記する。

（18）Kurt Frasch, *Philosophie hat Geschichte*, Bd. 1, *Historische Philosophie. Beschreibung einer Denkart*, Frankfurt a. M. 2003, S. 330.

（19）前者のいわば連続説には、ローディの解釈を挙げることができる。また、後者のいわば廃棄説には、ボルノウの解釈が属する。さらに中間的な解釈には、リーデルの名前を挙げることができる。Vgl. F. Rodi, Diltheys Kritik der histolischen Vernunft-Programm oder System ?, in: *Das strukturierte Ganze*, Göttingen 2003, S. 36-65.

(20) 日本語版ディルタイ全集（法政大学出版局）、第三巻「解説」一〇〇一頁参照。

(21) 再帰性については、本書第六章「理性批判の二つの機能」を参照。

(22) Vgl. Werner Stegmaier, *Philosophie der Fluktuanz. Dilthey und Nietzsche*, Göttingen, 1992, S. 168f.

(23) 最近のディルタイ研究には、生とその体験に関連して音楽、特に宗教音楽との重要な意義に着目する優れた見解がみられる。Vgl. Michael Batz, *Der Rhythmus des Lebens. Zur Rolle der Musik im Werk Wilhelm Diltheys.* Würzburg 2011, S. 133-156.

(24) Vgl. J. de Mul, Der Fortgang über Kant. Dilthey and Transformation of Transcendental Philosophy, in: *Dilthey-Jahrbuch*, Bd. 10 1996, S. 80.

(25) Vgl. M. Reidel, Hermeneutik und Erkenntniskritik, in: *Verstehen oder Erklären?. Zur Theorie und Geschichte der hermeneutischen Wissenschaften.* Stuttgart 1978. S. 66ff.

(26) Vgl. Reidel, *a.a.O.*, S. 71.

(27) 本書第一〇章「抵抗と実存」。拙著『カントを読む　ポストモダニズム以降の批判哲学』（岩波書店、二〇〇三年）などを参照。

(28) Vgl. H.-G. Gadamer, *Wahrheit und Methode*, 2. Aufl., S. 228, S. 221.

(29) ヘルベルト・シュネーデルバッハ『ドイツ哲学史　1831-1933』（舟山俊明・朴順南・内藤貴・渡邊福太郎訳、法政大学出版局、二〇〇九年）、一七四頁。

(30) 前掲訳書、同箇所。

(31) ディルタイ哲学を「生の解釈学」（ボルノウ説）と呼ぶべきか、「歴史的・解釈学的な生の哲学」（geschichtlich-hermeneutische Hermeneutik. レッシング説）と呼ぶのが適切かなどについては、たんにディルタイ解釈上の子細な問題ではないことも明らかであろう。Vgl. H.-U. Lessing, *W. Diltheys ›Einleitung in die Gesisteswissenschaften‹*, Darmstadt 2001, S. 16. また、ハーバマースが見逃したディルタイにおける身体や触覚の重視の思想や「言語論的転回」との関係に対する考察は、別の機会に譲ることにする。

第九章　歴史のなかの実存の物語

1　問題提起

本章の課題は、「歴史から実存をみる」というパースペクティヴのもとで、ディルタイ哲学と関連づけて「実存と歴史」との関係を考察することにある。[1] この課題は決して過去の歴史研究上の問題ではなく、今日、きわめて切実な問題である。人間は、どのような時代にも、どのような人生を歩むにしても、個々人であれ、その属する集団・民族・国家であれ、いずれもさまざまな生の地平で、人間の条件に拘束されている。そこで生きる人間は、その固有の実存と歴史のなかで、他者との関係性のなかでしか生きることができない。著者の生きる現代の日本社会でも、その例外ではない。リスク化した日本社会では、とりわけ震災・原発事故に見舞われた人々が語る歴史の物語もまた、忘却されてはならない出来事である。だが、このような課題を正面から考察することは、以下の理由により著者にとって多くの困難が伴うように思われる。

第一は、「歴史の終焉」が語られて以降、「歴史」の概念や「歴史の物語」について安易に語ることはできないという状況がある。言い換えれば、歴史に対する反省の確実な根拠や基準を含めた歴史の哲学的考察への懐疑が指摘されてきた。

第二に、「実存」概念についても、ポスト構造主義、ポストモダニズムと呼ばれた思想形態、システム論の影響も考慮するとき、「実存」や「実存主義」について明確なコンセプトを示すことは、自由や主体性の概念も含めてきわめて困難な状況だからである。

第三に、この認識が誤りでないとすれば、「実存と歴史」について、しかも「歴史から実存へ」あるいは「歴史のなかの実存」という議論を展開することは、いわば波打ぎわの砂に描かれた人間の顔のように歴史の荒波に削りとられた「実存」の明確な輪郭を描こうとする無益な営みのように感じられる。

第四に、ディルタイとの関連から「実存と歴史」について論じようとする場合、哲学史の通説に従えば、ディルタイは生の哲学者であって実存の哲学者ではなく、せいぜい実存主義哲学の先駆者、ハイデガー哲学の解釈学的方法に影響を与えた思想家のひとりとして位置づけられるにすぎない。このような哲学者の思想と二十一世紀に生きる人間との間には、「実存的な結びつき」は存在しないという見方が通説化して久しい。この研究状況は、今日でも依然として基本的に変化していない。したがって、この課題について立ち入って考察することは、著者の実存的なあり方とは直接関係のない見当はずれの試みである、という疑念が生じてくる。

本章では、「生と歴史」というテーマではなく、「実存と歴史」、「歴史から実存へ」、「歴史のなかの実存」というテーマでディルタイ哲学との関連を考察する。このことは、実存や実存思想の概念史的研究、ディルタイ哲学の内在的研究や実存哲学の先駆的意義にかんする研究を目的とする場合にはともかく、歴史のただなかに生きている「わたし」あるいは「わたしたち」にとって、「いま・ここで」どのような実存的意味や実存論的考察の意義があるのか、にわかに見極めがたいのが読者の実感であろう。一方で、グローバル化が自明のように語られながら、他方で、「わたし」と「わたしたち」、そして「すべての人間」や「人類」を関係づける「価値観」や「規範性」が見いだしがたくなっている。この課題は、前章で言及したヤン・パトチカの表現を借用すれば、「歴史に意味はあるか」という問いとして定式化することもできる。パトチカの見解は、この観点から見れば、ディルタイとアーレントとの「狭間」に位置する、と解釈することが可能だからである。

　こうした状況下で、一方で、いま歴史についてなにかを語る場合には、たとえローカルな「小さな物語」を語るさいにも「わたし」の物語り方の問題点や限界を指摘せざるを得ない。一方では、経済のグローバル化現象、地球規模での環境破壊の危機的状況や震災・原発事故のように「未曾有の出来事」を論じざるをえないというパラドクシカルな状況から逃れることができないように思われる。

2　物語性のない死から小さな物語の重ね書きへ

　さらに歴史のなかでの生、生活者の人生のあり方が今日ほど急速に変化しつつある時代もまた、人類史上稀であろう。身近な例を挙げれば、実存する者にとって「死」のあり方をさまざまな意味で問いかけている「ネット心中」や「孤立死」という問題が指摘できる。インターネットのサイトで心中相手を募集して、それまでまったく面識のない人同士で集団自殺するという死のあり方は、ネットの功罪を含めて多くの議論を呼び起こしてきた。ここではこの問題を全般的に論じることを意図しているわけではない。ここではインターネット心中には、従来の伝統的な意味での心中とは異なり物語性がないという指摘に注意を向けたいのである。「死」という人間の極限的なあり方に対して、自己のライフ・ストーリーの意味が欠如しているという事態はにわかに信じがたいことである。もはや「大きな物語」を語ることができなくても、人間が生きているかぎり一人ひとりの、家族の、地域や民族などの共同体の物語や記憶は、決して解体されたり消滅するものではなく、なんらかの仕方で語り継がれ、記憶されることができるのではないか。

そこで本章では、「歴史的なものから心理的なものへ、社会的なものから個人的なものへ、伝達可能なものから主観的なものへと、というこうした記憶の移行」[2]が明らかになっている今日、歴史や記憶の解消の徴候とも言える記憶の個人化の傾向とは反対の方向から「記憶の移行」を生涯考え抜いた二人の哲学者を取り上げて、「歴史のなかの実存の物語」を試みてみたい。第一に、歴史のなかの実存するもの、つまり「私」という存在者のライフ・ストーリーの一断片を物語ることによって、同時に歴史の流れのなかで忘却されてきた人物や出来事にささやかな光を当ててみたいのである。第二の狙いは、こうした物語を語ることによって「私自身」の生きざま、歴史の見方、歴史上の人物の理解の仕方にも影響が生じ、これまで隠されてきた側面が照らし出されるだけでなく新たな物語がつむぎだされることができるのではないかという点にある。第三に、いまここで著者個人によるオーラル・ヒストリーの物語を目にされた方々の理解の仕方になんらかの変化や影響を及ぼすことになり、逆にそれによって「私」の側にもそれまでとは異なる歴史の理解の仕方や変化が生じるという「歴史のなかの実存の物語」にかんする「再帰性」(Reflexivität）の構造が明らかになれば、本章の狙いは果たせたことになるであろう。(3)

なぜなら、どのような物語であれ、それは誰が物語るのかという主体への問いだけでなく、誰に向かって物語るのかという問いと不可分だからである。この問いは、P・リクール風に表現すれば、「自己の解釈学」における「誰が発話するのか」、「誰が行動するのか」、「誰が帰責の道徳的主体となるのか」という問いともかかわる。(4) この問いは、ふたたび他者との関係のなかでしか生きられない個々の実存とそれらを制約する歴史とはなにかという問いを突きつける。また、歴史のなかで人間は、どのように行為すべきであるか。さらに自己および他者のために人間は、より善い生を実践しうるかという課題から逃れることができない。これらの問題は、改めて「歴史とはなにか」「歴史のなかで理性的な営みやその反省は可能か」という批判的な吟味を迫る。

以上の狙いは、さらに四つの課題に分節化が可能である。第一に、ディルタイが生涯の課題として精神科学の基礎づけを企図した「歴史的理性批判」の試みは、人間の実存と言われるあり方とどのようなかかわりがあるのか。第二に、この問題をこれまで欧米の研究でも見逃されてきたハンナ・アーレントのディルタイ評価を手がかりにして、従来のディルタイ思想の精神史的位置づけの再検討の必要性を明らかにしたい。第三に、これらの作業によってこれまで一般に流布されてきたディルタイ像を修正するための手がかりを提示する。第四に、かつてディルタイに向けられた「ディルタイの歴史主義は相対主義に陥っている」という批判の妥当性について、ディルタイの歴史の解釈学とは無縁と思われてきた「オーラル・ヒストリー」との関連から、歴史のなかで実存する者の立場から「オーラル・ヒストリー」を物語ることの意味を考えてみたい。要するに、本章の狙いは、ディルタイの物語とそれを媒介したアーレントの物語、そしてアーレントの物語を著者自身の生き方にかかわるかぎりで「歴史のなかの実存の物語」を重ね書きすることにある。それによってこれまで「忘却の淵」に沈んでいた歴史の諸事実に記憶の光を当てることが可能となるであろう。

そこで本章では、まずアーレントによるディルタイ解釈と評価などに触れ、著者の立場からアーレントの解釈と評価に対する批判的な物語を試みる。次に、アーレントの歴史および実存にかんする見解に眼を転じて、彼女の主張の意義と制限について本章の主題に限定して考察する。さらに、本章では、ふたたびディルタイによる歴史の物語に戻って、アーレントの物語の成果との突き合わせを試みる。肝要な点は、第一に「哲学そのものが実存であり出来事である」(5)とすれば、そして「哲学は生の本質的出来事である」とすれば、このような出来事は歴史的な生の出来事であり、哲学は、今日なお歴史的生の出来事にかかわっているという点である。第二に、実存とは本来理論ではなく生きる活動そのものであったとすれば、いま・ここで読者に向かって語っている著者の物語は、二十一世紀の日本という歴史の荒波に翻弄されてきたひとりの孤独な人間の「オーラル・ヒストリー」という活動(action)の試みとして「歴史のなかの実存」の営みである。ここでは、この二点について語ることで著者の責任を果たすことにしたい。もっとも著者の物語は、無数の小さな「歴史のなかの実存の物語」の一つにすぎない。ディルタイやアーレントの物語についても語られざる物語となる可能性があり、著者のこの物語によって多数の別の物語が隠蔽され「忘却の淵」に追いやられてしまう危険性を免れえないことも、あらかじめ率直に告白しておかなければならない。

3　アーレントのディルタイおよびホッジス批判

周知のように、ハンナ・アーレントは、二十世紀という激動の人類史のなかで最も翻弄された知識人のひとりで、この世紀を代表する女性のひとりとも言われた人物であった[6]。彼女は「若い頃は、歴史にも政治にも興味がなかった」と回顧しているが、最晩年には遺稿『カント政治哲学の講義』（一九八二年刊）を書き残しており、すでに『人間の条件』（一九五八年）では、歴史は傾向とか諸勢力、例えば、神の摂理・見えざる手・自然・世界精神・階級的利害のような観念などの物語ではなく、むしろ活動と行為の物語であるという理由から、「歴史哲学とは、仮面をかぶった政治哲学にほかならないと認めることができよう[7]」、と看破していた。

では彼女は、ディルタイの歴史に対する考察、歴史の物語をどのようにみていたのであろうか。まずこの疑問から探ってみたい。アーレントとディルタイとの関係については、アーレント自身が直接ディルタイについて言及する機会が非常に少なかったため、管見するかぎり、両者を論じた本格的な研究はなかったように思われる。ディルタイ研究文献では、アーレントとの関係を扱った書物や論文は見いだすのがいまなお困難である。アーレントの側からみても、実際、晩年のカント哲学の体系に準えた体系的な著作『精神の生活』や『カント政治哲学の講義』などでも、ディルタイの名前はまったく登場していない。それには、早い時期のアーレントのハイデガーなどによるディルタイ評価や哲学史の物語のあり方に起因しているように思われる。

ディルタイ研究者の間でもこれまで話題にされなかったことであるが、アーレントは第二次世界大戦終結の年に亡命先のアメリカで「哲学者および歴史家としてのディルタイ」（Dilthey as Philosopher and Historian）と題する書評を執筆している。この小論文は、ニューヨークのユダヤ系の知識人が中心となって刊行していた雑誌の『パーティザン・レヴュー』[8]に掲載されたハーバート・ホッジス著『ヴィルヘルム・ディルタイ　序論』に対するアーレントの批判的論評である。

最初に、まずアーレントとの接点に触れておこう。ホッジスのこの書物は、この書の刊行から八年後に同じ著者が『ヴィルヘルム・ディルタイの哲学』という本格的な研究書の「序論」でも述べているように[9]、ディルタイ哲学全体の紹介を英語で初めて試みた書物である。またホッジスのこの書物では、アーレントの名前は一カ所も登場していないので、彼がこの書物の刊行までの間にアーレントの書評を眼にした事実があったかどうかは判然としない。しかし、序論の初めに「ディルタイは（ヴィーコ、ヘーゲル、クローチェ、コリングウッドのような）……そうした哲学者のひとりである[10]」という主張は、アーレントの批判に対するホッジスの反論と解釈することができる。

ではこのホッジスの書物について、そしてディルタイに対して当時のアーレントは、どのように評価したのであろうか。アーレントの語り方の順序にかかわらず、ここではテーマに沿った仕方で紹介しながら、著者の批評を加えていきたい。まず英文原稿数頁分の前半は、ディルタイ思想の簡単な紹介である。これについては今触れずに、ここでは後半部分で立ち入っているホッジスの書物に対する文字どおりの書評部分に焦点を当ててみたい。

第一に、アーレントは、それまで述べてきたディルタイに対する紹介的な批評から書評に移る移行的な文章として、ディルタイによる「理解することに対する情熱、「もう一度生きる[11]」ことに対する情熱が偉大な業績をいくつも生み出したのは当然である」と述べている。しかし、アーレントは「けれども、こうした偉大な業績は哲学の領域には見当たらない」と主張している。実は、アーレントは、ディルタイがどのような点で「偉大である」のか、また「偉大な業績」とはなにを指すのかについては具体的に明確な形で語っていないのである。

第二に、アーレントはディルタイの著作にかんするホッジスの紹介の「最も重大な欠点」を指摘して、「彼がおもに哲学者ディルタイに重点を置き、歴史家ディルタイをないがしろにしていることである」。そして「歴史家としてのディルタイは哲学者としてよりもはるかに重要な人物であるにもかかわらず、ほとんどまったく考慮されていない」、とホッジスに厳しい批判を浴びせている。

第三に、本章のテーマの考察にとって最も注意すべき点であるが、アーレントはホッジスによるディルタイと実存哲学との関係をめぐる見解にも厳しい批判の眼を向けている。「これと似た判断の誤りは、ホッジスが現代の実存的哲学者に対してディルタイが与えた影響をひどく過大評価していることにも見られる」。こうした判断の誤りとして、「ホッジスはカール・ヤスパースをディルタイの弟子と呼んで、このテーゼを支持するのに『世界観の心理学』を引き合いに出している」点を指摘する。アーレントからみるかぎり、「ヤスパースはディルタイを引用してはいるが、……ただ一度引いただけである」。要するに、ヤスパースはディルタイの弟子と呼ばれることはできないのであり、そもそもディルタイは哲学者というよりも歴史家なのである、というわけである。

第四に、アーレントからみるかぎり、ディルタイとの関係を扱うのであれば、ホッジスは名指すことのなかったハイデガーへの影響関係にむしろ眼を向けるべきであった、というホッジス批判も加わってくる。

アーレントは、やや皮肉まじりにこう語っている。「ハイデガーに対する影響を証明する方が容易だったであろう」。その理由は、「ハイデガーは（『存在と時間』のなかで）、歴史学の問題についての自分の取り扱い方がディルタイの著作の解釈に由来するものであることを明言しているからである」、と。その場合でも、アーレントは、ディルタイのハイデガーに対する影響を重視しているわけではない。むしろ「よりいっそう詳しく検討してみれば、ハイデガーの分析に影響を与えているのは、ディルタイ自身よりもディルタイ宛のヨルク伯ヴァルテンブルクの書簡であったことがわかる」、と述べている。この言葉から明らかなように、アーレントもまた、ハイデガーとともにディルタイよりもヨルク伯の方を重視しているのである。

ちなみに、同じ著者、ホッジスによって八年後に刊行された『ヴィルヘルム・ディルタイの哲学』には、ベルクソンやカッシーラーの名前やフッサールに対する言及がみられるにもかかわらず、ハイデガーの名前もなければ、ヤスパースの名前すら見いだすことができない。これは、さきに指摘した事実とともにアーレントのこの書評に対する無言の応答ないし対応のように解釈することが可能である。もちろん、著者のこの推測を証拠立てる資料はいまだ存在しない。しかし、ここで指摘した事実は、たんなる偶然としては済ますことができない。したがって読者には、ある種の疑念を惹起させる。著者の推測では、アーレントによる書評がある種の圧力となって、ホッジスはそれまでとはやや異なる歴史の物語を語りはじめたのかもしれないのである。いずれにしても、これらの歴史の記憶だけでも、本章の読者と共有しておきたい。

4　アーレントの物語に対する検討

本章では、これまでの考察からおよそ二つの論点が浮かび上がってきた。第一は、ディルタイは哲学者として歴史にかんする優れた哲学的反省を試みた人物であったか、それとも歴史家として「偉大な業績」を挙げた人物であったか、という論争点である。第二は、ディルタイは歴史と「実存」と呼ばれうるものとの関係について言及していたのかどうか。もしも言及していたとしたら、ハイデガーへの影響関係も含めて、それをどのように理解するのが妥当であるかという疑問点である。これらの問題は、大きな課題であり、これまでハイデガーやガーダマーやこれらの哲学者の研究者の側から、さまざまな解釈や研究成果が公表されてきたので、ここではアーレントとの関係に限定してディルタイ解釈や批判の物語とは異質な物語を提示することにしたい。

第一に、しばしば指摘されるようにディルタイは『解釈学の成立』（一九〇〇年）の頃にはたしかに言語による表現、特に芸術作品を重視していた。しかし、まもなく表現が言語表現だけでなく、身ぶりや身体的行為、生が感覚的世界の中で自己を示すさいのあらゆる形式（ウィトゲンシュタインでは「生の形式」にほぼ対応するような形式）も含むように拡張されなければならないという見方を展開している。例えば、これらの形式は個人的な種類の客観化から、宗教・法律・政治制度のようなより包括的な種類の客観化にまで及んでいる[12]。過去の歴史的な生がこれらの表現のなかで生き続けているうちは、これらの表現は歴史的な知識の資料を提供するはずである。

このようにして表現（Ausdruck）という言葉が、「体験」と「理解」との間の基本的で中間的な概念として位置づけられることは、ディルタイ研究者の間では周知のとおりである。ディルタイの場合、「理解」も「体験」と同様に多義的である。しかも、それは通説に反して豊かな内容をもつ。ディルタイは、ある時期から自覚的に「理解」を、言語の理解、現象や事象の理解、テクストの理解、身振りや非言語的表現の理解、他者の理解などの意味を含めて使用している。『精神科学における歴史的世界の構成』(一九一〇年)では、精神科学の普遍的な課題が生の表現の解釈学的解釈によってはじめて明確な仕方で論じられている。「要するに、生がその深みで自己自身について解明されうるのは、理解という過程を通してである。また他方、われわれの体験された生を自己と他者の生の表現のすべての仕方のうちに持ち込むことによってのみ、われわれは自己と他者とを理解する。体験と表現と理解との連関は、精神科学の対象である人類がわれわれに対して存在するような固有の仕方である」(VII, 86f.)。

ここで差し当たり注意を促しておきたいのは、まず人間の生が個人の生を意味する点である。この最も根源的な生の連関から伝記や自叙伝の解釈学的意義が生じてくる。これについては後で触れることにする。また人間の生は、たんに個人の生にとどまらず自己と他者との相互的な生の連関を意味するので、自分自身の生の理解は他者の生の理解と相互に依存する関係にある、と言えよう。さらに人間の生には、民族や国家、人類も含まれる。ディルタイは、「限りない生の豊かさが一人ひとりの個人的な生活のうちに次々に現れ、他の人間や事物とのかかわりによる」(VII, 134f.)ので、「個人は自己を超え出る諸連関の交差点(Kreuzungspunkt)」(VII, 135)であり、「歴史の意味(Sinn)は時代の連関と結合されたすべての力の意義関係(Bedeutungsverhältnis)」(VII, 187)である、と語っている。したがってディルタイにとっても歴史の世界は、他者との共同世界であり、人間は「歴史的存在」(Geschichtlichsein)と呼ばれているので、有限な存在者として歴史的現実によって制約されているわけである。この考えには、ハイデガーの主著『存在と時間』の用語で言えば、「被投的企投」と呼ばれる事態との親近性があることに、読者は気づくであろう。

さらに注意すべきは、体験は生の経過の一部を示しており、「その一部はすでに過去と未来を現在の意識のうちに含んでいる」（VI, 314）、と語っていることである。言い換えれば、体験は「過去と未来との間」にわたっている。ここで読者は、アーレントの書物名の『過去と未来の間』を想起されるであろう。もっともディルタイには、アーレントのような過去と未来の間の深い「裂け目」や過去の断片化の意識、物語がもはや統一性をもって現れることができないという自覚は、存在しなかったように思われる。実際、アーレントでは後述のように、この「間」に判断する注視者の立場が開かれるからである。

第二に、ディルタイの体験と実存との関係が重要である。かつてオットー・ボルノウは、世界観学で議論された「生の気分」（Lebensstimmungen）の概念とハイデガーの「気分」との密接なかかわりを指摘した。[13] しかし、気分の問題に触れるとすれば、それよりもディルタイの死後に刊行された『ドイツの文学と音楽について』（晩年の十年間の論考で『ドイツ精神史研究』というタイトルの下で一九三三年にノールとミッシュにより出版された）で、バッハの音楽に関連して音楽が「いわば無限へと広がる客観的気分」（DDM, 221）にある宗教的感情を表現するという見解に注目すべきである。こうした生けるものの宗教的体験との関連からみるとき、生の概念は『存在と時間』におけるハイデガーの実存の理解の仕方とオーバーラップしてくるように思われる。「世俗の営みや社会的なしがらみから自由になって断固として自分自身の本質にしたがって生きれば生きるほど、その人はわれわれ一人ひとりの浅薄さに驚愕する。彼はますます孤独で他者から分離された（Einsamer und getrennter）と感じる。決定的なことは、ともかく宗教的な天才にあってはその日暮らし（Dahinleben）の浅薄さに逃避することもなく、また過去の思い出や将来へと日常的に忘却して逃避することもなく、想像力へと逃避することもない。世俗的な力の行使に満足して、死を忘却して魂の救いを忘却することもないのである」（VII, 266）。

以上の引用文では、まず一人の人間が日本の言葉で表現すれば、世間の慣習・義理やしがらみ、いわゆる世間体などから解放されて本来の自己の実現のために生きることの重要さが指摘され、それとは対照的な一般大衆の生き方との落差が強調されている。また、ここでは人がこうした実存的な生き方をすればするほど「孤独」と「他者からの孤立感」を感じざるをえないことも指摘されている。さらにディルタイは、大衆は日常性のうちに埋没して死を忘却している点にも注意を促している。これらは、ディルタイの「生の哲学」が同時に「実存の哲学」でもあったことを物語っている、と言えよう。ハイデガーや多くの哲学者は、ディルタイの生の概念が生物学的であるとか、心理学的であると批判してきた。日本で最も早い段階にディルタイの歴史哲学の重要性に気づいた三木清ですら、この点で同じ誤りにおちいっていた。公平にみれば、ディルタイの生の概念は、たんに心理学的ではなく、歴史的な概念であり、したがってたんに主観的ではなく客観的精神の概念を含むことを忘却してはならない(14)。

第三に、歴史と記憶との関係について触れてみたい。これは、今日、戦争やテロの残した心身の傷跡の問題、事件や事故の被害者、そして震災・原発事故の被害者・被災者と救護・支援にあたった人々のトラウマの問題とも深く関連する。文学的・詩的想像力との関係に立ち入っていても、「歴史と記憶」というテーマで正面から記憶の働きそのものについてディルタイは、あまり立ち入っていないようにみえる。しかしディルタイは、「歴史とは記憶（Erinnerung）であり、このような記憶には意義のカテゴリーがあてはまり、このカテゴリーこそまさに歴史的思考の最も特有のカテゴリーである」（『構成の続編の草案』歴史的理性批判のためのプラン）（VII, 236）と述べて、生のカテゴリーの最も重要な意義のカテゴリーが記憶のうちではじめて現れることを指摘している。さらに付け加えれば、この記憶によって人間は、生の経過の広がりをひとまとめにして連関させて把握することができる。[15] また『体験と文学』（一九〇六年、S. 117）の改訂版に対するマクリールの解釈によれば、まず体験は自己自身を超えていくという内在的な傾向をもっている。そうすると体験に現実の客観的な方向づけを与えるために、記憶は重要な役割を果たすことになってくる。記憶は、獲得された心的構造によって説明されなければならないような主観的なプロセスにとどまらず、体験に直接世界とかかわる意味を与える活動とも理解されるからである。[16] さらに補足を付け加えれば、さきに体験には多義的な意味がある、と述べた点からも理解可能である。歴史と記憶との関連には、角度を換えてさらに立ち入ってみたい。

第四に、ここではディルタイ思想の多面性を「オーラル・ヒストリー」との関係から考察する。上述の引用文からも明らかなように、多くの実存思想家と呼ばれる哲学者と同様にディルタイでも、実存的な生き方を決断するひとは、実際には一握りの知的エリートや天才的な人物にかぎられているように思われる。そうすると、記録された文書や芸術作品など文字に残された資料中心の伝統的な歴史研究や歴史哲学的考察では汲み取ることのできなかった、口述資料、証言や語りを重視したオーラル・ヒストリーやライフ・ストーリーの方法は、ディルタイの歴史理論とは無縁となるであろう。著者のみるかぎり、伝統的な歴史観は、階級分析、エリートや多数派、勝利者の側の残した記述や記憶に依拠していた。こうした歴史の理論では忘却され、排斥されてきた少数者、敗北者、社会的弱者や見向きもされなかった人々の「語り」を直視し、彼らの「声に耳を傾ける」ことによって、文献資料には現れることのない歴史の諸相を解釈し再構成する歴史の技術が「オーラル・ヒストリー」の本来の意義である。[17] この課題は、震災・原発事故の発生以降、マスコミなどでは語られない人々の「オーラル・ヒストリー」とも深くかかわる。著者は、序論で言及したように、「てつがくカフェ・福島特別編1・2」でこの意義と重要性を実感した。これもまた、「持続可能性の哲学」に携わる者の取り組むべき課題のひとつである。

本章では、これまでの研究史が見逃してきた事実を指摘しておきたい。トンプソンが指摘するように、ディルタイもまた、オーラル・ヒストリーと不可分の方法であるライフ・ストーリーの重要性を指摘したオーラル・ヒストリーの先駆的な哲学者であった。一九一〇年に刊行された『精神科学における歴史的世界の構成』の続編になるはずの計画、『歴史的理性批判のための諸草稿』と全集七巻の編集者によってタイトルされた草稿群の第一章「体験と自伝」第一節「自伝」では、「自伝は人生（Leben）の理解をわれわれに示す最高で最も有益な形式である」（VII, 199）という書き出しで始まっている。トンプソンは、この書き出しで始まる数行を引用して、「少なくとも、ドイツの哲学者のヴィルヘルム・ディルタイが歴史の意味について彼の考えを示すとき、ライフ・ストーリーの歴史的価値を理解するのに近いものがあった」[18]、とディルタイの先見性に注目している。この着眼は、「歴史のなかでの人間の生きざま、実存」とその意味を探究する上で、一つの手がかりを提供している。『諸草稿』では、「自己省察（Selbstbesinnung）だけが歴史的洞察を可能にする。われわれ自身の生の力と広がり、生についての省察のエネルギーが歴史的洞察の基礎である」（VII, 201）、と明言しているからである。

ここでは自伝によるライフ・ストーリーの自己省察と歴史的解釈との間の基本的な関係が確立されていることが示されており、同時に生のカテゴリーが歴史的理解に意味の枠組みを与える反省的概念として把握可能であることを示している。生はディルタイにとってあらゆるものを包括する全体であり、すべてがその関係のなかで理解され、人間は生の背後に遡ることはできない、とみられていた。したがって「ここには部分と全体との関係があり、そこでは部分は全体から意義（Bedeutung）を受け取り、全体は部分から意味（Sinn）を受け取る」（VII, 265）わけである。自伝は、自己が生によってどのようにして含意されているかについての反省を含み、伝記は、それを個人の生の歴史にかんして客観的精神を表現することによって解明するのである。このことからも、ディルタイが歴史的生の担い手をたんに心理的動機による個人に基づくのではなく、心理主義や相対主義に陥らぬよう慎重に、共同体や文化の諸体系・諸生活形式もまた、歴史的な生の担い手とみなしていた事実を「忘却」してはならない（VII, 153f.）[19]。

本章の以上の考察は、かつてアーレントが理解し解釈していたディルタイ像とは大きく異なっていることを明らかにした。しかし本章の主題は、アーレントのディルタイ解釈の誤りを指摘して、それを正すことにあるわけではない。むしろこれまでの探究の成果を踏まえて、アーレントの思想の重要性を「歴史のなかの実存」という観点から改めて確認する点にある。

5　アーレントにおける歴史と実存

アーレントの歴史理解に即してみた場合、「歴史のなかの実存」の像はどのように描き出されてくるであろうか。こうした問題意識からみるとアーレントの歴史理解は、一見したところディルタイを含む多くの歴史理論の探究者とは異質であるように思われる。例えば『人間の条件』では、「近代になって歴史と歴史意識の発見を促した最大の衝動[20]」について、「人間の偉大さや人間の行為と受難にたいする新しい熱意でもない」こと、また「人間存在の意味は人類の物語の中に発見できるという信念でもない」、とアーレントは主張している。では歴史と歴史意識の発見を促した最大の衝動はどこに求められたのであろうか。その解答は、「実に人工の対象物に向き合うときだけしか通用しないように見える人間理性にたいする絶望であった」という点に見いだされている。ここには、アーレントの近代の歴史および歴史意識に対する独特の批判的な評価が窺われる。さらに、ここには次のようなアーレントの政治的な歴史観が指摘できる。そこでは「近代が新しい政治哲学を期待できそうになるとき、きまってそれが受け取るのは、政治哲学の代わりに歴史哲学だったのである[21]」という、歴史哲学に対する批判的論評が特徴的である。

次に著者は、「実存」や「実存主義」に対するアーレントの見解に目を向けてみたい。かつてマーティン・ジェイは、アーレントの思想をカール・シュミットなどの「政治的実存主義」の系譜に位置づけて批判したことがあった[22]。しかし、こうした決断主義という批判と結びつけられた解釈の行き過ぎは、今日では相当程度是正されている。そこで著者は、こうしたアーレント解釈上の論争点には立ち入らないことにする。まずアーレントは、『実存哲学とは何か[23]』では、「実存」という言葉が「存在」に代わった変化のうちに「現代哲学の根本問題の一つが集約されている」と述べて、現代哲学が、ものの何であるか（Was）はものがあること（Dass）を決して説明できないという自覚とともに開始されたことを的確に指摘している。興味深いことに、アーレントは多くの実存哲学者とは異なり、カントを実存哲学者の創始者と位置づけている。本書ですでに触れたように「カントは現代哲学の隠れた、だがいわば真の創始者であり、そればかりか今日にいたるまでその隠れた王でありつづけてきた[24]」。カントやヤスパースに対する評価の妥当性については、紙幅の制約上ここでは立ち入らず、アーレントの実存観に限定して考察を進めることにしたい。

ここで著者が注意したい点は、アーレントが「実存そのものは、その本性そのものからして孤立してはいない。実存の本質は、もっぱら他の実存とのコミュニケーションに、他の実存を知ることにある」、と述べていることにある。また、「実存は、彼らすべてに共通の世界に住まう人間たちが分かち合う生のうちでのみ展開しうる」と理解している点にある。言い換えれば、「人間の実存の条件」としてコミュニケーションの概念に注目している。ここに師のヤスパースの影響を読み取ることは容易であるが、アーレントが徐々にいわゆる「実存哲学」や「実存」概念とは距離をとるようになっていく点に、留意すべきである。例えば、「実存」と不可分な「不条理」との関係に対する独特の理解にも、このことは窺うことができる。『人間の条件』では、「人間は一方でなにか新しいことを始める能力をもっているのに、同時に他方で新しく始めた活動の帰結をコントロールできないどころか、予見することすらできない」という現実に直面して、「人間存在というのは不条理であるとほとんど無理やりに結論づけざるをえないように思える」と述べる一方、ただちにこの推測を翻してこうした考えは「ごまかし」である、とアーレントは断定している。

アーレントは、「人間の自負心がそこなわれていない場合には、人間存在の品質証明と考えられるのは不条理ではなくむしろ悲劇である」と指摘して、その最大の代表者としてカントの名前を挙げている。この見解は、上述の『実存哲学とは何か』での「現代哲学の真の創始者カント」という評価とも重なるとみることができるが、こうしたカント評価が歴史の判断の場面でどのような意義と制限を生じるかは、後ほどみることにしたい。なお、『人間の条件』では、キェルケゴールに始まり実存主義に終わる生命の方が意識よりもさらに活動的で生産的であるとみなす、生命と存在とを同一視する見解を「反逆」と呼んでいる。そして「この反逆は、一見すると観照に反対し活動を強調するように見える。しかし……これらの哲学者のうち誰ひとりとして実際に活動それ自体に関心をもっているものはいない[25]」とアーレントは主張する。マルクス、ニーチェ、ベルクソンという「近代の生の哲学の代表者」に対して、アーレントは批判的である。ここでもまた、ディルタイの名前はまったく登場しておらず、歴史の記憶から消失している事実に改めて注意を促しておきたい。

次に著者は、人間の「孤独」と「孤立」および「ひとりぼっち」との関連に立ち入ってみたい。『精神の生活』では「思考は実存的には孤独な（solitary）作業であってひとりぼっちの（lonely）作業ではない[26]」と説明されている。では両者はどのように異なるのであろうか。「孤独とは、わたしがわたし自身を友（company）とする人間の状況である。ひとりぼっちとは、わたしが一者のうちなる二者に裂開できず、つまりわたしがわたしを友とすることができずに一人（alone）である」状態である。他方「ともに行為し、語るという人間は本質的な数多性（plurality）の条件」（『人間の条件』）であり、これに対立するのは「孤立」（isolation）である。他者に対する「客観的」な関係や他者によって保証されるリアリティが奪われた今日の状況は、「ひとりぼっち（loneliness, Verlassenheit）の大衆現象の現れである。大衆社会ではひとりぼっち「見捨てられていること」がもっとも極端で、最も反人間的な形式をとっている[27]」。このような状態では人間は、他者に自身の存在を無視され、語りかける相手にもされず、「村八分」や文字どおりの「棄民」や「難民」のような「見捨てられた」生活を強いられるのである。このことは、著者自身の過去の辛い個人的体験とも一部重なっており、こうした体験は、まことに名状しがたい心情を抱かせる。

ところが「孤独」（solitude）は、理性ないし哲学者の生の様式であり、現れの世界の数多性の条件から抜け出ることを意味する。その意味では「孤独」は一人の状態であるが、しかし孤立した状態ではない。なぜなら「孤独」な人は一人でいても、自分自身と対話することができるからである。思考はみずからと対話することを意味するので、「ひとりぼっち」「見捨てられていること」とは異なり、「孤独」は最も人間的な状態を意味する。自分自身との対話があるかぎり、孤独な人は世界との関係を喪失することはない。「孤独」が「孤立」に変わるとき、自分が自分自身に見捨てられ、自己と社会とのつながりを喪失することになる。要するに、思考とは実存的には孤独な作業であっても、決してひとりぼっちの作業ではない、という点が重要である。ここには、自己と他者との関係とその意義が強調されている。ここにはまた、『存在と時間』のような実存論的独我論とも異なる見解がみられる。アーレントによれば、私と私自身との対話の中で、私の同類たちは、私自身によって「代表」されている。この考えは、「代表的思考」と呼ばれ、カントの『判断力批判』で展開された「視野の広い考え方」の格率から獲得された見解であることにも、著者は注意を促しておく。さらに、この考え方を支えるアーレントの数多性の原理は、すでに指摘したようにディルタイのうちにもみられた事実を想起すべきである。

このようにアーレントは、政治的に思考する者が他者を再現前化する政治的判断力の意義に気づき、やがて歴史家や物語作家の注視者精神（spectatorship）と回想的判断力（retrospective judgment）の働きに重点を移していった。しかしアーレントの見解の微妙な移動は、幾つかの困難を生じさせるように思われる。第一に、上述の「孤独」のあり方との関係について言えば、判断力の能力を反省すればするほど、ますます歴史のなかで行為する者の活動は、非孤独的なあり方となるのに対して、それに対立した孤独なしかし公共的な精神をもった観想者の特権とみなす考え方へと傾倒したからである。第二に、このことは歴史のなかで行為する者とそれを注視する者との間の亀裂を生じることになった。ではこの問題に対してアーレントはどのような折り合いをつけようとしたのであろうか。人間は、歴史のなかでさまざまに拘束され、同時に歴史にかかわり、その意味づけから無縁ではありえず、その意味や価値を問う存在者である。そこで次に、この問題との関係から、歴史の物語と歴史的判断力との関係に立ち入ることにしたい。

6　歴史の物語と歴史的判断力の批判

アーレントの政治的判断力論は、前期と後期では微妙な差異があるように思われる。ベイナーも指摘するように『思考作用と道徳的考察』（一九七一年）までは、判断力は「活動的生活」（vita activa）の観点から考察されていたのに対して、それ以降の時期には判断力は、「精神生活」の観点から考察されている、と解することができる。[28]この推測が誤りでないとすれば、判断力は、前期では公共的空間のうちで他者と協力し合い行為する政治的生活の数多性という政治的活動の着想をいっそう基礎づけるために重要な役割を果たしていた。

しかし、後期では判断力は、公共的な精神を保持しつつも孤独な観想者の立場から一人で判断する働きとしてみられていくようになった。こうした政治的判断力、一般的に言えば、歴史的判断力の働きの相違は、アーレントの歴史の物語（storytelling）の性格づけにも微妙な変化を生じてきたように思われる。

アーレントによる歴史の物語の方法的立場をめぐる解釈には、例えば、セイラ・ベンハビブのように、師のハイデガーなどの現象学の方法と友人のベンヤミンの断片的な方法の両面を指摘する見方もある(29)。しかし、この見方はどこまでも一つの影響関係の解釈にとどまっていて、アーレント独自の歴史の物語の特徴づけそのものとしては不十分であるように思われる。

著者の仮説によれば、第一にアーレントの実存的な活動的生活の意義を物語る立場と方法には、ハイデガーやヤスパースなどの影響が窺われる。

第二に、それ以上に重要なのは、そこでの歴史を物語る政治的判断力ないし歴史的判断力は、実践的世界に関係づけられた点が指摘できる。

第三に、ベンハビブが示唆したベンヤミンとの関連に引きつけて解釈すれば、アーレントによって判断する注視者が政治史のエピソード、とりわけすべて不運であったが、希望の灯火が短時間明滅したハンガリーの動乱（一九五六年）や第二次大戦中のワルシャワ・ゲットーでのナチスに対する抵抗運動などの「奇跡的な」瞬間を物語ることによって、それらを「歴史の忘却」から救い出し、「歴史の記憶」にとどめることでいくばくかの人間の尊厳を救済するという、いわば救済の歴史を物語る狙いがあった、とみることができる。

第四に、この物語は、実践ではなく観想の世界に関係する歴史的判断力の働きに依拠しており、こうした歴史の注視者に対しては、歴史上の「奇跡」は、利害関心なき快の感情を与えることになる。この見解もまた、アーレントはカントの『判断力批判』における美感的反省的判断力と美的空間を政治的判断力と自由な政治的空間の成立する場として読み換えたことで獲得した。いずれにしても、アーレントが歴史と記憶の問題について生涯にわたり「忘却の穴」（Höhlen des Vergessens）という概念に象徴される課題に取り組み続けたことはたしかであった[30]。

7　哲学史の記憶の反復に向けて

すでに指摘したようにアーレントは、歴史的理性批判の試みを生涯の課題としたディルタイに対して、哲学者としての評価には否定的であった。むしろ、歴史家としてのディルタイの『一五世紀および一六世紀における人間の解釈と分析』や『体験と詩作』という著作の名前を挙げて「精神史にかんする著作としてまことに模範的なものである」という理由をさらりと語っているだけであった。しかし、これまでの歴史の物語が明らかにしたように、ディルタイは、オーラル・ヒストリーの先駆的な歴史家であり、しかも人間の生の条件や実存的なあり方を探究した歴史哲学者でもあった。また、アーレントでは悲劇的な出来事が忘却された「歴史の記憶」を物語ることによって、人間の尊厳を救済しようとする政治的判断力の働きが重視された。それはカントの『判断力批判』の第一部・美感的反省的判断力の批判から着想を得た思想であった。

他方、ディルタイは、どこまでも「歴史的理性批判」としてほぼ同様の試みを探究していた。ところが、今日ディルタイのこうした探究を再検討してみるとき、アーレントの場合と同様に後期には『構成』や特にその遺稿に、カントの反省的判断力の働きとかかわる歴史的判断と歴史的理解に、「歴史的理性」という伝統的概念を置き換えるようになったように推測される。実際、ディルタイ自身が語っているように

「歴史科学の可能性の第一の条件は、私自身が歴史の被造物であり、歴史を吟味する者も歴史を作るという意識である」(VII, 278) ことを十分自覚していた。この見解は、カントによって示唆された歴史の解釈学的理論に対するディルタイの一つの功績であった、と言えよう。ディルタイの場合にも、すでにみたように他者の理解は歴史的な理解であり、私の涙には苦痛や悲しみが先行するように、他者の涙には他者の苦痛や悲しみが先行するであろうという他者理解の視点が据えられていた (XIX, 276)。したがって、ディルタイの歴史の叙述の試みもまた、アーレントとほぼ同様に人間の死の忘却に注意を向け、魂の救いについて物語る営みであった。

かつてラントグレーベは、こうした他者理解を私自身の実存のありとあらゆる可能性を把握するのに必要なものである、というディルタイの実存主義的な解釈を打ち出した。[31] この見解に対しては、マックリールは異論を唱えているが、ディルタイの歴史の解釈的理論のうちには、このように理解される余地があることは否定できない。それは、アーレントの歴史の物語のうちに二つの傾向がみられたのとほぼ同様である。ディルタイの歴史観は、後期に大きな影響を受けたヘーゲルの決定論的な歴史観とは異なり、『判断力批判』の歴史観に類似している点に注意すべきである。したがってディルタイの生涯にわたる構想は、基本的に「歴史的判断力批判」と解することができるとすれば、マックリールの指摘するようにカントの美感的反省的判断力の働きをディルタイによる歴史理解のための模範としてみることが可能である。[32] さらに、歴史の物語の継承と「世代」および「世代間倫理」にかんする課題がある。ディルタイには、「連続性によって結びつけられた全体性」という考えがあった。リクールも指摘したように、歴史における「世代」(Generation) の重要性を想起すべきである。ディルタイは、「世代の概念を、暦法の〈外的な〉時間と心的生活の〈内的な〉時間との仲介的な現象とする諸性格に興味を寄せた最初の人である」[33]。「世代」には、同じ世代に所属するという用法と、世代の「連続」という用法があり、時間の物理的外在性と心理的内面性とを媒介する構造をなし、歴史を「連続性によって結びつけられた全体性」とする。人間の生死と世代交代は、歴史や文化の担い手の継起的交代と同時的な層化との結びつきを進める。ここでもまた、歴史的理性および判断力の働く場が拡大されるのである。

最後に、これらの大方の予想を覆すようなアーレントとディルタイとの共通点および類似性を踏まえた上で、両者の歴史的判断力（アーレントに即すれば政治的判断力、ディルタイに即すれば歴史的理性と呼ばれる働き）に限定して、それらの相違に眼を向けるならば、ディルタイにはアーレントほどの歴史と判断力との緊張関係はみられない。言い換えれば、アーレントでは、判断力は活動的生活と観想的生活との間の緊張関係がディルタイにはみられないほど高まっていた。歴史が進歩するものでも終わりがあるものでもないならば、歴史的判断は、過去の特殊な事件や「物語」に意味を付与するような、個々の歴史家に帰せられるであろうという理解に傾くことになる。個人および歴史の記憶における過去の継続的現前のうちに個人的および歴史的生との類比を見いだしたディルタイに対して[34]、アーレントは別の立場を取る。この両者の相違の背景には、なお明るさの残っていた時代に生きた人間と暗い時代に生き抜いた二人の実存的なあり方、人間の条件の違いもまた、強く作用していたことは贅言を費やすまでもない。さらに付け加えれば、前章で触れた歴史哲学者、ヤン・パトチカは、両者の「狭間」で長い間歴史から忘却された「悲劇的な実存の物語」を生き抜き、語り続けた人物のひとりであった。

8　結論

以上のように本章の「歴史の物語」は、個人史、ライフ・ヒストリーとしての物語、ディルタイやアーレントに対する著者自身の理解の変化や深化をもたらした。それにともない著者自身の物語の内実の変容を産み出し、著者個人とともにディルタイおよびアーレントという二人の「歴史のなかの実存の物語」に光を当てることを試みた。これによって著者が「歴史のなかで実存する」ことは、著者以外の他者や政治的世界をはじめとするさまざまな世界の歴史を知ることと不可分であることを明らかにした。著者の「歴史のなかの実存の物語」はどこまでも自身の立場、パースペクティヴからの物語であるかぎり、他者の立場からの多元的な物語の可能性もまた、開かれている。さらに、人間には、どのように努力しても語りえないものがつねに「歴史の土壌」として残る。「物語りえないもの」をいわば抱きしめて物語り続ける努力を怠らないかぎり、「歴史のなかの実存の物語」は、ディルタイやアーレントの物語と同様に「世間」による誤解や無理解にさらされ続ける。著者は、「孤立」や「孤独」に耐えながら、例えば生の哲学者ディルタイという陳腐な固定観念によって歪められ隠蔽され続けてきた哲学史の物語に抗して、これからもつねに新たな「忘却の穴」から「物語りえないもの」を救い出そうとするであろう。

それ以上に、政治から、社会から、世間から忘却されつつある震災・原発事故の被災者・避難者の存在を記憶し、彼らの苦しみや悲痛な声に耳を傾ける努力を怠ってはならない、と著者は考える。震災・原発事故にかぎらず「歴史のなかの実存の物語」は、いつでも、どこでも、誰に対しても生じうる出来事である。こうした大規模な悲劇的な出来事は、つねに「小さな物語」の重層的な重ね書きからなることを決して忘却すべきではない。著者は、若い福島県民から「てつがくカフェ」の場で、「大人は信用できない」と批判された言葉を生涯忘れることができないだろう。彼らの「歴史の物語」は、誰が語り継ぐことができるであろうか。二十一世紀の日本に求められる「持続可能性の哲学」は、これらの課題にも取り組むことが求められている。

アーレントによる「哲学者および歴史家としてのディルタイ」という短い書評を手がかりとした「哲学者および歴史家としてのアーレント」について、著者自身の生き方にもかかわるささやかな物語は、ひとまず本章で終了する。(35)

注

(1) 本章は、初出一覧で示したように、実存思想協会における講演原稿を加筆・修正したものである。著者は日本語版ディルタイ全集の編集作業に編集代表として携わっていた。こうした事情により、以下のような問題設定および論述展開になった次第である。

(2) Pierre Nora, (ed.), *Realms of Memory*, Columbia U. P. 1996, pp. 11ff.

(3) 「再帰性」の含意については、本書第六章「理性批判の二つの機能」を参照。

(4) ポール・リクール『他者のような自己自身』(久米博訳、法政大学出版局、一九九六年、二〇頁)。

(5) レヴィナス「記述から実存へ」『実存の発見』(佐藤真理人他訳、法政大学出版局、一九四九年)、一六二頁。

(6) 社会学者のピーター・バーガーは、『ニューヨークタイムズ・ブックレヴュー』所収のエッセイでアーレントに対して、A Woman of this century というタイトルを付している。In: *New York Times Book Review*, April, 25, 1982.

(7) H. Arendt, *The Human Condition*, Chicago 1958. 2nd ed. London 1998, p. 185.(アーレント『人間の条件』志水速雄訳、ちくま学芸文庫、三〇一頁。)

（8） H. Arendt, H. A. Hodges, Wilhelm Dilthey: an Introduction, Kegan Paul London, 1944, in: *Partisan Review*, XII/3, 1945.
（9） Hodges, *The Philosophy of Wilhelm Dilthey*, London, 1952, p. xxiii.
（10） *Ibid.*, p. xiii.
（11） 「追体験」の英語訳の re-live は、nacherleben のホッジスによる英語訳である。今日の英語訳では relive が定訳である。なお、みすず書房刊の翻訳書では、nachleben と表記されているが、この表記は誤りであろう。
（12） ドイツ語版ディルタイ全集第七巻（VII, 319-321）を参照。
（13） Otto F. Bollnow, *Dilthey: Eine Einführung in seine Philosophie*, 2. Aufl. Stuttgart 1955, S. 80ff.
（14） 『三木清全集』岩波書店、第六巻（『歴史哲学』第一章、歴史の概念）、五七頁以下。
（15） David Carr, Künftige Vergangenheit. Zum Vorrang der Zeitdimension bei Husserl, Dilthey und Heidegger, in: *Dilthey und die Philosophie der Gegenwart*, Freiburg/München, 1985, S. 415ff.
（16） R. A. Makkreel, *Dilthey. Philosopher of the Human Studies*, Princeton/London 1975.（『ディルタイ』大野篤一郎他訳、法政大学出版局、一九九三年、三九七頁。）
（17） P. Thompson, *The Voice of the Past: Oral History*, Third Edition, Oxford 2000.
（18） 同訳書、九七頁。
（19） この問題は、ディルタイの記憶と時間との関係をめぐる議論へと誘うことになるが、紙幅の制約上立ち入ることができないので、別の機会に論じることにする。
（20） 『人間の条件』（志水速雄訳、ちくま学芸文庫）、四六九頁。
（21） 同訳書、五一七頁。
（22） M. Jay, Hannah Arendt und die Ideologie des Ästhetischen, in: P. Kemper（Hrsg.）, *Die Zukunft des Politischen, Ausblicke auf Hannah Arendt*, Frankfurt a. M., 1993, S. 119ff.
（23） What is Existential Philosophy, in: *Partisan Review*, XVIII/1, 1946.
（24） J・コーン編『アーレント政治思想集成1』（齊藤純一他訳、みすず書房、二〇〇二年）、二二八頁。

(25) 同訳書、五一九頁。

(26) Arendt, *The Life of the Mind*, London 1978, p. 185. 『精神の生活』上（佐藤和夫訳、岩波書店）、二一四頁参照。

(27) Arendt, *ibid.*, p. 74. 同訳書、八七―八八頁参照。

(28) 前掲訳書、『カント政治哲学の講義』一三九頁以下を参照。

(29) Vgl. Seyla Benhabib, *The Reluctant Modernism of Hannah Arendt*, *Thousand Oaks*, London 1996, p. xxiv.

(30) 『全体主義の起原』、第三巻第三章および『イェルサレムのアイヒマン』などの「忘却の穴」にかんする議論を参照。なお、この概念をめぐる高橋哲哉説によるアーレントや岩崎稔説に対する批判や論争には立ち入らない。ただし、著者の見解は本章の論述から明らかである。

(31) Vgl. Ludwig Landgrebe, Wilhelm Diltheys Theorie der Geisteswissenschaften, in: *Jahrbuch für Philosophie und phänomenologische Forschung*, Bd. IX, Halle a.d. Saale 1928, S. 328.

(32) マックリール『ディルタイ』（大野篤一郎他訳、法政大学出版局、一九九三年）、二八一頁。

(33) ポール・リクール『時間と物語Ⅲ』（久米博訳、新曜社、一九九〇年、二〇〇頁）。また、同所、一九九頁も参照。

(34) I. N. Bulhof, *Wilhelm Dilthey*, Den Haag 1980, p. 37.

(35) こうした物語理論については、相対主義に陥るのではないかという疑問が提起されると推測される。この危惧は、もっともな疑問である。だが、ここでは立ち入らなかったアーレントの「共通感覚論」やディルタイの解釈学的循環の理論がある程度この危険から免れる道筋を示唆している。この点については、拙著『遠近法主義の哲学』（弘文堂、一九九六年）を参照。また、本書第七章の論述も、参照していただきたい。

第十章　抵抗と実存

――実在性の復権に向けて――

1　問題提起

本章の目的は、ハイデガーによるカント解釈とディルタイ評価および批判を手がかりとして、ディルタイの「実在性」(Realität) 概念の今日的射程を照らし出すことにある。この課題は、同時に、前章で言及したアーレントにおける「政治的抵抗」の概念との距離を明らかにするはずである。さらにこの課題は、フーコーの「生政治学」(bio-politique) と「抵抗」との関係、そして「ポスト3・11」の日本社会に顕在化した「実在性」や「生」の喪失に関連する諸問題にも光を当てることになるであろう。

最初に、著者のテーマ設定の本来の狙いについて簡単に触れておきたい。現代人の生きる生活世界では、今日さまざまな意味で「実在性」ないしリアリティーが着実に失われつつある。大多数の人間は、一方で、災害の発生を危惧しながら、他方では、「生の地平」から遊離した現実感の希薄な日常生活を営んでいる。

また国際関係を回顧すれば、二十年以上前の一九九一年一月に勃発した「湾岸戦争」について、ボードリヤールは、いち早く「湾岸戦争は起こらなかった[1]」と断じた。その後の国際政治に大きな影響を与えた歴史的出来事は、ボードリヤール独特の論理によって実在性が否定されたのである。また著者は、最近の日本の深刻な社会現象の一つとして、多様化した「引きこもり」の現象（例えば、学校のトイレでひとり食事を摂ること）を指摘することができる。生徒や大学生の間だけでなく一般社会人や高齢者の間でも、単純な病理現象に還元することのできないこの深刻な事態が確実に拡大している。さらに言えば、震災などの事故や事件などによって受けた「肉体的苦痛」は、アーレントも指摘するように、「私たちからリアリティにたいする感覚を実際に奪うので、肉体が苦痛状態にあるときは、真っ先にリアリティーが忘れられてしまう[2]」のである。アーレントのこの指摘は重要である。しかし、後述のように、著者は、私たちからリアリティーに対する感覚を実際に奪うのは肉体的苦痛だけではないということを付け加えておきたい。

これらの現象は、現実社会の実在性ないし現実性、広義の他者のリアリティーを拒否ないし否定し、他者の抵抗や絆を断ち切ろうとする点で共通性を有する[3]。二十一世紀という時代は、リアリティーとバーチャル・リアリティーとの境界が消失し、後者によって前者が浸食されているだけでなく、「他者の歓待」や「合意の形成」の可能性、さらに他者の声に耳を傾ける「聴くことの力」を発揮する余地すら存在しない時代になりつつある。それどころか、リアリティーの成立にとってバーチャル・リアリティが不可欠であり、両者は不可分であるという見方も、現在では稀ではない。他方では、震災・原発事故以後、とりわけ「絆」の重要性が喧伝されていることも事実である。

このような時代状況のなかで哲学的探究は、リアリティーまたは「現実性」を確保するために、何らかの有効な処方箋を提供できるであろうか。著者が「実在性の復権に向けて」語ろうとする意図は、このような危機感に根差している。しかし問題の複雑性と困難性からみて、本章では、この課題に直接答えることを意図するのではなく、そのための予備的考察を試みる。そこでは、第一に、今日表面上の「流行現象」や言語表現のレベルとは逆に、実態的には軽視され色あせつつある生および生のリアリティーを生涯にわたり探究し続けたディルタイの「実在性」および「抵抗」概念に着目する。そのことによって、本章では「実在性の復権」に向けた準備作業を行う。第二に、そのためにハイデガーのディルタイ評価および批判の再検討を通じて、ささやかな哲学史の読み直しを試みる。第三に、ディルタイおよびハイデガーによるカントの「実在性」カテゴリーに対する解釈と批判とを検討することによって、ディルタイとハイデガーとの思想的な距離を再測定する。第四に、これまでの考察を踏まえて、アーレントとフーコーとの対比にも立ち入る。それによってディルタイの哲学史上の位置づけにかんする通説の一面性と不十分性もまた、いっそう明らかになるはずである。[4] 以上によって、これらの本章の課題は、すべて「生の地平」に根差した日常性や知のあり方に深くかかわる問題であることが明らかになるであろう。

2　ハイデガーのカント解釈とその問題性

若きハイデガーは、修業時代の論文「現代哲学における実在性の問題」（一九一二年）のなかで「カントは……神秘的な〝物自体〟を措定する以上には進まなかった」と批判し、「カントの認識論のうちでは実在性問題は登場しえなかった」（I, 2f）という厳しい批判を展開した。そこではまた、カント以降のドイツ観念論が「ますます実在性からかけ離れ、実在性の措定と規定とを理解することから離れていった」(I, 3)と断定している。この論文で若きハイデガーは『純粋理性批判』のカントの見解を斥け、「カントの主張に反してカテゴリーがなくても思考は行われる」(I, 10) という批判的実在論の立場に依拠したオズヴァルト・キュルペの主張に賛同している。ここで注目すべきは、以下の三つの論点にある。第一に、若きハイデガーがキュルペ著『ドイツ現代哲学』の結論とも言うべき「将来の哲学の出発点にあるものは……実在性の問題である」(5) という見解に強く共鳴している事実にある。第二に、キュルペに共鳴したハイデガーが、もっぱら認識論的観点から『純粋理性批判』を批判的に解釈し、「物自体」を否定的に評価している点である。第三に、ハイデガーは、心理主義に対して批判的な立場から自然科学的な実在性概念を肯定的に把握していたのである。

これらのハイデガーの見解は、当時の有力な哲学的立場を反映した主張であるが、他方では、少なからぬ問題を孕んでいるように思われる。しかし、ここでは後述のようにカントの物自体に対する批判をはじめ、ハイデガーの着眼とディルタイの見解との間には多くの共通点がみられることをあらかじめ指摘するだけにとどめる。また、当時のキュルペやハイデガーが自覚していた以上に「実在性の問題」は、二十一世紀の今日でも依然として「将来の哲学の出発点」をなすだけでなく、この見解は、ディルタイ哲学でも同様に妥当することを指摘しておかなければならない。

ところで晩年のハイデガーは、『存在 (Sein) にかんするカントのテーゼ』(一九六一年) のなかでカントの「実在性」と「現実性」との区別と関係について、概念史的方法を採用して立ち入って考察している。そして彼は、このテーゼを「存在とはレアル (real) な述語ではない」というカントの見解に見いだした。

ここでのレアルは、普通「実在性」と訳されるレアリテート（Realität）の形容詞であり、十九世紀以降「実在性」は、「現実性」（Wirklichkeit）とほぼ同義に使用されてきたことも、つとに知られた事実である。ハイデガーによれば、「実在性」はもともと「事物」を意味するラテン語の res に由来する realitas のドイツ語訳であるから、レアル（real）は事物の性質内容に属するという意味であり、したがってカントでも「実在性」は、事物が現実に存在するという意味をもつ「現実性」とは明確に区別されている。(6) なぜなら、批判期のカントの思索に即した場合、前者が質のカテゴリーに属するのに対して、後者は様相のカテゴリーに属するからである。「実在性」は、事物が現実に存在するかどうかにかかわりなく、考えられた事物ないし事柄の性質を叙述する「事物性」を意味する。したがってカントでは「実在性」と「現実性」とは厳格に区別されており、両者を無自覚に混同した現代の理解にしたがってカントのテクストを読むことはまったくの誤解である、というわけである。

しかし事態は、上述のハイデガーの論述ほど単純ではない。カントは「客観的実在性」（objektive Realität）という概念をしばしば使用しており、この概念は事物ないし客観の現実存在を意味する「現実性」とほぼ同義的な意味を担っているからである。ハイデガーは、「客観的実在性」ないし「客観的レアリテート」を客観として定立された事物性と解釈する。(7) それでは「存在」と「実在性」および「現実性」との関係は、どのように理解されるであろうか。ハイデガーの理解では、「実在性」によって表現される事物が経験の対象ないし客観として人間主観に与えられるかぎりで、この実在性は「客観的実在性」を意味する。また「現実性」は、元来「働きかける」（wirken）という動詞に由来することからも明らかなように、「現実性」は何らかの働きを前提し、それに依拠して成り立つ。その働きこそ、認識主観の定立（Position）

の作用であり、「存在」とは、このような事態を意味している。「存在」は、どのような意味でもレアルな述語ではない。カントの「存在」とは客観の現実性を成立させる認識主観の定立の働きであり、表象作用に他ならないのである。

このようなハイデガーのカント解釈の狙いは、上述の定立の働きないし表象作用を意味する「存在」が現象としての客観を制作する働きを意味しており、そのかぎり、カントの哲学のうちにも「存在する」ことは「被制作性」(Hergestelltheit) であるという存在概念がみられることをあらわにする点にある。この主張自体は、『存在と時間』以来機会あるごとに論じられてきた「存在者」と「存在」との存在論的区別に基づくハイデガーの哲学史把握とその破壊作業の一環にすぎず、著者の意図もまた、ハイデガーのカント解釈の紹介にあるわけではない。もっとも『純粋理性批判』での「実在性」の用法は、ハイデガーが指摘する以上に多様な意味があり、事物性と解される「実在性」のカテゴリー以外にも、時間・空間の「経験的実在性」(B 44) すなわち「客観的妥当性」や「現象的実在性」(realitas phaenomenon)、「現象における実在的なもの」(B 320) その他の用法もみられる。しかし、差し当たり、ここではカントの「客観的実在性」や「現象的実在性」などの概念が実質的に「現実性」のカテゴリーと重なりあい、そのため「実在性」が「現実性」と同義的な意味を生じる転換点となったことを確認しておくだけでよい。

むしろここで著者が問題にしたいのは、上述のカント解釈の最も重要な「存在」＝「定立」というテーゼを採用することによって、ハイデガーがその後の「実在性」理解の可能性を制限したという帰結を生じた点にある。結論を先取すれば、ハイデガーの主張は、物自体と「実在性」との関係や実践的次元における「実在性」の役割を拡大するよりも、むしろそれを閉ざす方向に作用したように思われる。この点にかんしては、ハイデガーの見解は、後述のディルタイの「実在性」理解とは対照的である。

これに関連してここで著者は、ハイデガーの見解の問題点を若干指摘しておく必要があると考える。ハイデガーは、「定立」と「現実性」との関係に関連して『判断力批判』第二部・目的論的判断力の批判、第七六節「注解」の一文を引証している。それは、以下の文章である。「たんに可能的なものと現実的なものとのわれわれの区別は、前者がある物の表象をわれわれの概念と関連して、また総じて考える能力と関連して定立すること（Position）を意味するにすぎないが、しかし後者［現実的なもの］は、物自体そのものを（この概念の外に）措定すること（Setzung）を意味する、ということに基づいている」（V, 402）(8)。

ここでカントは、「可能性」と「現実性」との区別をきわだたせるために、「ある物の表象」の「定立」と「物自体そのもの」の「措定」とを対比的に関連づけて説明している。厳密に言えば、このカントの説明には疑問の余地があるが、ここではこの問題には立ち入らず、著者は本章の主題に議論を限定して先を急ぐことにする(9)。上記の引用文では、著者のみるかぎり、明らかに「定立」と「措定」とは区別されている。また、この区別は、「実在性」および「現実性」の理解に深くかかわってくる。ところがハイデガーは、著者の解釈によれば、この区別を看過した。ハイデガーは、意図的に「われわれは以下のようなカントの決定的な命題を理解する」（IX, 470）と言明して、上記の一文を引用したにもかかわらず、「可能性と現実性とは定立の相異なる仕方である」点に着目しながら「ある物の表象の定立」と「物自体そのものの措定」の区別と、後者の固有性を見落としている。

これは決して瑣末な問題ではない。著者からみて大変興味深いことに、ジャン＝リュック・ナンシーは『自由の経験』のなかで著者とほぼ同様の指摘を行っている。ナンシーもまた、ハイデガーが「この［定立と措定との」区別をまさに無視している」事実を指摘して、このために「『存在にかんするカントのテーゼ』のハイデガーにはしたがわない」[10]と述べている。さらにナンシーは、カントの物自体の実在性に注目して、それと自由の事実とを関連づけ、独自の立場からハイデガーの「存在」解釈を試みている。本章の主題にとって示唆的であるのは、ナンシーが「実存の物自体、その実在性はSetzung〔措定〕や行為や身振りや動きのうちにあるのだが、その措定や行為や身振りや動きとは、実存を措定すること、つまり現−存在Da-seinの現daへとその存在を引き渡す[11]」ことである、と主張している点である。

著者の立場からみたとき、ナンシーの主張は次の二点に要約可能である。第一に、ナンシーは、たんなる「ある物の表象」の「定立」ではなく、「物自体そのもの」の「措定」とその「実在性」のカテゴリーの意義に着目している。第二に、ナンシーは、物自体とその実在性の理解にかんする問題をハイデガーのようにたんに存在論的次元に限定せず、つねに同時に「自由の事実」とその解釈による実践的文脈から理解しようとしている。著者の解釈によれば、以上の二つの観点は、ディルタイのカントとの対決を媒介とした「歴史的理性批判」のプログラムないし体系のうちで基本的に提起されていた。そこで次に、本章では、ディルタイによるカントの物自体概念に対する批判とディルタイの「実在性」概念の考察に向かわなければならない。

3　ディルタイの「実在性」の射程

ディルタイは、終始カント哲学から多くの着想を得て、それと対決し克服しようと試みながら、精神科学の自然科学からの独自性を確保し、さらにあらゆる認識の可能性と確実性とを基礎づけようとして解釈学的哲学の立場に到達した。このことは、よく知られた事実である。そのプロセスで二十五歳頃のディルタイは、カントのカテゴリーの重要性に着目し、カントの探究の努力を世界の統一性や内的および外的出来事の必然性、目的の同種性などを追求する精神の運動と理解されるかぎりで継承に値すると評価して、それを手がかりにしてディルタイ自身のめざす「新たな理性批判」の出発点を模索している。[12]

ここでまず、ディルタイによる「実在性」の基本理解を確認しておこう。『精神科学序説』第一巻の論述表現に即するならば、「現実性とはあらゆる点で意志、事実性、歴史、言い換えれば生動的な（lebendige）根源的実在性である」（I, 141）。ディルタイにとって歴史的現実性とは生き生きした生の実在性を意味する。ところで本章の主題に限定した場合、『精神科学序説』第一巻以降のディルタイによるカント批判の主要論点は、以下の諸点に集約可能である。第一は、現象と物自体との区別の克服という課題である。ディルタイが探究する生はたんなる現象以上のもの、「汲みつくし難いもの」「究めつくし難いもの」である。第二に、この課題と関連して近代哲学の根本前提である主観・客観の二元論の克服という難問である。上述のように、ディルタイにとって自己と世界との生における不可分の統一性が明らかにされなければならない。第三に、自由と自然、精神と物の領域という存在の二元性の克服という課題である。これらはすべて、近代哲学の根本前提にかかわる問題である。これらの問題を解決するために、特に中期のディルタイは、「意識の事実」（Tatsache des Bewußtseins）および「生の体験」の構造分析を試みた。[13]とりわけディルタイは、外界および人間の共同世界にかんする従来の問題設定の誤りを批判したのである。

この課題は、M・シェーラーやハイデガー、ウィトゲンシュタインやG・ライルなどの現代の哲学者によってさまざまな仕方で扱われてきた[14]。しかしディルタイは、カント、フィヒテ、ヘーゲルなどの哲学的用語法を継承し採用したため、意識の事実の分析に対するディルタイの真意と含意は、必ずしも明確にされないままこれまで少なからぬ誤解に晒されてきた。端的に言えば、ディルタイが「意識の事実」を分析した狙いは、思弁的でもなく浅薄な実証性に陥ることもない歴史的な性格をもつ理性の批判を遂行するためであった。そこで次に「現象学の命題」(Satz der Phänomenalität)という「哲学の第一原理」を手がかりにして、『精神科学序説』第一巻、第二巻・第四部の遺稿「ブレスラウ完成稿」と『実在性論文』における「外界の実在性」および他者の共同存在の実在性にかんする主要な論点を集約する[15]。

「現象性の命題」とは、私にとって存在するものはすべて私の意識の事実でなければならない、という原理である(V, 90)。この原理は、現象主義や独我論とは異なり、主観ないし自我とその定立から出発することを意味するのではなく、むしろ自我が、世界の相関者として意識から分化することを主張する。そこで、カント的な二元論を克服するためには、認識作用(表象作用)、価値づけ(感情作用)、行為(意志)という心的能力の三分法によって分解された人間の経験を一つの「全体的人間本性」として把握し直すことが必要である。そのためには、意識の事実としての「体験」という根源的な生そのものに立ち戻らなければならない。この場合、生の「体験」は、認識・感情・意志という人間の基本的な活動をすべて含む概念である。生の「体験」という概念は、体験のプロセスと体験内容ないし体験される対象、主体的な作用と客体的なものの統一を含意した概念である。意識の内部と外部、心的なものと物質的なものとの差異は、この生の体験の統一体から派生的に生じた把握の帰結にすぎないのである。精神と物質というデカルト以降の二元論、現象と物自体との区別に基づく伝統的な現象主義は、この帰結をその根拠であると誤解したのである。さらに、「生」はたんに生物学的な意味に理解されてはならない。人間的な「生」、歴史的に生きる諸個人とそのあり方もまた、この概念には含まれているからである。「外界」と外界の「実在性」というカテゴリーは、この生の体験の表現をさまざまに把握するなかで生じる概念である。実際ディルタイは、『実在性論文』でも外界の「実在性」そのものを論証しようと意図してはいない。この実在性にかんする「信念」の起源とその正当性を問題にしているのである。

ディルタイにとって人間はもともと世界との統一体であるから、外界の実在性の可能性を問うことは擬似問題であって、解決すべき課題とはなりえない。自然と精神、自然科学と精神科学との区別もまた、根源的な事態ではなく、生の連関に基づく「体験」を把握する一つのあり方として歴史的に生み出されてきた知的態度にすぎないのである[16]。もっともディルタイの議論は、必ずしも首尾一貫した明快なものではなく、両義的な側面をもつことも否定できない。「体験」は、たんに個人的な経験的意識として把握されるならば、ただちに心理主義・歴史主義という非難を呼び起こす。しかし公平にみるならば、これらの哲学史の通説化したディルタイ批判は的はずれな非難である。なぜなら、ディルタイの「体験」は、たんなる個人の体験を超えてそれを規定しようとする哲学的な超越論的反省という性格をもつからである。これについては、ディルタイの「抵抗」(Widerstand)の意義を考察することによっていっそう明らかになるであろう。

さらに補足すれば、エルンスト・カッシーラーもまた、ディルタイの「体験」概念と歴史との不可分の関係に着目していた。例えば、カッシーラー哲学の体系的著作である『象徴形式の哲学』の執筆時期の遺稿でも、「彼〔ディルタイ〕は、……歴史は抽象的な諸概念からは構成されず——歴史への唯一の通路は、豊饒さと多様な形態における《体験》の世界であることを、繰り返し指摘する——体験の構造からはじめて、歴史の世界が我々に開示される。ここからはじめて、歴史的現実の《理解》が生まれる」(17)、と述べている。この指摘は、カッシーラー自身の人類史と人間の体験構造との関係理解を表明したものであるが、同時に、ディルタイの「体験」概念と歴史との不可分の関係の重要性を的確に把握した一つの証拠として、見落としてはならない論述である。グローバルにみても、従来のカッシーラー研究でも、ディルタイ研究の領域でも、この論点に対する重要性は看過されてきた。それだけに、このカッシーラーの見解には、重要な論点が含まれている事実を読者は看過してはならない。

4　ディルタイの「抵抗」をめぐって

ディルタイの「抵抗」および「抵抗経験」にかんして注意すべきは、「外界の実在性」が抵抗の意志経験によって直接与えられるわけではないという点である。また、人間はまず衝動の体系とみられ、そして運動への衝動が現れるかぎり、抵抗経験は、その複雑な性質が衝動および感情の体系からのみ解決可能となる。さらに、この抵抗経験は、志向の意識と志向の阻止の意識という二つの意志状態によって成立可能である。したがって外界は、カント的な表象の類ではなく、人間の意志的態度に抵抗し、その志向を阻止する「生ける力」として作用する(wirken)。外界と自己との関係は、相互作用をなす「生の関連」として理解されなければならない。実際、他者と区別された自己の意識は、衝動の制限として認識された抵抗によってはじめて生じるのである。ディルタイにとって「実在性」および「外界の実在性」とは、論証されるものでも導出（演繹）されるものでもなく、成立過程が示されるものである。最後に、ディルタイには「触覚は、事物性 Dinglichkeit（実在性、実質性）を確保する根本感官である」（XIX, 175）という、近代哲学によって看過された触覚重視の思想が存する事実にも十分留意すべきである。

ディルタイの「抵抗」にかんするこの見解を本格的に吟味するためには、「衝動や抵抗」から外界の実在的な物の存在を導き出したというリッカートによる誤解をはじめ、シェーラーによるディルタイ批判にも言及すべきである。[18] だが、ここでは本章の趣旨に即してハイデガーの批判を一瞥するだけにとどめる。ハイデガーは、『存在と時間』第四三節で「実在性問題」に立ち入り、この問題が外界の実在性の証明にかんすると解されるならば、この問いそのものが意味をもちえないことを主張する。なぜなら、人間は世界内存在であるかぎり、すでに世界という外部に出ているからである。またハイデガーは、ディルタイの『実在性論文』に言及して、この論文の積極的な点として抵抗現象を分析的に際立たせたことを評価している。

ここでのハイデガーによるディルタイ把握の基本特徴は、次の四点に整理可能である。第一に、実在性は抵抗、より正確には「抵抗性」（Widerständigkeit）を意味する。第二に、抵抗現象の分析は、実在性問題が認識論的に立てられたことによって、正しい効果が阻害された。第三に、「現象性の命題」によっては意識の存在の存在論的な学的解釈に到達しない。第四に、この存在論的規定を行いえなかった理由として、もはや背後に遡りえない「生」を存在論的な無差別のままに放置したことをハイデガーは指摘している（SZ, 209）。また、ハイデガーによるディルタイの「抵抗」に対する批判の主要な論点は、著者のみるところ、少なくとも三点を指摘できる。第一は、抵抗性とは実在性の諸性格の一つにすぎない。第二に、抵抗性が成り立つためには、すでに開示されている世界が必然的に前提されている。第三に、「実在性の意識」はそれ自身が世界内存在の一つのあり方である。要するに、「外界の問題性」は世界内存在としての現存在のあり方に帰着するのである（SZ, 211）。端的に言えば、『存在と時間』の著者ハイデガーにとって実在性とは、現存在の存在に基づくかぎり存在論的問題であり、抵抗性もその一つのあり方に他ならない。

ディルタイの「抵抗」に対するハイデガーの批判は、一九二五年夏学期の講義『時間概念の歴史への序説』第二五節「外界の実在性への問いの内的構造」の方が詳しい。ここでもまたハイデガーは、M・シェーラーに対する批判との関連から批判的考察を立ち入って展開している。ここでも批判の狙いはシェーラーに向けられているように思われるが、ディルタイの「抵抗」の評価および批判の視点は、上述の場合と本質的には大差ないと言ってよい(19)。

ここで興味深いのは、この講義と同年に行われ、一九九二年に『ディルタイ年報』で公刊されたハイデガーの『カッセル講演』での態度にある。そこでは、ハイデガーはディルタイの『実在性論文』を引き合いに出しつつ、上述の諸文献の中でディルタイの思想を最も高く評価しようとする。ハイデガーは、「西洋哲学全体の基礎的問題は、人間の生の意味の問題」であり、人間の生の現実性を歴史のうちで学問的・哲学的に問うという優れた業績をディルタイに帰している(20)。またハイデガーは、ディルタイの中心的問題が「歴史的現実性をそれ固有の現実性のうちに見いだす」ことであり、ディルタイにとって「実在性」が問題であったことを適切に指摘している(21)。しかしハイデガーは、『実在性論文』にも触れながら、「抵抗」および抵抗体験についてはまったく言及していない。ハイデガーには、ディルタイのように「抵抗」に対する基礎づけはみられず、現存在にとっての抵抗経験の可能性も明らかにされていない。そのためハイデガーは、抵抗経験と世界との不可分の関係と、人間が世界や他者に対して抵抗しうる事実についても看過した、と言わなければならない[22]。このことは、『存在と時間』の刊行以降今日まで、ハイデガーには他者論がみられないというさまざまな批判と密接な関係がある、と思われる[23]。

他方、ディルタイの抵抗概念は、他者論の観点からみても重要である。例えばO・ボルノウは、この概念について次のように指摘している。もともと物質的な意味で抵抗を与える物質的外界のみが問題とされた。しかし今日のわれわれの生存に影響を及ぼす過去の歴史的な人物、自分自身の過去および未来の出来事などの実在性もまた、それらがわれわれに与える圧迫や抵抗によって経験する。「こうして抵抗概念は、純粋に物体的な妨害というその最初の意味から、現実性に対するあらゆる真の関係という一般的関係へと拡大される[24]」のである、と。この解釈は、差し当たり、概ね妥当な見解であると言ってよい。ただし、ディルタイ哲学全体の観点から厳密にみれば、彼の他者論には、たしかにアンビヴァレンツが存在することは否定できない。一方では、他者の問題は、外界の実在性にかんする認識論的問題に支配されている。この観点から言えば、他者は、モナド論的・生物学的な進化論的目的論から生じる帰結として、普遍的な問題圏のうちの二次的な変種として現れる。他方、ディルタイは、事物の構成や外界の実在性を可能にする他者の経験に対する眼差しを遮断しているわけではない。このことは、I・デェールマンの指摘するとおりである[25]。それでも、ディルタイは、他者の抵抗と他者の理解が抵抗なく可能であることを同一視したことは決してなかった。

5　他者の衝撃

しかしながら、ボルノウ説の最初の見解にかんしては、著者からみて若干の疑問がある。ディルタイの主張する外界のいわゆる「外的なもの」とは、K・レーヴィットが主張するように「最初からひとそれ自身とはちがったいわゆる他なるものということと同じ意義のもの[26]」、とみるべきである。また、この「外なるもの」は「差し当たり」すでに他の人格としてわれわれに与えられている、と解釈すべきである。実際ディルタイ自身が、「彼ら〔ルター、フリードリヒ大王、ゲーテ〕の偉大な人格性が意志の力によってわれわれに働きかけるのであるから、彼らはわれわれには実在性である」(V, 114)、と明言しているからである。したがって、「衝動と抵抗との根源的基盤は、自然的な外界ではなく、人間に自然な世界、共同世界……相互存在としての世界-内-存在、人々の関係[27]」とみなすべきである。このような関係のうちでのみひとは現実の抵抗と抗議とに出会うのである。ここに共同世界がたんなる環境世界に優越する根拠を見いだすことができる。

上述のようにディルタイは、ハイデガーと同様にカントの物自体の存在を否定した。ところがディルタイは、『ブレスラウ完成稿』のなかで「心的働きは、外的対象をいわばある現実的な物自体としてみる」(XIX, 71)と述べている。この表現は、ディルタイの意図とは別に今日の他者論を考察するうえで、ある種の示唆を与えているように思われる。ディルタイ自身は、自己の心的生を他者の表現のうちに転移することによって他者の生を間接的に理解しようとした。この見解の制限は否定できない。しかしレーヴィットが主張するように、ディルタイの見解は「他者の独立性の承認は、直接与えられたものではなく、いろいろな抵抗によって媒介されたものであり、生の経験によって基礎づけられたものであることを示そうとする」[28]試みであったと解釈することができる。他者の独立性は、意のままにならないもの、例えば、自分の意志に反抗する他者の意志として現れる。実際、家庭、職場、地域や政治的意思決定における他者の意志との合意形成の困難さは、日常生活の場で、著者もまた、頻繁に痛感するところである。

この課題は、ディルタイよりはるかに過酷な人生を歩んだ多くの人間にいっそう妥当する。例えば、それはアーレントが生涯取り組んだ自由と政治との関係、とりわけ「市民的不服従」(Civil Disobedience)を意味する「抵抗の政治」の課題と重なる。アーレントによる「抵抗」の問題に立ち入るまえに、まずアーレントの「実在性」、リアリティーに対する理解から確認しておくことが重要である。『精神の生活』第一部のなかで、アーレントは、「実在性」について、それが「誤りや見かけに満ちた現象(現れ)の世界」のうちで「三重の共通性によって保証されている」と主張する。なぜなら、「相互にまったく異なる五つの感覚が共通に同じ対象を有している」、また「種を同じくする成員が個々の対象に各々の意味を付与するコンテクストを共有している」、さらに「この対象をまったく異なるパースペクティヴから知覚する他のすべての感覚を付与された存在者が、対象が同一であるという点で同意する」[29]という理由による。アーレントは、この文脈では、デカルトによる方法的懐疑を含む伝統的な哲学が「世界疎外」に陥っているとみなし、世界のリアリティーの喪失という事態から、上記の三つの理由を挙げて、反論したのである。ここには、すでに本書で繰り返し言及したように、明らかにカントの共通感覚論と他者の理解が前提にある、とみるべきである。

また本章の冒頭で指摘したように、アーレントは、激しい肉体的苦痛が、他者と共有すべき公共的な空間を奪うという興味深い主張を展開していた。アーレントによれば、人間からリアリティーに対する感覚を奪い、その結果、それが忘却されてしまう。この「リアリティーにたいする私たちの感覚は、完全に現われに依存しており、したがって、公的領域に依存している」[30]。この見解は、人間のリアリティーに対する感覚が他者および他者との間に開かれる公的領域に依存していることを明らかにした。この見解には肉体的苦痛だけでなく、精神的な苦痛も付け加える必要がある、と著者は考える。また、このリアリティーに対する感覚とは上述の共通感覚を意味する、と解釈すべきである。

さらにマーガレット・カノヴァンが指摘するように、アーレントの「市民的不服従」というタイトルの論考は、「合衆国における公民権運動やヴェトナム反戦デモにおいて実践された市民的不服従はすぐれて政治的活動であり、公的利益をめぐってともに活動する市民たちの問題である」[31] ことを明らかにする点に目的があった。「自由」は、アーレントの理解するように、自由意志と結びつけられる働きではなく、自由な言語行為、「活動」(action) でなければならないという主張には、傾聴すべき点がある。この見解は、たしかに自由意志の表明や、個人的意志の「代理」を保証する制度である代議制の問題点を目にするにつけ、今日でも一定の説得力を有する。しかし、それにかわるべき民主制のあり方が定着しがたい現代、アーレントの課題は、依然として残されたままである。今日、すべての人が全面的に信頼しうる「手すり」のない時代に、他者との「共存」や「共生」の困難さは、ディルタイやハイデガーの直面した状況、そしてナチス・ドイツに対する抵抗運動を実践したアーレントの時代と比較してはるかに複雑化している。グローバル化の進む今日、自己と異なる人間や自然・無意識や他の文化的規範・宗教などを含む「他者」は、しばしば物理的暴力や構造的暴力を伴って、前触れもなく出現する。

他方、アーレントとは対照的な方向から「生と抵抗」の問題を扱ったのが、周知のようにM・フーコーであった。アーレントやハーバマースによる政治的生活の形態や内容、その技術的・官僚的管理への転落に対する批判は、当然のことながら、ディルタイの表現で言えば「生き生きした生」の喪失の回復のための学問的実践やその権力関係にかんする批判と結びつく。このことは、ジョセフ・ラウズの指摘を待つまでもない[32]。ラウズによれば、「アーレントは、十分に人間的な社会秩序にとってのコミュニケーション的行為の重要性を主張し、そうした行為の可能性を回復し豊かにすることを目指している[33]」。他方、フーコーは、こうした生とは対照的に強制的な生と、最終的にその抹殺を帰結する「生権力」、国家権力は「生政治学」という性格の政治形態を実践することを明らかにした[34]。これは、アーレントと同様に従来の伝統的な政治とは異なる政治形態とその本質をあらわにした点で重要な指摘である。それによって同時に、アーレントと同様に政治と歴史との新たな関係を明らかにした。この文脈からすれば、「抵抗」は、「生権力」に対するものとなる。同時に、ここには、「生」に批判的なアーレントとフーコーとの相違点もまた照らし出されている。アーレントにとって「生」は、因果必然性に支配される自然に従属する。フーコーとは異なり、アーレントでは、これらの生に拘束されたあり方から最も自由な活動によって、はじめて「政治的空間」が開かれる。この点にかんする両者の相違は、西洋の伝統思想とそこでの「生」そのものに対する意味づけの相違に由来する。それらの相違があるにもかかわらず、両者は、ともに近代化のプロセスであらわになった支配や権力に対して厳しい批判的分析を続けた。

いずれにしても、「政治と他者」との関係をめぐる問題は、ラウズが指摘したように、またフーコーにみられるように、「特定の科学上の概念と発見それ自体が、われわれが自らを見出す可能な行為の場に重要な衝撃をもたらす」[35]。アーレントもまた、すでに一九五〇年代に、「科学の大勝利がもたらすブーメラン効果は、すでに自然科学そのものの内部に危機を生み出している」[36]ことに気づき、人間が「機械の奴隷というよりはむしろ技術的知識の救いがたい奴隷となるだろう」と予言している。この不吉な予言は、残念ながら震災・原発事故で的中してしまった。加えて、アーレントは「科学者が科学者として述べる政治的判断は信用しないほうが賢明であろう」とも警告している。これらは、科学者や政治家を含めて人間が「それがどれほど恐るべきものであるにしても、技術的に可能なあらゆるからくりに左右される思考なき被造物となる」、という理由による。著者は、今日いたるところでみられる「思考停止」（例えば「ムラの論理」）を告発した、これらの論述内容を繰り返し「反復」し理解する必要がある、と考える。

さらに言えば、「他者の衝撃」は、日常生活とは無縁な出来事では決してなく、日常性のうちに隠され、そして科学や研究者の営みの背後に隠されているにすぎない。また「他者の衝撃」は、決して物理的な事象や政治および権力構造にとどまらず、心地好い「他者との共生」という言語表現にも出現するのである。このパラドクスについては、「結論」で言及することにしよう。

6 結 論

したがって著者には、自己と他者との相互承認は、レーヴィットやその後の多くの論者が主張するほど容易であるとは思われない。またディルタイ自身の見解とは異なり、自己と他者との同型性ないし対称性を素朴に確信することもできない。他者は、原理的に自己と非対称な関係にあるからである。人間は、日々の営みのなかで否応なしに他者と向き合い、他者の抵抗と反抗にあい、他者の存在と出現によって強い衝撃を受け、逆に他者から自己の存在を否定され抹殺される危機に陥ることがしばしばある。[37] 他者のあり方は、主観性によって構成されることもできず、またたんに制作されることもできない強固な存在であり、働くものである。[38] 他者は、物質的であれ、身体的であれ、あるいは精神的であれ、アーレントの主張するような「代理」ないし「代表」可能な「表象」（representation）として「定立」される者として存在するのではない。むしろ、他者は、それが自己に働き（wirken）かけるかぎり、現実性（Wirklichkeit）ないし「実在性」をもつ存在者であり続ける。

このことは、「実在性」をたんに「テクスト」に解消することを斥ける。このバーチャルな「空間」を切り裂き、衝撃をもって出現する異形な他者の存在は、決して否定することも拒否することもできない、と著者は考える。このことは、心地好い「他者との共生」という言葉の罠に陥ることに警告を発している、と解釈すべきである。[39]

さらに言えば、「多様な他者との共生」や「多様な文化の共生」という言葉は、現実の社会的文脈では、しばしば「強制」や「矯正」などに転嫁し、葛藤を抱えた問題状況を覆い隠すために機能する。「共生」「共存」などの規範的価値を含む言葉は、一方で誰もが同意する強い「善価値」を表す。他方では、被差別・格差のある者の間で、またそうでない集団との間で、「社会価値の共約不可能性」が出現しているのが現実である。[40] 他者は、実在性をもってつねに「抵抗と反抗」を示す存在者である。

そして他者との非対称な関係が存在するかぎり、他者をいわば不可知の「物自体」とみなすよう強いる現実もまた、否定することはできない。しかし、同時に不可知の物自体は、人間が生活するかぎり、いつまでも知ろうと努め理解すべき「課題」であり続ける。[41] これらの現実の「空間」を切り裂き、衝撃をもって出現する異形な他者の存在のうちで、最大のものが大震災や原発事故であり、こうした限界状況のうちで生きる人間相互のあり方である。そうしてみると、哲学の主要課題に属する「持続可能性の哲学」は、人間としての他者の救済の実現や人間らしい社会の維持などに限定されず、「予測不可能で制御不可能な事態」である自然の猛威や威力に対しても、どこまでも知ろうと努め理解すべき「課題」であり続ける。

注

（1） Jean Baudrillard, *La Guerre du Golfe n'a pas eu lieu*, Paris 1991.（『湾岸戦争は起こらなかった』塚原史訳、紀伊國屋書店、特に九一頁以下を参照。）

（2） Hannah Arendt, *The Human condition*, 2nd ed. London 1998, p. 52. ハンナ・アレント『人間の条件』（志水速雄訳、ちくま学芸文庫）、七六頁。

（3） 本章では「他者」および「他者の実在性」は、自己以外の他の人間だけでなく、およそこの世界に現存する、また現存した、さらに今後現存しうるあらゆる存在者とその現存および歴史的出来事を含意した、最も広い意味で使用する。

（4） Vgl. Manfred Riedel, Einleitung. *Wilhelm Dilthey Das Wesen der Philosophie*, Stuttgart 1998. 大石学「ディルタイにおける経験哲学の構想」（『理想』第六六一号、一九九八年、五七頁以下）。紙幅の制約上、本章で触れなかったディルタイの現象学的側面や「解釈学的理性」の意義については、上記の文献を参照されたい。また、現代の解釈学とディルタイとの関係については、ジョセフ・ラウズによる解釈が参考になる。彼は、ヒューバート・ドレイファスやチャールズ・テイラーらを「新ディルタイ的な試み」と位置づけている。この解釈には、ディルタイ研究者からみれば、異論のあるところであろう。特に、彼のディルタイ評価については、著者は必ずしも賛成することができない。しかし、著者は、ラウズ説のように、ハイデガーやフーコー、ハーバマースを含めて、現代の多くの哲学者が「ディルタイ的な試み」を「反復」している歴史的事実を忘れてはならないと考える。ジョセフ・ラウズ『知識と権力』（成定・網谷・阿曽沼訳、法政大学出版局、二〇〇〇年）、一〇頁以下および三四三頁以下を参照。

（5）Oswald Külpe, *Die Philosophie der Gegenwart in Deutschland*, 5. Aufl. Leipzig 1911, S. 136. ちなみに、キュルペは、ヴィルヘルム・ディルタイが委員長を務めたアカデミー版カント全集編集委員会の編集協力者の一人であった。

（6）Vgl. Heidegger, IX, 451ff.

（7）Vgl. *a.a.O.*, 471.

（8）本章でカント文献から引用した訳文は、岩波版カント全集第九巻『判断力批判』下（牧野英二訳、六九頁）による。ただし、〔現実的なもの〕das Wirkliche は、カントからの引用のさいに、ハイデガーが補足した語であり、したがってこの語だけは、ハイデガー全集からの引用に依拠して訳出した。

（9）この説明の仕方に対しては、読者には次のような疑問が生じるであろう。『純粋理性批判』第二版の厳密な論述方法にしたがえば、その可能性にかんしても表象と物自体との二区分による説明では十分でなく、むしろたんに主観的に考えられた「表象としての対象」、物理的な対象としての学的認識の客観、そして不可知の物自体という三つの最広義の対象概念を区別すべきではないか、と。著者は、この問題について、次の文献で詳しく論じているので、本章では立ち入らないことにした。この対象概念の多義性については、拙著『カント純粋理性批判の研究』（法政大学出版局、一九八九年、第三章以下）を参照されたい。

（10）Jean-Luc Nancy, *L'expérience de la liberté*, Paris 1988. p. 38.（『自由の経験』澤田直訳、未來社、二〇〇〇年、四八頁脚注。）

（11）*A.a.O.*（前掲訳書、四八頁。）ただし、引用文中の〔 〕内は著者による補足である。

（12）ディルタイの初期から最晩年にいたるまでのカント解釈や評価、そして批判にかんしては、次の拙論を参照していただきたい。「カントとディルタイ――歴史的理性批判から歴史的判断力への道」（西村皓・牧野英二・舟山俊明編『ディルタイと現代――歴史的理性批判の射程』法政大学出版局、二〇〇一年一月、第三部第一章）。

(13) Vgl. Dilthey, I, 394, V, 90, XIX, 60, 180, XX, 153 etc.

(14) Vgl. Manfred Riedel, *Verstehen oder Erklären?*, Stuttgart 1978, S. 71.

(15) ディルタイ研究の立場から厳密にみれば、『序説』第二巻の主要部分として執筆された『ブレスラウ完成稿』（一九八三年刊行）での「現象性の命題」と『実在性論文』（『外界の実在性についてのわれわれの信念とその信念の正当性とにかんする問いを解決することへの寄与』一八九〇年）でのそれとの差異も念頭に入れて議論すべきである。だが、本章では、その趣旨からディルタイ思想のエッセンスの積極面を強調する論述方法を採用したので、この問題には敢えて言及しなかったことをお断りしておきたい。両者の相違点を扱った文献としては以下を参照。大野篤一郎「ディルタイにおける外界の実在性の問題」（日本ディルタイ協会編『ディルタイ研究』第三号、一九八九年、一五頁以下）。発展史的観点からの考察としては、山本幾生「意識の事実と実在性」（同誌第九号、一九九六年、一五頁以下）を参照。また認識論的論理学との関係から生の現実性にかんする考察については、塚本正明「生の現実と学の論理」（同誌第五号、一九九二年、五二頁以下）を参照。なお、『ブレスラウ完成稿』にかんする有益な文献としては、Vgl. H.-U. Lessing, *Die Idee einer Kritik der historischen Vernunft*, Freiburg/München 1984, S. 193-208, 290-296.

(16) Vgl. Herbert Schnädelbach, *Geschichtsphilosophie nach Hegel*, Freiburg/München 1974, S. 126.（『ヘーゲル以後の歴史哲学』法政大学出版局、古東哲明訳、一七〇頁以下を参照。）

(17) エルンスト・カッシーラー『象徴形式の形而上学』（笠原賢介・森淑仁訳、法政大学出版局、二〇一〇年、二三五頁。）

(18) Vgl. Heinrich Rickert, *Die Philosophie des Lebens*, Tübingen 1920, S. 27. Vgl. Max Scheler, Erkenntnis und Arbeit, in: *M. Scheler Gesammelte Werke*, Bd. 8. S. 366. また、W・シュルツによるディルタイの「抵抗」批判に対する反論としては、水野建雄『ディルタイの歴史認識とヘーゲル』（南窓社、一九九八年、七八頁以下）が参考になる。

(19) Vgl. Heidegger, XX, 294f., 302ff. なお、『時間概念』の講義と『カッセル講演』とにおけるディルタイ評価の共通点と微妙な差異にかんしては、すでにフリトヨフ・ローディが『カッセル講演』刊行以前の段階で、その発見の経緯とともに立ち入っているが、本章の主題に直接関係する議論には、残念ながら言及していない。F・ローディ「ハイデガーとディルタイ——ハイデガーのカッセル講演をめぐって」（『思想』一九八六年十一月号、一〇三頁以下、高田珠樹・丸山高司訳）を参照。なお、『存在と時間』におけるディルタイ評価については、次の文献が参考になる。Vgl. Ernst W. Orth (Hrsg.), *Dilthey und der Wandel des Philosophiebegriffs seit dem 19. Jahrhundert*, Freiburg/ München 1984, S. 161ff.

(20) M. Heidegger, W. Diltheys Forschungsarbeit und der gegenwärtige Kampf um eine historische Weltanschuung, 10 Vorträge, in: *Dilthey-Jahrbuch* Bd. 8. 1992, S. 144. 厳密に言えば、ここでのディルタイ評価も両義的であり、「歴史性への問い」を提起しえなかったディルタイの「限界」を厳しく指摘しているが、この問題は本章では立ち入らない。これについては以下の文献が参考になる。Vgl. Jacob Owensby, *Dilthey and the Narrative of History*, Ithaca and London 1994, pp. 43ff., pp. 69ff.

(21) Heidegger, a. a. O., S. 153.

(22) Vgl. Rudolf Makkreel, *Dilthey*, Princeton 1975, p. 376.（『ディルタイ』大野篤一郎訳、法政大学出版局、四一五頁以下参照。）

(23) ここでは本章の趣旨に限定して、レーヴィットやレヴィナス等による批判、ハイデガーの「他者なき思想」の議論には立ち入らず、この課題は他の機会に譲る。

(24) Otto F. Bollnow, *Studien zur Hermeneutik*, Bd. 1, Freiburg/ München 1982, S. 23.（『解釈学研究』西村皓・森田孝監訳、玉川大学出版部、二七頁。）

(25) Iris Därmann, *Fremde Monde der Vernunft. Die ethnologische Provokation der Philosophie*, München 2005, S. 326-327.

(26) Karl Löwith, *Das Individuum in der Rolle des Mitmenschen*, München 1928.（佐々木一義訳、理想社、八三頁。）

(27) 前掲訳書、八四頁。

(28) 前掲訳書、二三九頁。

(29) ハンナ・アレント『人間の条件』（志水速雄訳、ちくま学芸文庫）、七六―七七頁。

(30) Hannah Arendt, *The Life of Mind*, London 1978, p. 50.（『精神の生活』上、佐藤和夫訳、岩波書店、六〇頁参照。）

ただし、訳文は、著者独自の訳を試みた。また、小野紀明『現象学と政治』（行人社、一九九四年）、三七六頁以下を参照。小野説では、アーレントの共通感覚を「狭義の認識論における所謂共通感覚の問題」と解釈しているが、この解釈は妥当ではない。アーレントの真意は、彼女が直前の文章で言及しているようにアリストテレスに由来する「五感を統合する第六感」としてのセンスス・コムニスにある。この解釈によって、「他者と共有できるような共通世界」も開かれるのである。さらにパースペクティヴについても、それをただちにガーダマーのガーダマーの「地平の融合」とみなすのは、危険である。アーレントのパースペクティヴの含意は、「地平の融合という問題に関係している」、とただちに重ねて理解することはできない。この点については、本書の既述の箇所および拙著『遠近法主義の哲学』を参照されたい。

（31）マーガレット・カノヴァン『アレント政治思想の再解釈』（寺島俊穂・伊藤洋典訳、未來社、二〇〇四年、二三七頁）。

（32）ジョセフ・ラウズ『知識と権力』（成定・網谷・阿曽沼訳、法政大学出版局、二〇〇〇年）、三五五頁以下参照。

（33）前掲訳書、三五六頁。

（34）ミシェル・フーコー『性の歴史』第一巻（渡辺守章訳、新潮社、一九八六年）。およびヒューバート・ドレイファス＋ポール・ラビノウ著『ミシェル・フーコー』（山形頼洋・鷲田清一ほか訳、筑摩書房、一九九六年）、特に一九九頁以下参照。

（35）ジョセフ・ラウズ『知識と権力』、三一四頁。

（36）ハンナ・アレント『人間の条件』（志水速雄訳、ちくま学芸文庫）、一一二頁。また、以下の引用は、すべて同訳書、一一三―一一四頁。

（37）宮原浩二郎「他者の衝撃、衝撃の他者」（『情報社会の文化』2、東京大学出版会、一九九八年、四九頁以下）を参照。そこでの「他者」と「他人」との区別にかんする議論は、興味深いものがあり、示唆するものが少なくないが、前掲書では「他者」および「他者の衝撃」そのものに対する分析は、きわめて不十分である。本章は、その原理的な補足説明の意味をもつと言ってよい。

（38）大森荘蔵『時間と自我』（青土社、一九九二年、一五九頁以下、特に「他我の意味制作」二〇二頁以下）を参

照。大森荘蔵による「自我、他我両概念の意味の解明」（一八〇頁）は、もっぱら理論的観点から考慮されており、そのため他者の実在性や抵抗経験を扱うことが原理的に困難である。他者問題は、たんに理論哲学的な観点からでは十分ではなく、ディルタイのように実践哲学的観点を優先させる視座のもとでのみ解明する道が拓かれるであろう。

(39)「他者との共生」は、狭義には、人間相互の間の好ましい関係を表す概念であるが、近年は、環境倫理学等の領域以外でも、この概念が「自然と人間との共生」という表現で、多種多様に使用されている。本章での考察には、この表現がこうした人間社会における抑圧や安易な自然開発の事実を隠蔽するために、あるいはそうした事実を隠蔽する機能を結果的に果たしている現実を批判的に考察する意図もある。

(40) この論点については、堤孝晃「〈共生〉をめぐる社会と教育の課題」（『創文』二〇一〇年七月、一八頁以下）。植田晃次他編『「共生の内実」「ことばの魔術」の落とし穴――消費される「共生」』（三元社、二〇〇六年、二九―五三頁）などを参照。

(41) 拙論「物自体・対象・実在」では、実在論と反実在論との関連から他者としての「物自体」のあり方について言及したので、併せて参照していただきたい（牧野英二・有福孝岳編著『カントを学ぶ人のために』第二章第五節、世界思想社、二〇一二年、一〇〇―一一六頁）。

第十一章　永遠平和と税の正義
――グローバル・エシックスとリージョナル・エシックスの間――

1　問題提起

本章は、本書がめざす「持続可能性の哲学」に属する「グローバル・エシックス」にかんする諸課題を考察する。この課題の理論的研究の構築作業の一環として、ここでは永遠平和の実現に不可欠な倫理的・規範的課題の中心概念に属する正義および公平性の問題を税および財政制度との関連から考察する。この問題は、読者には一見したところ、本書の諸章の研究課題とやや馴染まないように思われるかもしれない。しかし、この課題は、本研究の理論的研究にとどまらず、その実践的課題に本格的に取り組むさいにも、不可避のテーマである。以下の考察は、この疑問に対する解答の試みでもある。日本の長年にわたる課題である年金制度改革による世代間格差の是正や、東日本大震災および福島第一原発事故による被災者救済のための財源確保策としての復興税や消費税などの増税の提起などは、本章の課題と深くかかわる問題である。この機会に、日本という狭い土地に五十四基の原子力発電所を設置して、放射能汚染のなかで生き続けなければならない人々にとって不可避のこの「正義」にかかわる問題を考えてみたい。

日本では、言語分析哲学系の哲学者として知られているトマス・ネーゲルとリーアム・マーフィーは、数年前、「課税における正義」を論じた『所有の神話――税と正義』のなかで、かつてロールズの『正義論』が学会の関心をふたたび社会的・経済的正義に向けた点を評価しつつ、他方で、これらの正義の一般理論についての議論が、政治の日常業務である租税政策についての論争に関与してこなかった事実を指摘している。(1) そして、今後の「正義の理論が求めることは、投資、雇用、政府歳入、課税後所得の配分といったものが変化した場合に生じる効果をなんらかの形で評価することである(2)」、と適切に指摘している。本章の主題は、ネーゲルとマーフィーが的確に指摘したように、これまで正義論が扱ってこなかった租税制度にかんする「正義」の実現可能性を考察することにある。また、本章では、グローバルな規模での「倫理」とその実現にとって租税制度にかんする問題が不可避の課題であることを明らかにする。

そこでまず、このテーマ選択の理由の立ち入った説明から議論を開始する。ちなみに、本章では、ロールズの正義論の系譜に属するトマス・ポッゲの主張する「正義のコスモポリタン的理論」に対するネーゲルの批判の内容については立ち入らず、ネーゲルがポッゲの理論は、現代ではグローバルなレベルでの公正な世界に必要な精緻で正当な要求を満足させることができないと批判した事実を確認しておくだけにとどめる。(3) したがって著者は、トマス・ポッゲの主張する「正義のコスモポリタン的理論」に依拠するわけではない。また著者は、ネーゲルとマーフィーのポッゲ批判の立場に立つわけでもなく、デイヴィッド・ミュラーの主張するような「グローバルな正義の理論」に対する立場に与するわけでもない。著者は、こ

れらの主張の「間」で、本章の主題を論じることにする。(4)

周知のように、現代社会では、経済・貿易・金融・情報にかぎらず、政治・軍事、そして犯罪から、租税にかんしてもグローバリゼーションの波が世界の隅々にまで押し寄せている。一見したところ、この波とはあまり関係のないようにみえる租税制度にかんしても、グローバル化の影響が顕著である。それにもかかわらず、租税制度にかんしては、国家内の法システムの問題、特定国家間の問題として国際関税協定にかんして議論され処理されがちであり、グローバルな規模での「倫理」が本格的に議論されることは、従来ほとんどなかった。(5) しかし、このような従来の認識は誤りである。この問題は、後述のように、覇権主義的な立場をとる軍事大国の軍縮化や世界平和の実現のために、不可欠の論点を提示しているからである。本章でこの問題に注目する第一の理由はここにある。

第二に、この問題は、たいていの場合、国内での国民および国家間の権利と義務にかんする問題（たとえば、上記の関税問題）として扱われており、真に普遍的な人権にかんする課題として扱われることがなかった。しかし、地球上の人間生活のほとんどすべての領域でグローバル化が進行している今日、この問題もまた、人類にとって不可避の普遍的な課題に属する。世界規模の環境政策の実施には、たとえば、京都議定書の決議内容を有効に実施するためには、発展途上国と先進国との格差に配慮した公平な CO^2 の排出基準の負担、さらに原子力発電所や核拡散をめぐる諸問題を含む、包括的な南北格差の是正策などが議論の俎上に載せられなければならない。この場合、国際関係および各国内での「環境税」の導入やその公平な負担もまた、大きな課題となる。(6) 環境負荷にかんする公平な負担を論じようとすれば、個人、地域、国家、国家間、そして全地球規模にわたる複合的・総合的な観点が求められることは、周知のとおりである。「環境問題」とは、経済的発展との対立を調停可能にする普遍的な課題だけでなく、それ以上に世代間倫理を含むそのつど「いま・ここに生きる人間」の生存の権利と義務とにかんする根本問題に属する、と言ってよい。租税問題についてもまた、同様の事情にある。この意味でも租税制度をめぐる議論は、グローバル・エシックスの構築のさいに、その前提的な条件を形成する重要な課題である。これが、本章でこの問題を扱うべき第二の理由である。

第三に、租税にかんする問題は、日本という特定の国家に限定しても、都道府県税、市町村税などの地方公共団体の賦課する租税である地方税から国税にいたるまで、市民社会では多種多様な租税システムが機能している。また、地方自治体や国家財政の逼迫した現状のなかで、このシステムはいっそう強力で暴力的とも言うべき機能を発揮しつつある。実際、日本で生活する人間には国籍の有無に関係なく国内で収入を得るかぎり、次のような諸税が賦課される。例えば、所得税、生活必需品の購入に課される消費税、家屋の購入などにかかる不動産取得税、固定資産税、酒・タバコの購入にかかる酒税・たばこ税などである。これらの実例から明らかなように、国内外を問わず生活するかぎり誰ひとりとして「税の呪縛」から逃れることができないのが実情である。さらに、原発事故の被害者や放射能に汚染された多数の食料品・生活材の生産者、風評被害への救済、汚染環境の除染対策に今後も莫大な税金が投入される見通しである。だが、こうした現行の日本における租税制度や執行のあり方は妥当であり、すべての国民に対して等しく、平等に機能している、と言えるであろうか。それは、倫理的・法的に見ても、公平で正義の実現を保障する法システムである、と言えるであろうか。この疑問に対する解答の手がかりを得ることが、その第三の理由である。

第四の理由は、以下のとおりである。現行の租税制度のもとでは、税金の使途や財政制度に対する管理・運営は適切に行われている、と言えるであろうか。それは、反倫理的に使用されていないであろうか。その場合、特定地域で、また国内で、そして国際的にみて、その本来の主旨にそって予算措置が公正に講じられ、効率的に活用されているであろうか。言い換えれば、租税制度は、きわめてローカルな観点、リージョナルな観点から、ナショナルな観点、そしてトランスナショナルな側面にもかかわり、グローバルな規模での正義や公平性、人権問題などにかんする複合的な課題を担っている。後述のように、租税制度は、特定国家内のきわめて地域性の強い問題から国際政治や世界平和にかんする問題にまでかかわり、それゆえ複合的で総合的な考察を要求する重要な課題である。

そこで本章では、上記のように、「グローバル・エシックス」の理論的研究にかんする不可避の課題の一つとして、この課題が日常生活と密接不可分の倫理的課題であるという認識に基づき、税にかんする正義および公平性の原理の実現という普遍的課題に迫ることにする。それによって、税をめぐる正義や公平性の問題が、グローバル・エシックスとリージョナル・エシックスとの「間」に位置する重要な哲学的課題であることを明らかにする。

2　租税制度における法的義務の所在

周知のように、租税制度は、正義の実現をめざす法の具体的な一様態である。伝統的な表現で言えば、同様な境遇にある人は、税の負担を平等に負わなければならず、異なる境遇にある人は平等に負担する必要はないということになる。(7)また、日本では北海道の夕張市にみられるように、地方自治体の破綻が現実の問題となった財政問題にかんして言えば、その根拠が租税制度にあることも、周知のとおりである。しかし、注意すべきは、今後もさらに続く日本の自治体の破綻(企業の破綻や産業再生機構にかんする問題は、ここでは扱わないことにする)によって、もっとも大きな影響を受け、大きな負担や犠牲を強いられるのは、そこに生活する特定少数の地域住民である。

その救済や再生の措置は、国家や関係機関により遅ればせながら講じられつつある。また、自治体の財政破綻という結果に対する首長や議会、市民の「応分の責任」を問うことは可能であり、またそれは必要なことでもある。しかし、ここには、一個人、自治体住民、国民、さらに人間としての「法的義務」と同時に、憲法で保障された日本国民の「法的権利」の保障が、かつては享受できた諸権利や、他の自治体では受けられるはずの医療や介護などの保障がそこでは得られないという問題があらわになっている。この深刻な事態は、正義や公平性にかんする新たな問題を提起している。端的に言えば、そのような事態は、基本的人権に反することではあるまいか。さらに言えば、かつて南米のアルゼンチンで実際に起こったように、天文学的数字の国債を発行し続ける日本という国家の財政破綻の可能性もまた、決して低くはないのである。その場合、国民のこれまで果たしてきた「法的義務」に対応する「法的権利」、日本国憲法で謳われた基本的人権や生存権は、どのように保障されうるのであろうか。そして、日本の国債を購入した世界中に存在する個人や法人、投資機関に対する責任は、どのように果たされるのであろうか。

ここには、たんに税にかんする「法的義務」にかなった「法的権利」の実現という正義や公平性に限定される問題が存在するだけではない。むしろ著者が主張したいのは、次の点にある。現代社会では、ローカルな規模、リージョナルなレベルからナショナルなレベルを超えて、グローバルなレベルにいたる人間生活のあらゆる場面で、租税制度や財政問題が人権にかんする前提条件を形成しているという事実の認識にある。また、グローバルなレベルでの「倫理」を議論し、グローバル・エシックスが理論的にも実践的にも可能であるとすれば、その場合には、上記のような税をめぐる正義の実現や公平性の問題は、不可避の根本的課題に属するという点にある。

ところで、読者の無用な誤解を避けるために、次に、本章での税にかんする基本的な論点を確認する作業に移ることにする。税とは、国家および地方自治体が行政上要する諸経費のために、法律に基づき国民から強制的に徴収する富と定義することができる。概括的に言えば、税は、およそ三つの条件から成り立つ。(8) 第一に、税の強制性である。グローバル化した現代社会では、貨幣は、国境を超えて任意にありとあらゆる方向に移動し、流入・流出する。しかし、税は、法的・強制的に特定方向にのみ移動する。すなわち税は、納税者の側から徴収者の側へと一方的に流入するのである。第二に、税の無償性である。貨幣の流れは、市場社会では、それにともない物が反対方向に流れるという特徴がある。ところが、税は、このような特徴をもたない。言い換えれば、税には「反対給付」がないのである。納税は、もっぱら義務であって、そのさいに具体的・個別的な反対給付が保障される性格のものではないのである。第三は、その収入性にある。自治体や国家にとって、税は収入を意味する。いわゆる「税収」のことである。自治体や国家の財政は、税収によって賄われるのである。「税」が税たりうるには、これら三つの条件が不可欠である。したがって「税」は、これら三つの点で「保険」と呼ばれるものとは異なる性格をもつのである。

では、このような特別な性格を有する「税」は、制度上どのような根拠をもつのであろうか。周知のように、日本国憲法では、第三〇条で「納税の義務」が謳われている。納税は、国民の最も重要な「法的義務」に属するのである。また、その第八四条では、「租税法律主義」が明記されている。これらの条文に基づいて、国税通則法や個別税法が規定されている。これらは、税の形式的根拠とみなすことができる。他方、税の実質的根拠は、国家および地方自治体が行う行政および公共サービスの財源にある。政治との関係で言えば、税は、政策的機能をもつ。税は、所得や財産の配分関係や、消費の抑制・喚起、産業の保護育成、資本の蓄積などの社会政策や経済政策から、研究・教育・文化的な政策など、国民のあらゆる生活領域に深く関与している(9)。要するに納税は、国民の義務であると同時に、税徴収の公平性や使途の透明性、公開性の権利、さらに納税者の人権問題・生活権とも深く関連している。著者にかかわる卑近な例を挙げれば、科学研究費の採択と配分、その適切な使途と成果の報告の権利および義務もまた、こうしたシステムの一環であることは周知のとおりである。

ところが、現実には、人間の義務と権利にかかわる租税制度が、都道府県・市町村などの自治体により、また国家により、さらに国家関係により、さまざまな不公平や正義に反する問題を生じている。近年の相次ぐ県政レベルでの談合疑惑の発覚や県知事の辞任・逮捕事件は、その氷山の一角にすぎない。これらの「不祥事」は、たんに個人の政治姿勢や地域の特殊性の問題に矮小化されてはならない。これらの問題の根底には、一個人の倫理観から政治にかかわる市民の政治観や倫理観、法感覚、正義や公平性に対する認識の欠如や制度上の欠陥がみられるからである。この問題は、日本という一国家内での問題に尽きないこともまた、周知のとおりである。しかし、日本の社会におけるある時期に制定された制度的な欠陥が他国にまで長い間深刻な影響を及ぼしてきた事実は、これまでほとんど知られていない。そこで次に、上記の観点からみたグローバル・エシックスの研究上、不可避と思われる問題を考察する。それは、日本と韓国との国家間の歴史的関係抜きには理解不可能な財政制度の問題に対する考察を要求しているからである。

3　日韓関係から見た財政制度の歴史的影響とその帰結

最近のある韓国人研究者の報告によれば、第二次世界大戦の終結後、日本の占領から解放された韓国で制定された韓国の憲法および財政制度が、じつは植民地時代に機能していた日本の明治憲法の影響下から依然として抜け出せず、その予算制度は、今日まで韓国および日本の両国で強い影響力を及ぼしている。(10) その報告によれば、ドイツの帝国憲法をモデルにした日本の明治憲法とその影響下にあった韓国の制度は、欧米の予算法制度と比較した場合、敗戦後六〇年以上経過した今日なお依然として厳密な意味で国民主権を実現した制度になっていないのである。議会制民主主義が発展したイギリスでは、納税に対する国民の意識は支出法律主義制度として発達した。他方、明治以降の日本では強力な国家主権の下で、国民は租税を納めながらも支出にかんしては、国民主権の意識が芽生えることがなかった。民主制のもとでの租税概念は、国家の発展のみならず、国民の福利増進のために租税を納めることであるから、支出にかんしても国民主権、財政主権が当然行使されなければならないのである。

しかし、第二次大戦後、日本の占領支配から解放された韓国では、政治制度としては民主制を行使していながら、財政支出部分にかんしては、それが及んでいない。つまり、現行の韓国の予算制度は、大方の見方とは異なり、民主主義に反した実態となっている。この点にかんするかぎり、日本についても同様の事情にある。したがって本来、租税義務説は、租税権利説に転換されなければならない。後者の立場から、はじめて国民主権の原理に即した国民福祉と平和増進のための財源が重要な意味をもつのである。

ところで、なぜ日本と韓国ではそのような事態が生じたのであろうか。権海浩説によれば、ドイツ憲法を継承した明治憲法では、伊藤博文の意図により、さらに一歩進んで予算法から「法」の文字が削除され、「予算」になり、そのため歳入の方は租税法によって運用されるが、歳出の方は議会を経るのみで法律ではなくなってしまったのである。[11] かつてイギリスで開始されドイツにまで継承された「予算法」制度は、日本にいたると「予算」制度に変質し、その結果、「予算」が議会でだけ議決形式をとりさえすれば、歳入は租税法で強制的に徴収でき、歳出は、政府が思う方向に自由に運用できるようになるのである。そして、このような変質した「予算法」ならぬ「予算」という財政制度は、一九四五年制定の大韓民国憲法に、なんらの反省や研究なしに引き継がれ、現在にいたっているのである。大韓民国の現行憲法に対する日本の帝国憲法の直接的・歴史的影響とは、以上のような事態を意味する。

では、民主制および国民主権の立場からみたとき、以上のような現行予算制度の問題点は具体的にどこにあるとみるべきであろうか。それは国民主権の原理に違反することが指摘される。日本国憲法の条文は第一章「天皇」で開始され、第一条が「天皇の地位・国民主権」と称されているのに対して、大韓民国憲法第一条では、国家のすべての権力は国民に由来することが明記されている。しかし、大韓民国では実態としては、国民主権が権利のない納税義務だけを負う国民像に転落したことは、すでに述べたとおりである。そこでは議会の予算審議、議決、決済など、すべての過程が不誠実である。そのため予算に関連した不正腐敗の問題が生じる。その結果、はなはだしい予算の無駄使いが生じる。したがって、この制度では強力な行政国家に転落する憂慮を禁じえない。それでは租税は、なんのために活用されるべきであろうか。結論的に言えば、租税は、国民福祉と平和増進のための財源として最大限活用されなければならないのである。

著者の補足を加えた権説の主要な論点は、およそ以上である。では、こうした考察の最終的な狙いはどこにあると理解するべきであろうか。権説の狙いは、法の理念である正義の実現のために、グローバルな観点から国際連合主導型の新たな国際平和実現のための「世界平和税」の導入を提唱した点にある。

以上の見解は、グローバル・エシックス研究の観点からみたとき、多くの示唆的な論点を提起しているように思われる。それは、たんに韓国や日本という一国内の財政や人権にかんする問題だけに限定される問題にとどまらない。また、日本と韓国との歴史的関係、すなわち財政制度における韓国に対する日本の影響史の問題に限定されるものでもない。上記の権説の主旨は、過去の歴史的回顧という後ろ向きの発言では決してなく、むしろ未来志向的に、国際社会の平和の実現に資する具体的な提言にある、と言うべきである。これらの見解は、ローカルな観点、リージョナルな視点からグローバルな観点にいたる総体的・総合的観点からの優れた問題提起である。たしかに、ここでの論点は、財政問題、租税制度とその権利意識、税金徴収上、予算法上の権利意識の問題に限定されている。しかし、その見解は、上述のように国際平和や基本的人権の保障にかんするきわめて重要な問題圏におよぶ広い視野のもとで展開されているのである。

次に、以上の権海浩説に対する若干の疑問点と問題点を指摘してみたい。第一に、今日の韓国と日本とを比較した場合、納税者の権利にかんしては、一九七五年以降、フランス、イギリス、アメリカ合衆国、そして韓国などでは、順次、納税者の権利を保護する法律や憲章が定められてきた。しかし、日本では、いまだにこれらの法律や憲章を制定・締結していないのである。そのかぎりで、権説とは異なり、日本は、韓国に比べて人権意識がむしろ遅れているとみるべきではないだろうか。もちろん、日本国憲法第九一条「財政状態の報告」という規定は、「予算法制度」にかんする規定ではない。これは、依然として「予算制度」にかんする規定にとどまる。この点では、たしかに日本と韓国では法律上、大きな差異はみられないように思われる。

第二に、著者の先の認識が誤りでないとすれば、納税者の権利保護にかんするかぎり、韓国は、すでに明治憲法の影響下から脱しており、韓国独自の租税制度の構築の方向に向かっている、と解釈することができるのではないか。他方、韓国では、日本とは異なり、本来は公共部門の歳出確保の手段であるはずの租税が、なんらかの政策目的を達成する手段として活用する政策税制が多いことが指摘されている[12]。その制度が、一時的な景気対策や零細業者の保護対策として一定程度有効であり、金大中政権による一定の人権的な配慮とみることができるとしても、税制の本来の主旨からみれば、問題があることは否定できないであろう。

第三に、日本の租税制度には、別の側面からも権説のような根本的な欠陥が指摘されてきた。それは、「永久税主義」と呼ばれる根本的制約である、と言い換えることができる。ヨーロッパでは、およそ「一年税主義」の立場をとる国家が多数である。それは、歳入法と歳出法との二つの法を毎年策定し予算を決定する「予算法主義」の立場である。したがって「歳入法」が議会を通過しなければ、税金は徴収することができないのである。他方、日本では、明治以来、税は天皇の「勅令」であると理解され、予算は法ではないという考え方が支配的であった。これについてはすでに韓国との比較で権説の立場からも、指摘したとおりである。[13] この考えは、依然として戦後の税制度にも残存している。日本では予算の決定の有無にかかわりなく、税金が徴収されるシステムになっている。その結果、その必要性の確認もできないまま、さらに言えば、放漫財政のつけが納税者に押しつけられ、国民は納税の義務だけを負い続けるわけである。

第四に、「平和税」の導入にかんして、その実現のために国際連合と租税制度との関係は、どのように考えるべきであろうか。現行の国際法上、どのような法的根拠や権限のもとでこのような「平和税」の導入が可能になり、また、それが本来の主旨に沿う形で徴収され、国際平和の実現に向けて機能しうるであろうか。権説は、以下の五つの「世界基金的性格」を付与した提言を行う。第一は、「世界平和税創設の目的：世界人類を愛し、世界平和を増進し、戦争の抑止および戦争復旧費用にあてる」。第二は、「納付義務者は各国の国民ではなく政府である」。第三は、「世界平和税の基準金額：各国の当該年度の国防費の総額」であり、第四に、例えば、「負担率：国防費の百万分の一」を当てる。第五に、「運営管理：国際連合で管理」する。第六に、「基金の使用：戦争抑止および戦争・紛争地域の民間救護など国連活動の補助支援」とする。

従来、哲学者は、総じて時代状況の病理現象の「診断」を下すことはしても、その治療の「具体的な処方箋」を提示することはできなかった、と言ってよい。この点からみれば、権説は、母国韓国の財政制度の問題点について日本の占領政策以後今日にまでいたる歴史的影響関係を欧米のそれとの比較考察によって解明し、その研究成果に基づいて、国際法的観点から「世界平和税の導入」という世界平和の実現のための「具体的な処方箋」を提示した点で傾聴に値する。著者のみるかぎり、ここには国内法から国際法のレベルでの「平和のための戦略」が明確に示されている。他方、上述のいわば「診断」と「平和のための戦略」のレベルで、なお慎重に吟味すべき重要な論点が残されているように思われる。そこで権説の貴重な提言をいっそう発展させ、グローバルなレベルでの「倫理」の理論的構築および実践的で有効な「処方箋」を提示するための基礎作業として、今後の課題の一端を確認することで、権説の優れた提言に対するリスポンス、すなわち「応答責任」の一端を果たすことにしたい。

4 グローバルな正義とリージョナルな正義との間

以下の論述で著者は、上記の五つの提言に対する問題点や疑問点を指摘し、その補足的提案ないし代替案を提示してみたい。第一は、「世界平和税創設の目的」にかんする疑問点から言及する。まず提案者の基本的な理念には、著者はもちろん賛同する。しかし、今日依然として「テロとの戦い」「正義の戦争」という言説がある種の暴力性を発揮し、国際連合の場でも強力な権力性を有するかぎり、この目的は、国際政治の具体的な場面ではきわめて危険な両刃の剣となりうる。これは、近年の多国籍軍によるイラク派兵の例をはじめ枚挙に暇がないほどである。この危惧は、第六の提言にも密接に関係する。「基金の使用」が真に「戦争の抑制」や戦争・紛争地域の民間救護などのために有効に使用されうるであろうか。「平和維持軍」や「民間救護」の美名のもとに、特定国家や党派・企業の利害の確保や偽装された民間人の人道支援の欺瞞などが絶えることがないのも、残念ながら否定できない事実である。

第五の「平和税の運営管理」についても、現状では有効で公平な運営管理の保障は困難であろう。提案者の崇高な理念を実効性のある提案にするためには、まず国連の基金問題の解決や不正支出の道を閉ざす抜本的な組織改革が必要であろう。要するに、これらの優れた理念を受け止め、実現への道筋をつけることを可能にする国連の組織としての「成熟」が不可欠である。第二の「納税義務者は政府である」という提案には、提案者の意図に反して各国の国民に対する増税の危惧を否定することができない。結果的には、「死の商人」や彼らの背後に介在する「政治家」の懐を肥やすだけとなる。これは、しばしば指摘されてきたODAの実情を振り返るまでもないことである。第四の「負担率」の算定にかんしては、提案者が暫定的な例示にすぎないと述べているので立ち入らないことにして、第三の「平和税の基準金額」について言えば、「国防費の総額」をどのような基準で算定するかも各国での判断が大きく分かれることは必至である。ちなみに、「防衛省」への昇格を実現した日本の自衛隊の「防衛費」は、通常人件費を除外して算定されている。だが、それを算入すれば、日本の国防費が世界のトップクラスにランクされることは周知のとおりである。しかし、国際連合に加盟するいずれの国も「平和税」の創設に賛意を示したとしても、この税金への支払いの公平性をめぐって合意形成を実現することは、「大国」のエゴによる国連分担金の支払いすら滞っている現実からみてきわめて困難である。

周知のように、現代社会は、経済・文化・軍事・情報などがグローバル化する一方で、生活や自然環境、人権をめぐる諸条件は、国内的にも国際的にも、多くの格差が顕在化しているのが実情である。日本国内では、いわゆる「勝ち組」と「負け組」の賃金格差がますます顕著になり、国際的にも、南北の格差は、あらゆるレベルでますます拡大しつつある。このような状況下でただちに「平和税」を提唱することは、増税などの国民負担の増大の口実に利用され、国内外の格差のいっそうの拡大を招来する危険を孕んでいる、と言わなければならない[14]。以上の論点は、簡単に集約すれば、世界平和の実現という高邁でグローバルな規模の倫理的課題の実現のためには、一個人、一国民、一国家、そして国際社会全体は、どのような税の負担に耐えるべきであるかという問いとして定式化できる。換言すれば、どのような法的手続き、つまり手続き的正義や配分的正義による世界平和の実現に向かって、個人、地域住民、国民、国境を超えた市民、世界市民の立場でのさまざまなレベルでの租税制度が可能であるか。その可能性の根本的な吟味・再検討が求められているのである。

こうした問題意識からみれば、マーフィーやネーゲルのように、アメリカ合衆国の租税制度だけに議論を限定し、もっぱら個人にのみ賦課される租税に視野を限定した考察には問題がある。グローバルなレベルでの租税制度に対する論点がみられないからである。加えて、彼らには、他国との比較によって可能となるインターナショナルなレベルでの租税制度や人権問題に対する公平な吟味や批判的視座が欠けている。これらの重要な論点にかんしては、両哲学者の見解は大きな欠陥ないし制限を有する、と言わなければならない。

最後に、上記の権説とマーフィーおよびネーゲルの説との対比を簡単に試みてみたい。結論から言えば、税制一般にかんする正義論の考察の広さと深さという点では、後者の分析のほうが優れているように思われる。とりわけ、租税制度の評価のために必要な視点として、税負担の公平性ではなく、社会正義であるべきだという主張は重要であり、無視することのできない見解である。言い換えれば、「租税による財の公私分割、分配的機能ならびに再配分的機能、さらには租税が支える公的支出を通して実現される社会的帰結が正義にかなっているかどうかが租税システムを評価する基本的な視点でなくてはならない[15]」、という着眼は重要である。また、税負担の問題だけでなく、財政支出の公平性や質の問題にまで切り込んだ点も、正当に評価されるべきであろう。そのためには、『税と正義』の訳者も指摘するように、著者の分析対象であるアメリカ合衆国以上に、社会正義や公平性の実現手段、特に社会的弱者に対する切り捨てが急速に進行する日本での妥当性が吟味されてよいであろう。

しかし、前者の権説は、予算法制度の重要性、とりわけ国際社会での正義論や人権問題との関係から財政制度の問題点に深く切り込んでいる点では、マーフィーやネーゲルにはみられない卓越した見解を展開している。上述のように、マーフィーおよびネーゲルの議論は、終始アメリカ合衆国の租税システムだけを論じており、しかももっぱら個人に賦課される税の公平性に向けられているという点で、狭く限定された考察領域にとどまっている。他方、権説は、日本と韓国との二国間だけの租税制度の影響作用史や比較研究にとどまらず、むしろその成果を積極的に活用して、国際連合を主体にした新たな租税システムを構想した点で優れており、今後のグローバル・エシックス構築のための本格的研究に、一つの重要な指針を提供している、と言ってよい。

5 結論

以上の租税制度、特に財政問題にかんする考察は、課税の正当性や個人の財産および所有のあり方に対する根本的な問いへと導くように思われる。同時に、これらの問題は、グローバル・エシックスのさらなる理論構築と実践的意義に対するいっそう複合的で多元的な考察の観点を要求している。言い換えれば、これらの課題は、グローバルな規模での倫理・規範の探究を要求すると同時に、ローカルなレベル、リージョナルな次元、ナショナルな問題領域、トランスナショナルなレベルでのさまざまな「間」で、つねに同時に国境を超えて生じる倫理の諸様態を包括すべき課題を担っているように思われる[16]。

これらの問題は、カントが提起した「政治的最高善」としての永遠平和の実現可能性と関連づけられるならば、今日の問題状況を鮮明に照らし出すことができる。一方の見方では、ロールズなどが考えるリベラルな国民や諸国家による統一的世界が可能にする平和への道筋が示されている。他方の見方では、非西洋諸国にみられる国際連合や国際法の別の機能による平和への道程が提示されている。これを先の議論と関連づけることが可能であるとすれば、ネーゲルたちの探究は前者の方向をめざし、権説は、ヨーロッパ的な国際法の実践を世界市民的立場からの永遠平和への試みである、と解釈することができる。しかし、これら三つの普遍主義的言説のいずれにも偏らず、いわば「国際法の今日の機能別・地域別の断片化現象」にも堕すことのない、新たな考え方は可能であろうか。本章の研究の次の課題の手がかりは、これらの言説の「間」にみられる倫理・規範と「グローバルな規模での正義」の探究にあるように思われる。今日では、一国内や日韓両国の間だけでなく、またEUなど地域連合内だけでなく、グローバルな規模での税制やその改革の方向が示されるべきである。その点で著者は、トマス・ポッゲの正義論の見解から学ぶところが少なくない、と考える。だが、それでもなお、上記の諸課題と密接にかかわる「正義」とグローバル化との関係がいっそう問い直されなければならない。最終章の第十二章では、この論点に立ち入ることにしたい。それによって、この課題もまた、本書がめざす「持続可能性の哲学への道」のガイド役を果たすであろう。

注

（1）Liam Murphy and Thomas Nagel, *The Myth of Ownership: Taxes and Justice*, Oxford University Press 2002.『税と正義』（伊藤恭彦訳、名古屋大学出版会、二〇〇六年）、一―二頁を参照。

（2）前掲訳書、二頁。

（3）Cf. Thomas Nagel, The Problem of Global Justice, in: *Philosopy and Public Affairs*, 33. 2005, p. 15. また、アマルティア・セン『正義のアイデア』（明石書店、池本幸生訳、二〇一一年、六三頁以下）を参照。なお、センは、ネーゲルの見解を全面的に支持しているが、著者は、センのこの見解には疑問がある。これについては、第十二章で立ち入る。

（4）デイヴィッド・ミラー『国際正義とは何か――グローバル化とネーションとしての責任』（富沢・伊藤・長谷川・布光・竹島訳、風行社、二〇一一年）。ネーゲルに対する批判は、三三三頁以下、またポッゲに対する批判については、第九章、二八八頁以下を参照。

（5）Cf. Richard Evanoff, *Bioregionalism and Global Ethics*, New York 2011, pp. 92-128.

（6）一九九九年にドイツでは、「エコロジカル税制改革」と呼ばれる税制改革によって、環境税の税収を社会保障に充当するという、ドラスティックな改革が実施された。この政策については、当然のことながら、賛否両論がある。この問題は、「環境的正義」「グローバルな正義」や社会的な公平性等ともかかわる重要な課題である。しかし、残念ながら、ここでこのテーマに立ち入ることはできないので、最終章で可能な範囲で言及したい。

（7）前掲訳書、一一頁を参照。

（8）神野直彦「税はどうあるべきか――国民主権を獲得するために」（『税とは何か』藤原書店、二〇〇三年十一月、一八頁）を参照。税の規定にかんしては、別の解釈の立場も可能であるが、本文での三つの必要条件にかんする説明は、上記の文献にしたがった。

（9）鵜沢和彦「税の倫理」（『理想　特集：こころの科学と哲学』理想社、二〇〇四年二月、五九頁）を参照。なお、現代ドイツの「税の倫理」(Steuerethik) における「課税道徳」(Besteuerungsmoral) と「納税道徳」(Steuermoral) との区別にかんしては、次の文献も参照されたい。Vgl. Klaus Tipke, *Besteuerungsmoral und Steuermoral*, Wiesbaden 2000, S. 7. ただし、本章では、現代の日本とドイツとの比較考察には立ち入らないことにする。

(10) 権海浩『予算法律主義』(韓国・税経社、一九九五年) 参照。また、「韓国の民主発展と明治憲法の影響──財政制度を中心に」『日本経営会計学会第七回全国大会・韓国日本近代学会第十四回国際学術大会報告集』(韓国日本近代学会編、一六─二九頁) を参照。なお、著者は、二〇〇六年十月二十八日 (土) の権海浩氏 (釜慶大学) の記念講演のコメンテーターを務めた。本文での以下の著者の見解は、当日のコメント内容に加筆・修正したものである。ちなみに、最近、韓国の国会では、権説の考え方を取り入れた税制改革が進行している、と聞いている。

(11) 川瀬光義「韓国の税」(前掲書『税とは何か』二一一─二二一頁) を参照。

(12) なお、上記の記念講演のさいに著者は、学会開催の数日前 (二〇〇六年十月下旬) に最高裁判所が国税庁による自社株購入権 (ストックオプション) で得た利益に高税率を課してきた問題について、「加算税は違法」との判決を言い渡した事実についても言及し、講演者の権氏の見解を求めた。しかし、時間的制約もあり、そこでは講演者からの回答は得られなかった。この判決は、納税者の権利にかんして今後論議を呼ぶ判例であるが、これについても稿を改めなければならない。

(13) 帝国憲法制定以前の明治新政府の税制改革やそこで果たした大隈重信の役割は、伊藤博文のそれと対照するとき、きわめて興味深い。韓国の法典編纂事業にかんする伊藤博文の果たした両義的役割に対しては、以下の文献が詳しい。李英美『韓国司法制度と梅謙次郎』(法政大学出版局、二〇〇五年十一月、一頁以下、四七頁以下、一二六頁以下) を参照。また、大隈重信の果たした役割については、安達誠司「近代国家日本の税制思想と財政システム」(前掲書『税とは何か』一五一頁以下) を参照。

(14) マーフィーおよびネーゲル、前掲訳書「訳者あとがき」、二二〇頁。

(15) この課題は、一般化して言えば、「制度としての法」と「形式法の実質化」との関係や、P・ノネとP・セルズニックによる「抑圧的法」「自律的法」「応答的法」の発展モデルの検討を求めるように思われる。しかし、これらはすべて、今後の課題に属する。なお、上記の法の発展モデルにかんしては、次の文献が参考になる。瀧川裕英『責任の意味と制度　負担から応答へ』（勁草書房、二〇〇三年十二月、第七章、一七九頁以下）を参照。

（16） Martti Koskenniemi, "*On the Idea and Practice for Universal History with a Cosmopolitan Purpose.*"「世界市民的な目的をもつ普遍史の理念と実践」（『思想』二〇〇六年四月号、一七頁）。Cf. M. Koskenniemi, "International Law and Hegemony: A Reconfiguration," 17. *Cambridge Review of International Affairs*, 2004, p. 197-218.

第十二章　持続可能性の哲学の構想
——「正義のアイデア」の実現と「互酬主義の克服」に向けて——

1　「持続可能な社会」と「持続可能性の哲学」の役割

本書の締めくくりにあたり、著者は哲学者の責務の一端として、第一章以下で掲げた哲学の課題に言及する。そのために本章では、「持続可能性の哲学」の果たすべき役割について、「正義のアイデア」の実現と「互酬主義の克服」に向けて、若干の問題提起を行う。

すでに指摘したように、二〇一一年三月十一日に起きた東日本大震災・福島第一原発事故によって、日本社会は「持続可能性」(sustainability)に対する従来の見解の根本的見直しを迫られている。「3・11」以後、被災者・避難者・被災地住民だけでなく、国民の間に社会的格差や健康の格差が拡大し、正義に反する事態がいたるところで起こっている。震災・原発事故以降、日本社会は、従来とは異質なリスク社会に変貌し、多くの住民が「人間らしく生きるために必要な条件」を取り戻すことができず、未来世代にわたり健康不安に陥っている。被災地では、いまも多数の行方不明者が遺され、多くの住民が仮設住宅や避難先で、不便で不自由な生活を強いられている。福島第一原発は放射能の放出が続き、その影響は測り知れない規模で拡大している。他方、政府は、「原発が冷温停止状態にある」という理由で「収束宣言」を公表したこともあり、世間では、原発事故は収まり、福島は地震や津波の被災地と同様に着実に復旧・復興に向かっている、と受け止める傾向が強くなった。そのために放射能の放出や汚染が続いている現実や、福島県民が直面している厳しい現状や困難な課題が忘れ去られようとしている。しかし福島県民は、地震や津波に加え、原発事故による被曝や大地・大気・水・農作物・魚介類などへの放射性物質の汚染などにより、想像を超えた苦しみのなかで健康被害にさらされて生活を続けている。これらは正義に反する事態ではないか。

二〇一二年三月三日、福島県から山梨県に避難した家族の児童が近所の公園で遊ぶのを自粛するように近隣住民から言われ、保育園に子どもの入園を希望したところ、入園を拒否されたという理由で甲府地方法務局に人権の救済を申し立てた、と『毎日新聞』が報じた。三月三日は、雛祭りの日であった。原発事故がなければ、その家族や子どもは、自宅で楽しい雛祭りを迎えることができたはずである。こうした「風評被害」による悲劇は、氷山の一角にすぎない。被災地住民、特に福島県民は、三月十一日を境に、多くの人が命を奪われ、家庭や職場や故郷を失い、根拠のない差別や偏見にさらされ、今も飲食物すら安心して口にすることができない「非人間的な生活」を強いられている。その結果、震災・原発事故を生き延びた人たちのうちで、精神的・経済的理由などから「拠り所」を見いだせなくなった被災者・避難者が、自ら命を絶つという悲劇がいまも続いている。これもまた、正義に反する非人道的事態である。これらの問題は、憲法上の基本的人権の保護・救済に限定された課題ではない。今回の震災・原発事故は、本書で明らかにしてきたように、国内外のさまざまなレベルでの格差や差別を拡大・再生産させている個々人・地域・民族・国家・国際社会のあり方に根本的な反省や再検討を求めている。こうした現実に対して、私たちは、どのように考え、どのように発言し、そしてどのように行動すべきだろうか。言い換えれば、これらの課題は、道徳的・倫理的・法的規範などの再構築とさまざまなレベルでの「正義の実現」を求めているのである。

著者の考えでは、第一に、「持続可能性の哲学」は持続可能な社会を実現し確保するために不可欠な広義の哲学的・倫理学的課題を明らかにし、その吟味・検討・批判を加え、課題の解決に向けて取り組む学問である。ただし、著者の主張は、第一章最終節で言及した加藤尚武説とは幾つかの点で異なる。加藤説は、氏の最新の著作『哲学原理の転換』のなかで、諸学問、科学・技術などとの関連から持続可能性を保つ社会への体質改善を訴えつつ、「哲学の根源性」を次のように語っている。「哲学は個別分野に超越するものではない。学問、技術、政策のさまざまな分野に入り込んで、社会的な合意形成の援助をする応用倫理学こそが、哲学の根源性を担っている」[1]。著者は、加藤説の唱える倫理学、人文科学、社会科学などが直面する課題とその重要性にはほぼ全面的に賛同する。実際、著者の見解のある部分は加藤説の影響を受けている。また、著者は、加藤説による「純粋哲学の自己主張」や特定の哲学史観、「超越論的自我の反省的自覚が学問の本来の姿であるという主張」に対する批判にも基本的に賛同する。しかし、著者は、「応用倫理学こそが、哲学の根源性を担っている」という加藤説の結論には、ある種の違和感を禁じることができない。本章では加藤説に対する論評や批判を意図しているわけではないので、ここでは著者の基本的立場を簡単に述べて、その肉付け作業を以下の論述でさらに補足することにしたい。本書の全章にわたり詳細に論じたように、著者の見解を加藤説に依拠して簡潔に表現すれば、「哲学は個別分野に超越するものではない。学問、技術、政策のさまざまな分野に入り込んで、社会的な合意形成の援助をする応用倫理学を含む〈持続可能性の哲学〉こそが、哲学の根源性を担っている」、と言えよう。

他方、同じ著者の姉妹編とも言うべき『災害論』（世界思想社、二〇一一年）では、「哲学の使命」について、『哲学原理の転換』とはやや異なる表現がみられる。「現代では、〈すべての学問をすっぽりと包み込む体系〉を作らずに、それぞれの学問の前提や歴史的な発展段階の違いや学者集団の特徴などを考え、人間の社会生活にとって重要な問題について国民的な合意形成が理性的に行われる条件を追求しなければならない。それが現代における哲学の使命である」（まえがき、iv）。著者は、この加藤説にはなんの留保もなく全面的に同意する。本書で著者が一貫して探究してきた試みは、こうした思索であった。著者がカント哲学の解釈学的な読み方やディルタイの歴史的理性批判の営み、そしてアーレント、パトチカなどの哲学に言及したのも、そしてセンの「正義のアイデア」に着目するのも、こうした〈非体系的な哲学の思索〉を重視したいからであり、本書のタイトルで掲げた「持続可能性の哲学」もまた、こうした性格の哲学的思索の表明だったからである。

第二に、「持続可能性の哲学」は、伝統的な哲学・倫理学だけでなく、応用哲学・応用倫理学の一分野である臨床哲学、環境倫理学、生命倫理学、医療倫理学、情報倫理学、ビジネス・エシックス、科学者倫理、科学技術倫理、脳神経倫理学、政治哲学や法哲学・経済哲学などを含む、包括的な総合学的性格をもつ。したがって、この研究領域では、人文・社会・自然の異分野融合的な研究の視座と方法が求められている。

第三に、東日本大震災・福島第一原発事故の教訓から、従来の「サステイナビリティ研究」の研究目的・研究方法の根本的見直しを踏まえて、自然と人間、人間と科学技術との関係、真に持続可能な社会の実現のために、近代以降の知識・学問、大学や研究教育機関、企業や政治・政策との関係など、人間の活動領域全体の新たな方向づけとその具体的実践が求められている。哲学・倫理学は、「環境的正義」や「社会的・政治的正義」、そして「国際的正義」や「グローバルな正義」などを含む、歴史的・社会的現実が要求する諸課題に応えるよう求められている。(2)

第四に、現代社会に要請される「真に持続可能な社会」のビジョンとはどのようなものが望ましいのだろうか。ここで主要な課題について言及してみたい。著者は、社会を持続可能にすべき対象・方法・原理を問い直し、さらにこの問いの前提まで問い質す必要がある、と考える。「ポスト3・11」の日本では、それ以前の状態を留保なく持続可能にさせる自然的・社会的条件が大きく損なわれたからである。自然的条件とは、放射性物質の汚染から無縁な地域やその影響から無関心に生活できる場所である。日本国内には、そのような場所はもはやほぼ存在しない。また社会的条件とは、「健康不安」や「不信の連鎖」を払拭する「信頼の回復」、国民が安心して生活できるセイフティー・ネットが構築され機能することである。だが、残念ながら、こうした条件も未だ構築されていないのが実情である。

以上の事実認識が誤りでないとすれば、「持続可能性」のあり方は、これらの条件を満たしうる概念でなければならないであろう。その場合、著者の理解によれば、「持続可能性の哲学」の取り組むべき主要な問題群には次の五つが存在する。

第一の課題は、目的の多義性にかんする問題群である。これについては、環境保護と経済成長との調和可能性を主張する立場がある。これには、従来の多くの見解が該当する。他方で、環境保護と経済成長との調和不可能性を主張する立場があり、「定常化社会論」や「経済成長なき社会発展論」を主張する立場が妥当する。これは、ゼロ成長の定常型社会による持続可能性をめざす立場と脱経済成長による持続可能な社会の実現をめざす立場とに区分できる。後者には、ラディカルに従来の「持続可能性」を脱構築するセルジュ・ラトゥーシュのような脱成長の立場がある。(3) 新たな「持続可能性」は、ラトゥーシュのように、そうした従来の発想を根本的に見直し、「発展パラダイム」や基礎にある西洋の普遍主義的経済主義の「超克」をめざすべきであろうか。

第二の課題は、思考様式の異質性にかんする問題群である。これについては、これらの課題の解決方法を考察するさいの合理性や思考のモデルの相違に留意すべきである。まず、合理性とはどのようなことであろうか。従来は、目的合理性や計算的理性が前提されていた。また、近年はコミュニケーション的合理性や社会的合理性が注目されている。これらについても、理性的な議論による合意形成の困難だけでなく、社会的合理性により合意が未来世代に及ぶ環境的正義や責任の所在を合理化できるかどうかが疑問視されている。ここにも、近代的合理性に基づく諸科学の問題点が指摘可能である。さらに科学技術の発達と幸福増大の無意識的な追求は、個人レベルを超えた社会システムの自律的メカニズムの解明とその縮減をもたらす。このメカニズムの解明には、人文・社会・自然の諸科学の異分野融合的な知の探究が不可欠である。

第三の課題は、価値観と生活形態の多様性にかんする問題群である。これについては、合意形成の重要性と課題、例えば、合意形成のパラドクス、すなわち手続き的正義と配分的正義との不整合を指摘するだけにとどめる。地方で生きる人間と都市部で生活する人間との価値観の違い、生活意識や関心のズレ、便宜供与の格差、地域間格差の要因にも十分な配慮が求められる。この問題は、国内および国際社会における南北問題とこの図式的理解の限界とも不可分である。

第四の課題は、研究領域と課題の複雑性と不確定性にかんする問題群である。これについては、まず、倫理的問題と規範的・法的問題の錯綜した課題が存在する。また、主体と客体との不可分な関係性、言い換えれば、相互主体性の問題がある。持続可能な社会の主体とは誰のことか。それは人間だけか、それとも人間以外の自然も含むのかという問題である。さらに、予想を超えた新たな問題の発生とシステムの複雑化にも考慮することが求められる。

第五の課題は、「資源の有限性」と「資源概念の拡大」にかんする問題群である。これについては、最初に、資源の有限性と再生エネルギーの意義と課題が挙げられる。また、人材活用と「人体＝天然資源」の活用と倫理・規範の有効性の限界がある。さらに、資源活用の利害関係の不可視性と価値の多様性にいっそう留意しなければならない。著者が構想する「持続可能性の哲学」の役割は、上記の諸課題に取り組み、「持続可能な社会」の実現に不可欠な関連する諸科学と連携して、問題解決をめざす点にある。

以上の主要課題は、日常生活の場でどのような意味や役割を果たしうるだろうか。次節では、サンデル教授の震災講義に耳を傾けて、彼の議論と著者の見解を突き合わせてみたい。

2　大震災特別講義から見たサンデルの「正義論」の意義と制限

本節では、「正義」をめぐる論争の現場に立ち入ることにする。近年、テレビ・マスコミなどの報道により、日本ではアメリカ・ハーバード大学教授のマイケル・サンデル（Michael J. Sandel）の正義論の講義がいわば「モード」となり、その影響もあり彼の正義論が「正義論」の伝統を受け継ぎ、現代の正統派であるかのように思われがちである。だが、この理解は正確ではない。これについてはすでに前章で言及したとおりである。サンデルの正義論は、政治哲学のなかの特定の立場、すなわち「共同体主義」（communitarianism）に依拠した見解であり、英米圏および日本などで大きな影響を与えたロールズの正義論や前述の正義論の諸立場とも異質な特定の立場からの主張である。

例えば、『マイケル・サンデル　大震災特別講義』[4]での講義内容と学生やゲストとの対話には、著者もまた、多くの点で共鳴し、賛同する議論や論点も少なくない。他方、サンデル教授の特別講義は、厳密にみると、残念ながら正確な事実認識に欠け、同時に「共同体主義」に依拠した一面的で不十分な議論に終わっている。

ここで、著者からみたコミュニタリアニズムの立場からの正義論とその不十分性について、彼の大震災特別講義に限定して簡単に言及する。

サンデルは、震災当時の日本の状況に終始好意的であった点では、大多数の外国の知識人の反応と変わらない。彼は、「日本の人びとが表した美徳や精神が、世界にとって、多くの意義を持った」、と述べている。ちなみに、著者にも、大震災以後、海外の研究者から多くのメールや手紙が届き、それらはサンデル教授の賞賛とほぼ同じ内容であった。また、原発事故の処理と英雄的行為について、サンデル教授は、「原発での作業にあたる人々の英雄的な行為に焦点を当てよう。〈勇敢にリスクに立ち向かう日本の作業員〉という見出しが『ニューヨーク・タイムズ』(二〇一一年三月十六日付)にも掲載されている。ここで、一つ倫理道徳上の難しい問題がある。それは危険な任務は誰が担うのかという問題だ。任務にあたる人々を何を基準に選べばよいのか」、と問題提起している。

サンデルのこの問題提起には、特に留意すべき点が幾つかある。第一に、原発で作業にあたる人々をただちに英雄的な行為の担い手として賞賛することはどこまで適切であろうか。第二に、サンデル教授は、そうした人たちを「コミュニティ全体のために危険な任務を引き受けようとする人なのだから」、と「共同体主義」的な発想で、共同体のために尽くす人間は英雄である、という考えを明確化している。だが、この考えは、どの程度妥当であろうか。つねに人間は「コミュニティ全体のために危険な任務を引き受けようとする」ことが「正義」であり、英雄的である、と言えるだろうか。

他方、ウルリッヒ・ベックは、サンデルとは異なる見解を表明している。「原発労働者の大半は低賃金で情報もあまり与えられていないが、彼らを犠牲者とする見方もあれば、英雄とする見方もある。ナショナリスティックな戦略を追求するのは、共同体が生き延びるためには自ら犠牲になる彼らを、英雄として賛美することしかしない人々である。国家と原子炉産業に対する批判は、またたく間に望ましくないものと見なされ、それればかりか妨害工作であるとして、見下され、拒絶される。……じきに、汚染されていないミネラルウォーターを買うことは、国家に対する背信行為の徴であるとの嫌疑がかけられるかもしれない」[5]。

著者のみるかぎり、ベックは、サンデルのような「共同体主義」的な考えにはある種の危惧を抱いている。ベックは、原発労働者の大半が生活のためにハイ・リスクのなか低賃金で働いている事実も指摘しているが、この点は、サンデルにはみられない論点である。どちらの見解がより正義に適っていると言えるだろうか。賢明な読者には、回答はおのずから明らかであろう。ちなみに、二〇一二年八月段階で、福島第一原発の事故処理にあたる現場の下請け労働者たちが上司からの指示により、線量計の数値をごまかすために、線量計を鉛の容器で被っていた事実や、現場に入る前の段階で、線量計を体から取り外していた事実が判明した。これらは、すべて不正で「正義」に反する行為である。

要約すれば、サンデル教授の正義論には、以下の不十分性が指摘可能である。第一に、そこには共同体を実体化して、その卓越主義によって個人の自由や自律性を侵害する危険性がある。第二に、共同体の善を共有しない個人が排除される危険性がある。第三に、個人が属する複数の共同体間で価値や善の葛藤が生じた場合、どれを優先すべきか、その基準が不明確である。サンデルの理論では、この重要な課題を決定できないのである。第四に、サンデルの正義論には、環境的正義の視点があまりない(6)。第五に、彼のコミュニタリアニズム（共同体主義）には、日本社会に馴染まない危うさがある。政治不信や政府や関係機関、原子力ムラなどに対する信頼の喪失状態、政府と福島県、自治体間の相互不信が増幅する日本社会では、サンデルの正義論は、この現実を覆い隠し、個人の自由や平等、自己決定権などを制限する危険性がみえなくなる。第六に、サンデル教授の特別講義には、当時の日本社会の実情への情報不足や認識不足による誤りが少なくない。例えば、福島県の二〇キロ圏内の立ち入り禁止措置には、地方自治体の首長による掠奪や盗難に対する強い懸念があり、そうした禁止措置の要請があった。実際、金融機関を含めコンビニや一般家庭での窃盗事件など一定数の犯罪による被害があったことも報道済みで周知の事実である。第七に、社会的正義と賃金格差の問題である。被災地で働く自衛隊員・消防署員・警察官、さらに原発事故の起きた現場で被曝しながら働く非正規労働者の劣悪な労働条件は、正義に適っているか。彼らの賃金や退職金は、安全地帯でデスクワークに従事する幹部職員や東京電力の会長・社長・政府閣僚・官僚たちの待遇と比較して大きな格差があり、健康の危険にも曝されて仕事を強いられている。これは正義にもとることはないか。サンデル教授は、原発の現場労働者の実態を知らないので、彼らをすべて「英雄扱い」したが、その認識は訂正されるべきであろう。特に「正義論」の観点からみて、英雄的な個人が共同体、国家のために忠誠を尽くし、個人より共同体の存在を優先するというサンデル教授の共同体主義的「正義論」には、上記のような「落とし穴」があることを見落としてはならない。

これまで述べてきたように、サンデル説には重要な問題提起が含まれている。しかし、同時に、そこにはなお克服すべき課題もまた多く残されていることが明らかになった。そこで、サンデル説の積極的な意義を踏まえて、次に著者の考える「持続可能性の哲学への道」をいっそう明らかにすることを試みる。

3 「サステイナビリティ・フィロソフィ」の構想とその課題

著者は、「3・11以後」の「持続可能性の哲学」ないし「サステイナビリティ・フィロソフィ」を構想するにあたり、その主要課題として、次の論点を提起しておきたい。

第一に、①危機の時代に時代批判を行い、問題を摘出して、その解決の手がかりを提示することである。

②そのために現実を冷厳に分析し、現実社会の批判を試み、新たな理念・戦略・戦術を提示することが必要である。③多様な価値観・人生観・世界観の対立・相克の調整・調停・統合のための手続きや新たな問題の内実を摘出することが求められる。この哲学は、多義的な「持続可能性」に対する批判的な機能を発揮できなければならないのである。

第二に、「3・11以後」の日本は危機的状況にあり、その克服には、①近代以降の科学技術の制限と矛盾の顕在化という事態の認識を共有しなければならず、科学技術信仰からの脱却が必要である。②科学の進歩と客観性の限界の顕在化という事態の認識を共有し、自然科学は客観的で中立的であるという「信仰」から脱却することが必要である。③成長と従来の発想に基づく持続を前提した社会システムや生活スタイルからの脱却や、従来の価値観の転換が必要である。④リスク管理・リスク評価の新たな基準と総合的リスク・マネジメントの再構築が求められる。⑤市民のための科学技術の適切な発展と必要な資金の適正な配分の保障が求められている。この哲学は、とりわけ現代の科学技術批判と従来の知のシステムのコペルニクス的転換を遂行すべきである。

第三に、①従来型の「科学の予想」を超えた事態発生の総合学的・政策的課題を検討することが急務である。②「複合災害」に対するリスク評価や管理等の根本的検討が必要である。③健康で安全で安心して幸福な人生を送るためのシステム、特に地域や都市、生きる場の再構築が必要である。④これらの課題の解決には、自然・社会・人文諸学による異分野融合的な総合研究が必要である。⑤この研究は、研究目的・研究方法・その成果などの理念や規範・倫理に自覚的に取り組むことが求められる。この哲学は、あらゆる学問研究に対する倫理的・規範的な反省を根本的に問い直すべきである。

第四に、これらの研究には、研究（者）倫理・技術倫理・情報倫理のより有効で機能的な働きが必要である。そのためには、①政・官・財・学・民の癒着構造やハイプ（hype）と呼ばれる誇大な宣伝とその再生産システムの変革が急務である。②研究者・学者らの責任の明確化とその処し方、言い換えれば、無責任構造再生産の連鎖の遮断と新たな知の方向づけが必要である。③情報秘匿や情報操作・マスコミなどの無責任構造や不信の構造と風評被害の拡大再生産の構造を解消する必要がある。④市民の被害者性と加害者性とのパラドクス、差別と偏見の増幅への対応の重要性、未成熟で判断力の弱体化した市民の再教育、啓蒙活動も急務である。この哲学は、「社会の持続可能性」にふさわしい政治家・官僚・財界人・学者・市民の教育や成熟に資する役割を果たすべきである。

第五に、①人間の生存基盤となる資源・自然再生エネルギーに基づく経済と環境との両立可能な論理とシステムを構築することである。②そのために、政治制度、産業構造、科学技術体系などからなる正義に適った社会システムを再構築することである。③個人のライフスタイル、健康、安心、安全、他の価値規範の再検討による循環型社会の構築が不可欠である。④リスクの予測不可能性と無限責任にかかわる環境的正義の問題が生じている。社会が資源依存型社会から技術依存型になれば、この問題は不可避となる。実際、原発事故の真の収束には、「放射線被曝の安全基準」や「計画停電」の妥当性と実態の評価、例えば、日常生活・生存・経済の維持への影響評価は、第三者機関による信頼性のあるものでなければならない。この哲学は、経済成長と生活の便宜を追求する思考様式の転換を迫っている。

第六に、最優先の課題は、原子力や化石燃料の優遇策を見直し、自然エネルギー優先の政策転換、税金の公平な再配分にある。そのためには、①「持続可能な社会」に不可欠な生活条件である年金・介護・福祉の充実の保証が重要である。②そのために社会正義の実現、政治・経済と環境の調和とその倫理・規範の構築が求められている。③「真に持続可能な社会」の実現には、従来型の政治・経済システムを根本的に変更すべきである。④これらの課題は、個人の生活様式の大きな変革を迫っている。企業は、環境負荷の高い住宅・自動車・家電・他の消費財の生産のあり方を見直し、その購入に消費者は慎重であるべきである。「善意」の生産者と消費者という発想は、転換すべきである。そのためには、消費者の「加害性を縮減」する思考様式への転換が不可欠である。この哲学は、ローカルなレベルからグローバルなレベルにいたる「環境的正義」の実現を迫っている。

第七に、ライフスタイルの転換には、地産地消の分散型社会への移行と自然再生エネルギーによる雇用創出が不可欠である。そのためには、①ローカルなレベルにいたる諸価値の対立の現状、科学技術の進歩発展が生み出すパラドクスに対する認識の共有が前提となる。②一般市民は、自然再生エネルギー参入企業やＮＰＯへの関与を高めることが重要である。その実現に必要な科学技術の有効利用と市民社会・弱者への優先的活用が求められる。③そのためには災害時も日常性の場面でも、乳幼児・高齢者・障がい者が最初に犠牲になり、棄民化されている現実の改善が不可欠である。この哲学は、さまざまな意味で弱者に配慮された「持続可能な社会」の実現に資する営みでなければならない。

次に、著者の提唱する「サステイナビリティ・フィロソフィ」（Sustainability Philosophy）による正義の理論が取り組むべき課題について、素描を試みる。[7] まず、「3・11以後」の震災支援プロジェクト・復旧・復興事業の過程で明らかになってきた正義の理論の取り組むべき主要課題は、以下のとおりである。

第一に、社会的格差とリスクの増大という「不正義の解消」という課題に取り組むことである。災害・

原発事故の「複合災害」による生命・身体・健康・財産・家庭・職場や故郷の喪失、精神的ダメージ、将来への不安などの現実を直視し認識を共有する。

第二の課題は、過去の教訓の活用と科学信仰からの脱却にある。日本は、全地球規模でみた場合、地震が二〇％集中する特別な地震多発国であり、原発の設置場所や大都市の直下や周辺部では、大災害の可能性を常に有している。この現実を直視して社会のあり方をリスク社会としてふさわしい安心・安全なシステムに変え、必要な情報を共有することが「正義の実現」には不可欠の手続きである。

第三に、環境的正義と生活保障にかかわる課題である。「複合災害」による被災者・被災地住民の直接的被害だけでなく「風評被害」による差別や偏見の拡大などの人権に反する事態や、国際社会における日本製品の不買運動・観光への負の影響、さらに予想される大気や海洋の汚染（特に放射性物質）による外国からの巨額の賠償金を求められる可能性は排除できない。その負担は、国民への増税によることになるだろう。東京電力のいう一企業の事故の後始末に全国民の血税を将来にわたり支払い続けることは「正義に適っている」と言えるだろうか。

第四の課題は、「世代間の正義」にかかわる問題である。災害における弱者の窮状として、災害発生時や避難時および避難生活での不自由で不便な生活は、まず高齢者には過酷な生活を強い、満足な医療や介護も受けられない。他方、「津波てんでんこ」に対する子ども・高齢者・障がい者の側からの批判も生じている。また、幼児や児童は、放射性物質による外部被曝や内部被曝が成人に比べ著しい健康への影響をもたらす。これから子どもを産む可能性のある女性についても、同様の事情にある。とりわけ原発事故による被曝を自然放射線被曝や医療被曝と同一次元で語り、安心感を与えようとする「善意」の論じ方は、チェルノブイリ原発事故被曝の病理データと照らしてみるとき、被曝者の立場からみて「正義に適っている」と言えるであろうか。

第五に、性差による不正義と家庭の崩壊という現実から目を背けることはできない。将来生まれてくる子どもの健康を考えて、あるいは自分の子どもの健康のために、仕事のために福島に残った夫と別居生活をすることは正義に反しないか。その結果、家庭生活がうまくいかなくなり、離婚した場合、それは、正義に反しないか。それとも、こうした選択はやむをえない事態である、と理解すべきであろうか。

加えて、グローバルな正義にかかわる問題にも、簡単に触れておきたい。例えば、二〇一二年四月五日、AP通信の報道によれば、アメリカ合衆国の沿岸警備隊は、東日本大震災の津波で青森県から流され、カナダとアラスカ州の沖合の太平洋を漂流していた日本の漁船を砲撃により、撃沈した。それは海域の安全確保のためである。それによって、燃料油や有毒物質による海洋汚染の心配はないか。また、六日付国内の新聞は、日本政府が津波で流失したがれきのうち、約一五〇万トンが太平洋上を漂流しているとみており、今後漂流物が北米大陸の太平洋岸に到達する可能性がある、と報じた。実際、五月には、北米大陸西岸の島々に、多くの瓦礫が漂着したことが報道された。これらの漂流物のなかには、放射性物質に汚染されたものもありうる。これらの処理の費用や環境汚染に対する補償金が請求された場合、だれがどのような算定基準で支払うのだろうか。最終的には、日本国民の税金で賄われるのであろうか。この場合、東京電力の支払い義務はないのだろうか。だが、そのためにまた税金が投入される場合、これらの措置は、正義に適っていると言えるだろうか。この点について著者の見解と、その税制上の正義にかんする問題は、第十一章で論じたとおりである。サンデル教授は、この場合も「コミュニティ全体のために」国民が応分の責任を果たすべきだ、それが国際社会における正義だ、と主張するのだろうか。この問題は、「社会正義」の実現は、国内的に追及されるべきか、または国外的にも求められるべきかという「正義」をめぐる論争に読者を誘うことになる。本章では、この困難な課題には深入りせず、「正義」のあり方をめぐる根本的な議論に限定する。[8]

4 「正義のアイデア」と「互酬主義の克服」

A・センの『正義のアイデア』の観点からみると、サンデルとは別の「正義」の捉え方も可能である。ここでは、著者がセンに共鳴する主要な理由を数点指摘しておく。第一に、従来の「正義論」批判として、センは、強固な「正義の理論」ではなく、緩やかな「正義のアイデア」を提唱する。それによれば、従来の正義論のように、完全に公正な正義のシステムの実現を性急に求めるのではなく、現実の社会における個々の不正義を是正し、相対的な正義を促進し、望ましい社会を漸進的に実現していくべきである。またセンは、自著の議論について、「最も重要なのは、異なる理性的立場が複数存在するかもしれないという可能性を認めた上で、正義を追求するために理性は何を求めるかを吟味することである」[9]、と説明している。このような「正義のアプローチ」は、著者が本書全体を通じて主張してきた方法論および議論の内容とほぼ重なる考え方である。

第二に、センは、力による非対称性に依る一方的な義務に注目して、相対的に有効な力をもつ者の自由や人権を促進することを支援する義務を負うという見解を主張する。例えば、「子供に対して母親が義務を負うのは、子供を産んだからという理由ではなく、……子供の命に関わることで、子供が自分ではできないことを母親にはできるという理由からである。母親が子供を助ける理由は、この考え方によると、協力から得られる報酬にあるのではなく、母親は、子供の命に大きな影響を与え、かつ子供自身はできないことを、非対称的に子供のためにできるという認識から来ている」[10]。センの意図した「互酬主義」を超えようとする実例の妥当性には、異論をもつ読者は少なくないと思われる。M・サーリンズなどによる「互酬性」(reciprocity)の古典的な規定によれば、「一般的互酬性」、「均衡的互酬性」、「否定的互酬性」の三区分に分節化され、この実例は、「一般的互酬性」にかんする家族内の親子関係における贈与と返礼のつり合いにかかわる。センの意図は、この「互酬性」とその前提にある非対称的関係のバランス、特に分配的正義そのものを見直そうと主張したと解することができる。そうだとすれば、著者もまた、この主張にかんするかぎり、現代社会における正義の実現のためには、相互性に依拠した契約主義を超えた発想が必要である、と考える。また、この見解は、「正義」と「ケア」および「ケアの倫理」とが対立関係にあるとみなす「正義論」批判に対しても応答可能な視座を提供することができる。なぜなら、「互酬性」の原理に依拠しない「正義のアイデア」は、互酬的な見返りを期待するものではないという前提に立つかぎり、「正義の互酬性ネットワーク」そのものを克服しうるからである[11]。

さらに言えば、日常生活でのケアの倫理や、世代間倫理による未来世代の人間に対する義務および遠隔の地に生きる未知の人間へのケアの思想は、原理的に「互酬主義」を超えた考え方に基づいている。災害時におけるボランティア活動もまた、その卑近な実例である、と言ってよい。もちろん著者は、「互酬性」そのものを否定するつもりはない。この考え方は、歴史的にみても、今日でもなおコミュニティーの形成にとって重要な役割を果たしてきた。その意味では「社会の持続性」にとって不可欠の要件である、と言ってよい。だからと言って、「互酬性」のみによって望ましい人間関係と社会システムの「持続可能性」を構築できるわけではない。むしろ、日常生活が根差す「生の地平」には、「互酬性」を超えた人間の営みが歴史のなかで蓄積され、それが非日常性の出現とともにあらわになる、と理解すべきである。この課題は、「なぜ遠くの貧しい人への義務があるのか」という世界的貧困と人権の問題を義務論として提起したポッゲの主張とも結びつく。彼は、現存するグローバルな制度的秩序の不正義を告発する点で、傾聴すべき問題提起を行ってきた。著者もまた、基本的には彼の主張に賛同する。このようなグローバルな不正義はローカルな不正義とともに克服されなければならない。「社会的正義」は、国境を越えて実現されるべきである。

他方、そのために、ポッゲの主張するように「社会正義の義務」が理論的・実践的にみて妥当であるかどうかは別の問題である。ここにも国際社会における多様な価値観や文化の多元性、義務の妥当性の問題や合意形成の手続きやその妥当性をめぐる複雑なコンフリクトが存在するからである。二十一世紀の現段階では、カント的な義務論に近いポッゲの「正義論」は、むしろ理念的な意味に変換して理解すべきであろう。言い換えれば、強固な「正義論」を採用するよりも、環境的正義を含む広義の「正義のアイデア」の考え方を採用すべきであると著者は考える。カント的な表現で言えば、「実践理性」における構成的・規範的な義務論の発想よりも、「判断力批判」における統制的理念として「正義のアイデア」を現実的・倫理的に機能させるべきではないか。「正義のアイデア」の考え方は、その意味で「持続可能な社会」の実現にとって、不可欠の考え方であり、地球上に生きる人間が、いま・ここでどのような人生を営んでいようとも、避けることのできない「人間の条件」である、と言ってよい。

最後に、サンデルの正義論の見解とはきわめて異質な見解を紹介して、本章を締めくくりたい。ジャン＝ピエール・デュピュイは、『ツナミの小形而上学』で今回の大震災・原発事故について、次のような批判を展開している。「まるで自然が人間に対して立ち上がり、二〇メートルもの高さで押し寄せる波の頂きからこう語りかけているかのようだ。お前は自分に宿る悪を、私の暴力に重ね合わせて隠そうとした。けれども、私の暴力は純粋なもの、善悪の範疇の手前にあるものだ。ならば、私は、お前が作った死の道具と私の汚れなさとの重ね合わせを文字通りに取って、お前を罰しよう。このツナミを受けて滅ぶがよい！」(12)。

この言葉は、今回の大災害の被災者・避難者・被害者にとってはあまりにも過酷である。だが、デュピュイが自然災害と人間の道徳的破局との関係に着目して、人間の善悪・正・不正の問題をすべて自然の災害・自然の暴力に重ね合わせて覆い隠そうとした正義に反する言動を批判的に指摘した点は、見逃すべきではない。

他方、津波対策や原発事故の「事象」に適切な対応を取らず、原発を推進してきた東京電力や政府・官僚・学者の責任や保障については、被災者・避難者の多くは不十分であると考えている。この場合、正義はどのように実現されるべきだろうか。ちなみに、自然の暴力は正義論の対象ではない。この一年間、多くの人が繰り返し耳にした「直ちに、健康に影響はない」という政府関係者の発言とそれを無批判に報じたマスコミ報道の姿勢は、国民の健康や安心・安全の棄損と不信の増幅の最大の元凶であった、と指摘する学者もいる。大災害から一年以上が経過した二〇一二年三月二十七日に、福島第一原発二号機の格納容器内で毎時七万二九〇〇ミリシーベルトという高い放射線量が計測された。この値の場所に人間が六分間いるだけで一〇〇%死亡するとされる高濃度である。原発事故は、いまだに制御不可能な状態である。それでも「原発事故収束宣言」は撤回されず、大飯原発の再稼働にゴーサインが出されようとしたとき、多くの住民とともに周辺の諸県知事も再稼働に反対した。しかし、その後、周辺の自治体は、政府の政治決断による再稼働を支持した。この場合、政府や経済産業省・財界・地元企業などが主張するようにエネルギー不足に陥らぬよう、ある段階の手続きで再稼働することが妥当か。それとも、周辺の諸県民や国民の多数の反対と、どちらに正義がある、と言えるだろうか。

ちなみに、グリンピース・ジャパンによる二〇一二年四月五日の発表によれば、大飯原発周辺で同年三月二十九日と三十日に紙風船を使った放射性物質の拡散予想調査の結果では、約三七〇キロ離れた著者の住む埼玉県や群馬県などでも紙風船が発見されており、大飯原発が再稼働を始め、もしも事故が起きた場合、ここまで「地元・周辺の被害」が及ぶ可能性がある。そうなると、「想定外の事故」を「想定」した場合、政府は関東地方の住民の意見にも耳を傾けることが正義に適うことになるのではないか。私たちは、この事実をどのように考えるべきであろうか。

これらの事例は、日本社会における人間の多様な社会的立場や価値観・倫理観・規範や法の意識・宗教観の統合や調和の困難さを物語っている。さらに言えば、この事態は、「真に持続可能な社会」を構築するためには、どのような「正義」を語るべきかという問いに対する回答を迫っている。

5　結　論

要するに、「持続可能性の哲学」と「正義をめぐる議論」の意義は、次のように要約することが可能である。

第一に、哲学は、センも指摘するように「価値や優先順位だけでなく、世界中で人々が苦しめられている拒否や従属や屈辱についてもっと深く熟慮するために役割を果たすことができる」[13]。哲学は、基礎づけ主義的立場では課題の解決が不可能である。だが、哲学は知の緩やかな普遍性を断念すべきではない。この課題は、言い換えれば、本書で探究してきた多元主義の立場からの反省的判断力や歴史的構想力の重要性を訴えている、と解釈することができる。センが主張するように、カントやロールズ、ポッゲらの超越論主義には、現実的課題の解決に多くの困難が伴うことはたしかである。しかし、センによるカントやロールズ、ポッゲらに対する批判は、多くの場合、一面的であり、行き過ぎも少なくない。

例えば、センは、自身の重視するアダム・スミスとカントとの共通性に言及しつつも、カントの定言命法を正確に引用することができていない。またそのために、センは、「公平な観察者」をもっぱらアダム・スミスの発想に依拠して自身の正義のアイデアの基本原理のひとつである「開放的不偏性の手続き」に言及するが、カントが『判断力批判』のなかで展開した「あらゆる他者の立場で思考する」ことを主張した「視野の広い考え方の格率」は念頭に浮かばないのである。この考えは、すでにみたようにハンナ・アーレントが「代表的思考」(representative thinking) と呼んだ考え方に他ならない[14]。著者の理解では、「不在の他者を代表する」ことは、時間的には、まだ存在せぬ未来世代の人々の見解を代弁することであり、空間的には、地球の反対側で貧しさや飢えに苦しんでいる人々の声に耳を傾け、彼らの主張を代弁しようとする努力を意味する。また、この「不在の他者を代表する」考え方こそ、著者の理解では、センが「開放的不偏性の手続き」と呼んだ見解を意味する。著者が、本書でカントの「共通感覚」とアーレントの政治哲学との関連に立ち入ってきたゆえんもまた、ここからも明らかであろう。したがって結論的に言えば、『判断力批判』にみられるように、多元主義の立場からの反省的判断力や歴史的構想力の重要性に着目することが肝要である。センのカント主義＝超越論主義という図式的な理解と批判は、ここでもまた是正されなければならない。これについては、本書ですでに立ち入って論じたので、ここでは繰り返さないことにする。

第二に、正義論の役割もまた、センの主張するように、「これらの問題を真剣に捉え、世界の正義と不正義にかかわる実践的な理由について何ができるかを考えること[15]」であり、ゲームとしての「正義論」、言い換えれば、理論のための理論にとどまってはならない。文字どおりのグローバルな正義の実現のためには、センも主張するように弱者・貧困者の道徳的権利に法的効力を付与すべきである。このことは、著者が終始主張してきたコスモポリタニズムの立場を重視した「持続可能性の哲学」の課題を意味する。

第三に、著者は、本書全体を通じて生きることは哲学することであり、きわめてローカルな問題の多くがグローバルな課題とも不可分であり、それらの解決のためには、過去の哲学者・思想家のテクストを読者の生活の場というコンテクストと重ね合わせて、その普遍的意義を読み取ることにあることを論じてきた。読者のかたがたには、本書が「真に持続可能な社会で人間らしく善く生きる」ために望ましい条件の実現に資することができれば、これに勝る喜びはない。

注

（1）加藤尚武『哲学原理の転換　白紙論から自然的アプリオリ論へ』（未來社、二〇一二年、九二頁）。

（2）Vgl. Felix Ekardt, *Theorie der Nachhaltigkeit. Rechtliche, ethische und politische Zugänge – am Beispiel von Klimawandel, Ressourcenknappheit und Welthandel*, Baden-Baden 2011. S. 160-281. 同じ著者による、前著のダイジェスト版とも言える次の文献でも、「持続可能性の哲学」の中心概念である、人権や正義、世代間倫理、世代間正義などがグローバルな観点とローカルな観点との関連から考察されている。Vgl. Felix Ekardt, *Das Prinzip Nachhaltigkeit. Generationengerechtigkeit und globale Gerechtigkeit*, München 2005, 2. Aufl. S. 9-235. これらの基本的視座は、本書を貫徹する見解と基本的に重なっている。これらの問題関心は、センなどの少数の学者を除く英語圏の「正義論」の研究者には、概ね法的規範や政治制度などのレベルでの議論に狭められており、その点でO・ヘッフェなどのドイツ語圏の哲学者による「正義論」に比較して考察の視野が狭く、説得力も弱いように思われる。ヘッフェによる説得力のある論考として、下記の文献を挙げておく。オトフリート・ヘッフェ『政治的正義』（北尾・平石・望月訳、法政大学出版局、一九九四年、特に三九七頁以下参照）。ちなみに、ヘッフェは、正義の判定の働きとして「倫理的政治的判断力」の重要性を指摘し、カントがその基礎づけと体系化を重視したため、この判断力を詳細に探究しなかったと指摘している（四九八頁）。著者の見解は、『純粋理性批判』および『実践理性批判』にかんしてはこの主張にほぼ同意する。だが、著者は、『判断力批判』における反省的判断力の働きにかんするかぎり、ヘッフェの見解に賛同することはできない。この点は、すでに詳しく論じたとおりである。なお、本書では、基本的に「ポスト・ロールズ」の正義をめぐる論争を念頭に置いているが、著者は、この「正義論の戦場」に介入する意図はない。ここでは、もっぱら「持続可能性の哲学の構想」と直接関係する範囲で、「正義」にかかわる議論に言及するにとどめる。

（3）セルジュ・ラトゥーシュ『経済成長なき社会発展は可能か？〈脱成長〉と〈ポスト開発〉の経済学』（中野佳裕訳、作品社、二〇一一年、二一七―二七六頁）。また、下記の文献も参照。広井良典『定常型社会　新しい「豊かさ」の構想』（岩波書店、二〇〇一年、一二七―一三六頁）。加藤尚武『資源クライシス――だれがその持続可能性を維持するのか?』(丸善、二〇〇八年、八頁以下)。本章の執筆にさいしては、加藤尚武説に多くの示唆を受けたことを明記しておきたい。

(4)『マイケル・サンデル　大震災特別講義　私たちはどう生きるのか』(NHK出版、二〇一一年五月)。

(5)『リスク化する日本社会』(ウルリッヒ・ベック、鈴木宗徳・伊藤美登里編、岩波書店、二〇一一年七月、一一頁)。ただし、本論文は四月二〇日に脱稿。

(6) 山脇直司『公共哲学からの応答　3・11の衝撃の後で』(筑摩書房、二〇一一年、一七三頁以下)。

(7) 著者の提唱する「サステイナビリティ・フィロソフィ」(Sustainability Philosophy) および「持続可能性」の概要やこの概念史、この概念の従来の発想の根本的転換の必要性および課題などについて、詳しくは、以下の拙論を参照いただきたい。なお、本章では、部分的に下記の文献と一部重複することをお断りしておく。牧野英二「ポスト3・11と「持続可能性」のコペルニクス的転換」(『持続可能性の危機――地震・津波・原発事故災害に向き合って』(御茶の水書房、二〇一二年、第一章、五―三〇頁)。Cf. Richard Evanoff, *Bioregionalism and Global Ethics*. Routledge, New York, 2011, pp. 92-128.

(8) C・クカサスは、社会正義の追求にかんする四つの立場を区分しており、国内と国外の両方で社会正義を追求する見解として、ポッゲの立場を紹介している。この見解は、国外の社会正義を積極的に論じないロールズやウォルツアーの立場との相違を際立たせる点で有益である。Cf. Chandran Kukathas, The Mirage of Global Justice, *Social Philosophy & Policy Foundation*, p. 5. また、この点にかんする有益な文献として、神島裕子「国境を越える「正義の義務」はあるのか――グローバルで社会的な正義の行方」(『思想』九九三号、岩波書店、二〇〇七年一月、八三―九六頁)を参照。

(9) Amartya Sen, *The Idea of Justice*, Harvard U. P. 2009. Penguin Books 2010, p. xix. アマルティア・セン『正義のアイデア』(池本幸生訳、明石書店、二〇一一年、一六頁)。

(10) Sen, *ibid.*, p. 205. 『正義のアイデア』(同訳書、三〇四―五頁)。

(11) 葛生栄二郎『ケアと尊厳の倫理』(法律文化社、二〇一一年、一四八―一八九頁)を参照。この書物は、「正義論」について、「伝統的な〈互酬的正義〉の観念は平和の維持には有効でも、平和の創造には限界がある」(一八一頁）と主張しており、それを終始否定的・批判的に解釈している。また、この文献では、センの見解はまったく言及されておらず、ポッゲの「正義論」にも触れられていない。著者のみるかぎり、葛生説には、本書第十二章だけでなく、本書全体の論述が、一つの回答を提示している。

（12）ジャン＝ピエール・デュピュイ『ツナミの小形而上学』（嶋崎正樹訳、岩波書店、日本語版序文 vi-vii）。

（13）Sen, *ibid.*, p. 413.『正義のアイデア』、五八二頁。

（14）Hanna Arendt, Truth and Politics, in: *Between Past and Future*, New York 1961, p. 224.（『文化の危機』志水速雄訳、合同出版、一二五頁）。

（15）Sen, *ibid.*, p. 414. 前掲訳書、同箇所。

あとがき

「まえがき」および序論で触れたように、本書の狙いは、哲学および哲学史研究を媒介にして「持続可能性の哲学への道」を照らし出すことにあった。また本書のタイトル「持続可能性の哲学への道」には、通常理解されている環境保護と経済発展または開発との調和をめざす「社会の持続可能性」を再構築しうる「哲学への道」を意味するだけでなく、哲学・倫理学をはじめ「諸学問の持続可能性への道」を意味する。本書は、この二重の意味での「持続可能性の哲学への道」を拓こうとする試みであった。同時に、この試みは、従来の知の冒険とは異なり、つねに生活者の立場から日常性の地平に根差して、「情感豊かな理性」の働く場の拡大・深化をめざす実践的な営みでもあった。

もっとも本書所収の諸論考は、「初出一覧」に記したように、東日本大震災・東京電力福島第一原発事故を機会に書き下ろされたものではなく、約十年間に、さまざまな機会に執筆した諸論考に加筆・修正を加えて成ったものである。同時に、本書の刊行の背景には、著者の周囲に集う若い研究者たちによる強い出版の要請があったことを特記しておきたい。

著者には、本書を「持続可能性の哲学」と題する内容の書物として刊行したいという思いが強かった。しかし上記の事情もあり、この時期を逸するべきではないと思い、敢えて「持続可能性の哲学への道」の途上にある思索の成果を世に問うことにした。本書の本来の意図からみれば、さらに論じておくべき多くの課題が残されている。しかし著者には、これ以上の刊行遅延が許されない状況なので、最後に本論の補足的論述を若干加えて、「あとがき」を締めくくることにする。

第一は、「3・11以後」の日本社会に生きる住民の最も重要な価値の一つである「健康」にかんする問題である。グローバルな規模での経済不況が続くなかで、日本では、戦後最悪の生活保護世帯数を更新している。こうした状況下で政府は、生活保護基準の大胆な見直しを進めている。多数の国民には、経済的条件の悪化や生活条件の低下により、日々の生活や、将来への深刻な不安が強まり、健康的な生活の維持が困難になっている。日本では「持続可能な社会」の前提条件の喪失という事態が確実に進行しているのである。さらに大震災・福島第一原発事故の発生から二年が経過して、多くの国民が震災・原発事故を過去の出来事として忘れ、被災者・避難者や復旧・復興・事故後の現状を「他人事」とみなす傾向が加速している。しかし、二〇一三年一月現在、岩手県や宮城県では住民の流出に歯止めがかかっているものの、福島県では依然として一万人前後の人口流出が続いている。その理由には、経済的な理由だけでなく、さまざまな意味で県民の健康不安があり、健康維持に必要な「人間の条件」が欠けていることがあると思われる。

特に大震災・原発事故との関連から「健康の重要性と人間の善い生き方との関係」を考慮すべきである。ここでは「健康を哲学する」ことによって、「健康」が医学的概念とみられている一般的な見解が誤りであり、「人間が人間らしく、善く生きるために絶対に欠かすことのできない事柄」であり、「持続可能な社会」の実現に不可欠で最も重要な公共的価値であることを指摘したい。同時に、この考察によって従来型の「持続可能な社会」概念の根本的見直しが必要であり、健康にとって安心・安全・信頼その他の多様な価値と規範が重要な意義と役割をもつことも明らかになるはずである。結論を簡潔に言えば、「真に持続可能な社会」の目的は、「健康」という人間の最も基本的で最も重要な価値および権利の実現にあり、そのためにすべての学問・科学技術が応分の役割を果たすことにある。「持続可能性の哲学」は、本書で展開した哲学的・倫理学的観点から、科学的知見の吟味・検討を通じて、諸科学との連携やそれらの知の方向づけの営みによって、「真に持続可能な社会」の実現をめざす学問である。これらの見解に関連して、著者は、ガーダマー著『健康の神秘』（ハンス＝ゲオルク・ガダマー『健康の神秘』三浦國泰訳、法政大学出版局、二〇〇六年）での説明を批判的に吟味・検討し、さらに「健康」を実現するための主要な前提条件について、「オタワ憲章」を手がかりに主要な八項目の論点に整理して考察したことがある。①平和（peace）、②住居（shelter）、③教育（education）、④食糧（food）、⑤収入（income）、⑥安定したエコシステム（a stable eco-system）、⑦持続可能な資源（sustainable resources）、⑧社会的正義と公平性（social justice and equity）である。結論だけを言えば、現在の日本社会では、社会的正義と公平性の実現はきわめて不十分である。こうした意味で、日本社会は、「健康」もその主要な基本条件も十分ではない。したがって「真に持続可能な社会」の実現にはほど遠いのが実情である。さらに住民の「健康」の実現には、克服すべき大きな壁が立ちはだかっている。それは安心・安全・信頼の回復という課題である。これらは「健康」の実現に不可欠の要件である。だが、この「あとがき」ではこの論点に立ち入ることができないので、詳しくは下記の拙論を参照していただきたい。（拙論「ポスト3・11と「持続可能性」のコペルニクス的転換」『持続可能性の危機――地震・津波・原発事故災害に向き合って』御茶の水書房、二〇一二年、第一章、五―三二頁。）

第二に、そのためには健康と「安心・安全」との関係について、さらに立ち入った考察が必要となる。しかし、ここでは著者の「安心・安全・信頼」に対する基本的立場に言及するだけにとどめる。今日、「安心・安全」という言葉が、セットで使用されることが多くなり、二つの言葉の相違や関連の正確な理解が必ずしも十分ではない。一方で、「安心・安全」は、生活上の重要な価値となっている。他方、「安心・安全」は曖昧な理解のまま社会でますます流通するという皮肉な事態が生じている。専門家の間でも、両者の理解は多様であり、「安心・安全」の一義的な規定はみられないのが実情である。実際、辞書的説明でも、「安心・安全」にかんする説明は明確ではない。一例を挙げれば、「安全＝危害・損傷・盗難などの危険がなく、安心できる状態にあること」（『広辞苑第六版』）であり、「危険な事態の予測、想定、危険要因の分析、解明と排除もしくは他の条件による補完、そして危険が生じた場合に被害を最小限にする周辺条件や事後対策の整備などによって安全が指向される。裏を返せば、安全性とは潜在する危険が発現する可能性と対応する」（『ブリタニカ国際大百科事典』）。「安全」は、安心できる状態、危険の対極にある状態を指す。「安心」は、心配・不安がなくて、心が安らぐこと（『広辞苑第六版』、『新漢語林』）であると説明されている。ある専門家の説によれば、安全の意味は「客観的に危険性のない状態を示す語であると考えられる」（神里達博「序論：〈安全・安心〉言説の登場とその背景」『科学技術社会論研究』科学技術社会論学会編、第三号、二〇〇四年、七二―八四頁）。

神里説によれば、「安全」は公的価値であり、「公的価値としての安全の確保を政府が行うことに不自然さはない。素朴な直観としては、〈安全〉は客観的な基準を導入することが比較的容易であるし、事実、これまでも政府は、様々な分野で〈安全基準〉を構築し、運用してきた」（同書、七二頁）。他方、「安心」が、「私的な価値と密接な関わりを持つ可能性は否定できない」。「〈一定の社会的な安心感〉を保つことは、いずれの国家でも警察機能の基本的な要件である」（同書、七八頁）。「行政的な文脈での〈安心〉は、私的な領域への進出というよりは、むしろ社会システムを機能させる上での〈信頼関係〉を目指していると見なすべきケースが多い。システムが信頼を獲得した結果として、間接的に個々人の安心のレベルが平均的に見て向上することを目指すタイプの政策である」（同書、七九頁）。「〈安心〉という価値そのものについての評価を短く述べておきたい。まず、〈安心〉は主観的な傾向を持つ故に、〈安全〉に比べると無規定になりやすい」（同箇所）。

神里説の要点は、①「安全」は客観的で、「安心」は主観的な感じである。②前者は公的な価値で、後者は、私的で無規定的な価値である。③「安全」は原因で、「安心」は結果である。④安全保障や安心の制度的保障は行政の役割で、安心は、個々人によるその成果のレベルの向上にある。以上の神里説は、常識的な「安心」理解＝心配・不安がなくて、心が安らぐこと（『広辞苑第六版』、『新漢語林』）により、個々人の内面的な心理状態として理解している。また、神里説には、⑤個人的な心理状態は数量化できず、したがって客観性に欠ける非学問的な性格であるから、明確な規定はできないという考え方が前提にある。ちなみに、神里説は、近年の食品問題を中心に行政との関係に着目している。

著者は、神里説には多くの疑問を抱かざるをえない。上記の神里説の①、②、③、④、⑤すべてについて、異論がある。①の区別には、自然科学主義の伝統的な真理観が潜んでいる。数量化・定量化できない事柄は、すべて客観性を欠くという考えは、行き過ぎである。人間の不安や痛み・苦しみは普遍的な事象であり、学問の研究対象である以前に、人間の生き方そのものである。②による安心が私的な価値で、無規定であるという見解にも偏見がある。安心が定量化できないことは、不安の特性を表すもので、その欠陥ではない。例えば、信頼も愛や尊敬も定量化できない。だが、それらは共同体的な妥当性をもち、私的でもなければ無規定でもない。また、これらの理由から、安全が公的価値をもつのに対して、安心は私的な価値しかもたないという解釈は、安心の本質を隠蔽する見解である。後述のように、安心には公共的な価値があり、「健康」や「安全」と同じく、人間の基本的権利に属する、と解釈すべきである。神里説は、私的と公的との伝統的な二分法に囚われている。著者の考えでは、私的・公共的・全体的の三区分の考え方が望ましい。③安心と安全との関係は、一方的な因果関係ではなく、相互的な影響関係にある。近年、「安心・安全な社会」というように「安心・安全」をセットにして表現する背景には、こうした神里説的な発想や了解が潜んでいる。④安心の制度的保障についても、トップ・ダウンではなく、個人や共同体によるボトム・アップ方式もありうる。⑤安心と不可分の生活・生命の質（ＱＯＬ）は、個人・集団のあり方として数値化が困難で、定量化の枠組みを超えた事象である。定量的な数値やアンケートの結果は、どこまでも一つの指標にすぎない。「健康」に不可欠の「安心」「安全」「信頼」は、本論で立ち入って論じたように、公共的な生活空間のなかで共同体的な感覚と不可分であり、それは情感豊かな理性の働きによるものに他ならない。

もっとも、著者のこの見解には疑問をもつ読者も予想される。そこで、著者の見解と多くを共有するギデンズの考えを参照したい。ギデンズは、神里説とは異なり、「〈安心〉とは、一連の具体的な危険が減殺、ないし最低限にとどめられる状況と定義づけできる。〈安心〉という経験は、通常、信頼と許容可能なリスクとの間のバランスに支えられている」(アンソニー・ギデンズ『近代とはいかなる時代か?』松尾精文・小幡正敏訳、而立書房、一九九三年、五二頁)。ギデンズは、明らかに「安心」を社会的経験として理解し、同時に社会システムに対する信頼とリスクとの特定のバランスと解釈している。著者の理解では、ギデンズ説は神里説よりも問題を的確に捉えている。「安心」もまた、神里説や多くの研究者の見解とは異なり、個人的レベルから社会的・共同体レベルまで当てはまる概念である。社会的合理性の意義やその限界も存在する。神里説は、これらについてもまったく留意していない。

第三は、信頼という価値の重要性についてである。シセラ・ボクによれば、「信頼とは、私たちの呼吸している空気や飲んでいる水とちょうど同じように増強されるべき社会的財産である」(シセラ・ボク『共通価値　文明の衝突を超えて』小野原雅夫監訳、法政大学出版局、二〇〇八年、三〇頁)。ボクは、社会的雰囲気(atmosphere)と自然の大気(atmosphere)との類比(analogy)を通じて、信頼を社会的財産と捉える。「信頼は社会的雰囲気の第一の構成要素である」。信頼が「社会的財産」であるというボクの指摘は、示唆的で重要である。ボクは、信頼が社会的雰囲気の第一の構成要素とみて、自然的な価値と解釈している。また「あらゆる人間関係は、それが家族、市街区、共同体、職業的背景、国際関係のいずれかにかかわる場合であっても、最低限の信頼が維持されるかぎりにおいてのみ活力を得る」。信頼は、ボクの見解によれば、現実の社会生活のなかで、「最低限維持されるかぎり」、そこでの人間関係を保ち、活性化させる働きがある。しかも信頼は、最小単位の他者からグローバルな規模での他者まで、普遍的にあらゆる人間関係で作用する、とみられている。

したがって信頼の棄損である「暴力や不誠実、裏切り、不正によって、あるいは、若者や困窮しているひとを育むのに失敗することによって、信頼が失われたり減じられたりするなら、それらの関係は悪化する。そもそも、ひとたび信頼が失われてしまうと、それを回復するための作業は、それを失うのに要した作業よりはるかに困難なのである」（同書、三〇頁以下）。こうした不信の帰結は、「不信の水準があまりに高ければ、協力を窒息させてしまうのであり、酸素の欠乏が生命を脅かすのと同じである」（同書、三〇頁）。「信頼が損なわれたり失われたりしているかぎり、共通の脅威に直面した際の協力における対話と努力は、初めから足枷をはめられていることになる」（同書、三一頁）。ボクの主張するように、「信頼」は、あらゆる人間関係の基礎として働く重要な概念である。また、純粋な酸素と同じく純粋な信頼だけでは社会環境の中で生きるための助けにならないという指摘にも、賛成である。さらに信頼の喪失、不信は、他者との協力関係や対話そのものを破壊するという見解にも、著者は賛同する。信頼が「社会的財産」であるという指摘は、たしかに重要である。「3・11以後」の日本社会では、こうした信頼回復への努力が強く求められているのである。

他方、ボクの見解には、幾つかの根本的疑問を禁じ得ない。第一に、信頼を社会的雰囲気という曖昧な表現で説明し、それを自然の大気とのアナロジーで説明する方法には飛躍がある。英語が同じatmosphereであっても、自然現象と社会現象とをただちにアナロジーで結び付けるやり方には説得力が欠ける。これは一つの仮説と理解すべきである。第二に、「信頼」という概念そのものの立ち入った分析は、残念ながら試みられていない。したがって自然現象とのアナロジーをカッコに入れると、この概念の説明はほとんど明らかではない。「信頼」には、心理学的意味から社会学的意味、工学的意味、脳神経科学的意味、哲学・倫理学的意味その他のきわめて多義的な用法がある。また、信頼する主体についても、個人的・特定共同体的・国家的・国際的レベルまで多様である。信頼される客体についても、同様に個物・特定の人間社会・国家・国際社会・自然現象など、無限に拡大しうる。したがって「信頼の構造」についても、本格的な考察が必要不可欠である。第三に、「不信」そのものについても、それ以上の説明がないため、社会における不信の構造やその詳しい機能が明確にされていない。ボクの論理では、不信と風評被害との関係がどのように説明できるのかが定かではないのである。

以上の課題は、すべて「持続可能性の哲学」の課題であり、「哲学の持続可能性」のために不可避の課題である。「持続可能性の哲学」は、これらの困難な課題に持続的に取り組む知の営みであり、「持続可能性の哲学への道」は、「健康」にかかわる問題群の解決の営みと同様に、人文・社会・自然の諸学問、科学技術の成果を受け止め、それらをより望ましいあり方へと哲学的・倫理学的に方向づける試行錯誤の試みとなるであろう。

最後に、地球温暖化問題について、地域で環境問題に取り組む著者の生活実践の成果を報告し、生活体験に根差した見解を表明しておく。二〇〇九年秋、クライメートゲート事件の激震が走り、グローバルな規模で科学の信頼性をめぐる新たな論争が起こった。「地球温暖化」の危機とこの課題の解決に取り組む努力を揺るがすスキャンダルをきっかけにして、震災以前には「地球温暖化のウソ」や「地球温暖化懐疑主義」の台頭が顕著になってきた。例えば、原発事故以後、脱原発を主張する人物である武田邦彦の書物『環境問題はなぜウソがまかり通るのか３』（洋泉社、二〇〇八年）によれば、「世界はＩＰＣＣ（気候変動に関する政府間パネル）の情報を正確に伝えている。だが、日本では、世界の認識からかけ離れたマスコミ報道や政府広報がある」（二〇頁）。「地球温暖化」は「科学者がつくり出した環境破壊」であり、「人間は、現代文明の急激な変化や行き過ぎに対して罪悪感や自責の念にとらわれるものだから、どんな仔細な徴候でも〈あれは危ない〉という警告がされると、過敏に反応する」（二五九頁）。武田説によれば、「環境破壊」「地球温暖化」という課題は、科学者の捏造にすぎず、また「環境問題を個人で取り組むことの徒労」は明らかであり、「冷静に考えれば、すぐわかること〈自分たちにできること〉なんてない」（一〇一頁）のである。

だが、環境問題に取り組む個人の努力は、武田説の主張するように本当に無駄なのだろうか。著者のみるところでは、科学者共同体における真理の合意説の内容や決定プロセスには、参加者の歴史的・社会的に刻印された諸要素・価値観・諸規範が密かに前提されている。武田説の主張もまた、そうした歴史的・社会的条件に大きく制約されているように思われる。著者の生活体験に根差した疑問は、地球温暖化がウソであるならば、年々顕著になっている全地球規模の異常気象、酷暑、寒波、大規模な森林火災などは、どのように理解したらよいのか。

ここでは武田説や「地球温暖化懐疑主義」と論争する余裕はないので、著者自身が地域で環境問題に取り組んだ成果の一部を公表するだけにとどめ、読者にさらなる思索と生活のあり方の参考にしていただければ、幸いである。それは著者自身による太陽光発電、資源の再利用、家庭ごみの堆肥化、ノーカー、ノーTV、ノー携帯などシンプル・ライフの実践活動の成果である。具体的には、第一に、太陽光発電の売電による省エネ化実践と周辺住民に対する啓蒙活動がある。自宅前の看板設置や通信発行であり、『太陽光発電所「ゆずの木灯台」白書』（所長・牧野英二）によれば、二〇〇三年二月発電所の設置と登録、東電との売電契約締結。また一〇年間での総発電量は約四万六〇七〇キロワット時。一〇年間の総発電量を二酸化炭素に換算すると約八三〇〇キログラム－C、灯油に換算すると約一万一〇〇〇リットル＝一八リットル灯油缶約六二二本分を節約した。この一〇年間で、総発電量の約八二％を売電してきた。第二に、我が家の生ごみは、一九九四年八月以降ほとんどを庭に入れている。一ヶ月間、約七キログラムで計算すると、一八年間では一五一二キログラムになる。これらの試みによって、相当量の二酸化炭素の排出削減だけでなく、ゴミ焼却に費やす税金の節約にも貢献してきたわけである。（詳しくは、牧野千歳・牧野英二『地域とともに』未知谷、二〇〇八年、参照。）国内でも、著者以上の努力を続けている人たちは少なくないであろう。個人や家庭でのささやかな努力がさらに拡大することで、「持続可能な社会」の実現と原発が不要になる時代をよりたしかなものにすることができるのではないか。

武田邦彦説のように「環境問題を個人で取り組むことの徒労」「冷静に考えれば、すぐわかること〈自分たちにできること〉なんてない」という主張は誤りであり、「ちりも積もれば山となる」が真である。ローカルなレベル、生活の場から、個人ができることから実践し、同時にグローバルなレベル、国際社会・国家・自治体レベルの政策による総合的な環境問題に取り組むことが焦眉の急の課題である。「持続可能な社会」の実現のために、「持続可能性の哲学」は、グローバル・グローカル・ローカルの重層的な道徳・倫理・諸規範の全体を包括し、その実現に望ましい原理と方法を見いだし、それによってこれらの学問や科学技術、社会的合意形成のために、「正義のアイデア」を含む方向づけの指針を提示することが肝要である。

震災後二カ年が経過して、いまだに復旧・復興の見通しの立たない被災地の人々や、被災者や避難者の方々にとって、「真の意味で人間的で健康な生活」を一日も早く取り戻すことができるよう、そして「持続可能な社会」が実現できるよう切に願いつつ、擱筆する。

＊　＊　＊

本書収録の諸論考は、「あとがき」冒頭に記したように、もともと個別の事情により独立した論文として執筆されたものである。これら初出時の論文の転載を承諾くださった岩波書店、理想社、梓出版社などの出版社や、日本哲学会、日本カント協会、日本ディルタイ協会、実存思想協会、法政哲学会などの諸学会に謝意を表する。特に第二章所収論文については、韓国・嘉泉大学（旧キョンウォン大学）アジア文化研究所の朴眞秀所長に心よりお礼申し上げたい。

なお、著者は、二〇〇九年以来、本務校の「法政大学サステイナビリティ研究教育機構」の兼担研究員として、人文・社会・自然の諸科学の若手・中堅の研究者と異分野融合をめざす「総合研究会」を開催してきた。これらの異分野で精力的に研究する仲間との刺激的で有益な共同研究の成果は、残念ながら本書の執筆にあたり活用することができなかった。特に自然科学系の研究者から提起された切実な問いかけに対して、例えば、地球規模の飢餓救済のための遺伝子操作による食糧増産と科学技術倫理との整合性にかかわる問いについて、どこまで哲学・倫理学の立場から応答できたのか、いまでも確信はない。また、震災支援活動の場での「哲学にはフィールドがあるのか」という叱責に近い問いかけは、哲学する者がつねに反復すべき根本的な課題である、と痛感している。これらの研究者からの疑問に本書がどれだけ応答できているか定かではないが、彼らに対する暫定的な回答としての意味を含んでいることも、この機会に明記しておきたい。

最後に、本書の刊行にあたりご尽力くださった法政大学出版局編集部の勝康裕編集部長と郷間雅俊氏には、深く感謝申し上げたい。特に郷間氏には、本書のタイトルや装丁、文章表現から細部の表記にわたって、多くの適切で有益なアドヴァイスを戴いた。氏の献身的なご支援・ご助力がなければ、短期間で本書を刊行することはできなかった。重ねてお礼申し上げる次第である。

二〇一三年三月十一日

牧野 英二

《初出一覧》

序論　書き下ろし

第一章　グローバル化時代の哲学の課題
法政哲学会編『法政哲学』第四号、二〇〇八年五月

第二章　文化研究と人間性の危機
韓国キョンウォン大学編『アジア文化研究』一八号（韓国研究財団掲載誌）、二〇〇八年五月

第三章　「こころ」の哲学と科学
『理想』第六七二号、理想社、二〇〇四年二月

第四章　理性の必要の感情と生の地平
日本哲学会編『哲学』第五五号、法政大学出版局、二〇〇四年四月

第五章　コスモポリタニズムとポストコロニアル理性批判
日本カント協会編『日本カント研究』六号、理想社、二〇〇五年九月

第六章　理性批判の二つの機能
『思想』第九三五号、岩波書店、二〇〇二年三月

第七章　カントとディルタイ——超越論的哲学と解釈学——
日本ディルタイ協会編『ディルタイ研究』第八号、一九九六年十二月

第八章　ディルタイと歴史的理性批判の射程
『法政大学文学部紀要』第四九号、二〇〇四年三月

第九章　歴史のなかの実存の物語り
実存思想協会編『実存思想論集』XIX、理想社、二〇〇四年十一月

第十章　実在性の復権に向けて
『理想』第六六六号、理想社、二〇〇一年一月

第十一章　租税制度と正義の実現の可能性
『グローバル・エシックスとはなにか』（梓出版社、第十五章）二〇〇八年十月

第十二章　書き下ろし

人名索引

1．本索引は，原則として「まえがき」「あとがき」を含む本文中に登場する人名に限定して収録した。
2．したがって本索引では，注だけに登場する人名については収録していない。
3．ただし，本文中に登場する人名で注でも登場する人名については採録することにした。
4．イマヌエル・カントについては，本文中に頻出するので，本索引では省略した。

ア 行

カ 行

サ 行

タ 行

マ 行

ヤ 行

ラ 行

ワ 行

「持続可能性の哲学」への道
ポストコロニアル理性批判と生の地平

2013年4月12日　初版第1刷発行

著　者　牧野英二

発行所　財団法人　法政大学出版局
〒102-0071 東京都千代田区富士見2-17-1
電話 03 (5214) 5540　振替 00160-6-95814
組版：HUP　印刷：三和印刷　製本：積信堂

Printed in Japan

ISBN978-4-588-13018-2

著者紹介

牧野英二（まきの・えいじ）

1948年8月9日生まれ。法政大学文学部教授（文学博士）。哲学・倫理学・感性学。日本カント協会会長・日本ディルタイ協会会長・韓国日本近代学会常務理事・日本哲学会理事・日本倫理学会評議員・実存思想協会理事等を歴任。社会活動では，埼玉県入間郡毛呂山町および埼玉県毛呂山・越生・鳩山の複数の審査会会長等を歴任。

〈主要著作〉
『カント純粋理性批判の研究』（1989年，法政大学出版局），『遠近法主義の哲学』（1996年，弘文堂），『カントを読む――ポストモダニズム以降の批判哲学』（2003年，岩波書店，ハングル訳2009年），『崇高の哲学――情感豊かな理性の構築に向けて』（2007年，法政大学出版局），『増補・和辻哲郎の書き込みを見よ！　和辻倫理学の今日的意義』（2010年，法政大学出版局），『近世ドイツ哲学論考』（編著:1993年，法政大学出版局），『ディルタイと現代』（編著:2001年，法政大学出版局），『カント案内』（編著：カント全集別巻，2006年，岩波書店），『カントを学ぶ人のために』（編著:2012年，世界思想社）。

〈主要訳書〉
カッシーラー『カントの生涯と学説』（共訳：1986年，みすず書房），ベイナー『政治的判断力』（共訳：1988年，法政大学出版局），マウス『啓蒙の民主制理論』（監訳：1999年，法政大学出版局），カント『判断力批判』上（カント全集第8巻，1999年，岩波書店），カント『判断力批判』下（カント全集第9巻，2000年，岩波書店），ディルタイ『精神科学序説Ｉ』（編集・校閲・共訳：ディルタイ全集第1巻，2006年，法政大学出版局），ロックモア『カントの航跡のなかで――二十世紀の哲学』（監訳：2008年，法政大学出版局）。